山东省高等学校青年创新团队发展计划
诉讼法学新兴领域研究创新团队资助成果

诉讼法学新兴领域研究创新文库

# 新时代司法公信力评价体系研究

李秀霞 著

Study on Judicial Credibility Evaluation System in the New Era

中国社会科学出版社

**图书在版编目（CIP）数据**

新时代司法公信力评价体系研究／李秀霞著．—北京：中国社会科学出版社，2022.6

（诉讼法学新兴领域研究创新文库）

ISBN 978－7－5203－9862－6

Ⅰ.①新…　Ⅱ.①李…　Ⅲ.①司法制度—研究—中国　Ⅳ.①D926.04

中国版本图书馆CIP数据核字(2022)第040490号

出 版 人　赵剑英
责任编辑　孔继萍
责任校对　赵雪姣
责任印制　郝美娜

出　　版　中国社会科学出版社
社　　址　北京鼓楼西大街甲158号
邮　　编　100720
网　　址　http://www.csspw.cn
发 行 部　010－84083685
门 市 部　010－84029450
经　　销　新华书店及其他书店

印　　刷　北京君升印刷有限公司
装　　订　廊坊市广阳区广增装订厂
版　　次　2022年6月第1版
印　　次　2022年6月第1次印刷

开　　本　710×1000　1/16
印　　张　20
字　　数　296千字
定　　价　118.00元

# 创新、突破与发展

## ——“诉讼法学新兴领域研究创新文库”总序

毋庸置疑，改革开放以来，我国民事诉讼法学的研究已经有了相当大的发展，每年都有几百篇民事诉讼法学的论文发表。但在民事诉讼法学研究繁荣发展的同时，也存在诸多隐忧。一些研究成果还只是较低层次的重复，不少研究还是为评定职称需要而作的“应用文”，有为发表而发表之嫌。

我曾撰文指出我国民事诉讼法学研究存在“贫困化”的问题，认为我国民事诉讼法学研究还缺乏深度、欠缺原创性和自主性。原因自然是多方面的：民事诉讼法学理论研究与司法实践的隔离[①]；缺乏足够的理论积淀；未能将法律制度建构与经济、政治、文化等环境因素予以融合；不能充分把握法律制度发展的大趋势，做到与时俱进；未能突破法律内部学科之间的藩篱，实现法学学科之间的内部交叉；欠缺法学与人文学科的外部交叉；未能及时跟踪、吸纳新兴科学领域最新的研究成果等。要实现民事诉讼法学研究的跨越，大幅度提升其研究水平，产出更多的研究成果，就必须在上述方面有所突破、发展和进步。

齐鲁文化是中国传统文化的主干之一，齐鲁文化一直拥有多元、开放的特性，正因为如此，齐鲁文化能够不断实现自身历史的超越。在我国进入法治建设的高速发展的21世纪，齐鲁的法学研究也应与值得齐鲁人骄傲的文化一样，敢于实现引领和创新。

---

① 张卫平：《对民事诉讼法学贫困化的思索》，《清华法学》2014年第2期。

要实现这种引领和创新，人才是根本。为此，山东省政府出台多项政策予以支持。2019 年 6 月山东省颁布的《山东省高等学校青创人才引育计划》就是其有力措施之一。该计划尝试通过引才育才，支持高校面向部分急需重点发展的学科专业，加强人才团队建设，引进和培养一批 40 周岁左右的有突出创新能力和潜力的青年人才，带动所在学科专业建设水平明显提升。山东师范大学法学院王德新教授牵头申报的“诉讼法学新兴领域研究创新团队”，经过严格评审获得立项建设。入选该“计划”有一个条件要求，即要聘请一位同专业领域著名法学家作为团队导师，当时王德新非常诚恳地多次与我联系，邀请我作为团队的导师，出于帮助年轻人尽快成长和支持家乡法学事业发展的责任考量，我愉快地接受了这一邀请。

客观地说，该团队计划的建设任务并不轻松。按照团队建设任务，需要在 1 年内按照服务山东省法治建设的需求导向，本着引人育人并重、突出学科交叉、聚焦新兴领域的思路完成组建“诉讼法学新兴领域研究创新团队”；经过 3—5 年的建设，完成打造“五个一流”的建设任务(即打造一流团队、培养一流人才、推动一流教学、建设一流智库、产生一流成果)。团队完成组建后，我多次参与该团队组织的活动，设定了五个特色研究方向，即“民商法与民事诉讼法协同研究”“司法文化与裁判方法研究”“社会权的司法救济创新研究”“诉讼证据制度创新研究”“诉讼制度的法经济分析”。其中一个重要任务，就是策划出版一套“诉讼法学新兴领域研究创新文库”。通过打造这一套文库，不仅是为产出一批高质量的科研成果，更重要的是将提升研究团体每一个研究成员的研究素质，为今后迈向更高层次的研究打下扎实的基础。

据我所知，该团队的一批年轻人围绕团队建设任务和五个特色方向，目前已陆续完成了一些颇有新意的书稿，如《民法典与民事诉讼法协同实施研究》《英国家事审判制度研究》《人工智能司法决策研究》等。这些研究选题，有的突出了实体法与程序法的交互协同视角，有的充分回应了近年来司法改革的实践主题，有的指向了人工智能的司法决策这类问题等等，总体上在坚持以民事诉讼法学为中心，同时“突出学科交叉、聚焦新兴领域”的研究定位，取得了令人欣慰的进展。我们的研究团队的每一位老师都为此付出了辛勤的劳动。

在此，我作为研究团队的导师也对他们的辛勤劳作和付出表达由衷的感谢之意。

2022年3月5日于清华园

# 目　　录

# 绪　论

## 第一节　研究内容和研究方法

### 一　选题背景和意义

在中国特色社会主义民主政治语境下，中国共产党作为执政党，保持国家各项事业领导核心地位的根本在于人民的信任，人民的支持和信任被认为是党领导的合法性的重要表现和根本来源。执政党的领导体现在全面领导特别是政治领导、思想领导和组织领导上，其所指明的政治方向、所主导的意识形态、所组建的国家机关，反过来亦会对这种信任产生强化抑或弱化的影响。特别是党在组织领导上的体现——人大、政协和“一府两院”所构成的广义政府，是否能够在权力行使中将党的宗旨具体化，直接决定着公众对执政党的信任。“在整个现代社会系统中，政府信誉或公众对政府的信任处于一种核心的关键的地位。从反面说，社会信任的危机最大的表现就是对政府不信任，一旦出现了政府信用的破产，社会必然出现混乱，轻者是政府倒台，重者则是社会动乱或社会革命。从正面说，只要民众还保持着对国家政府的信任，即使遭遇到了失信欺诈，遭遇到了不公正待遇，遭受到了冤屈，因为相信还会有一个说理的地方，相信政府能给他们主持公道，所以就不会转化为体制外的力量，不会出现普遍的反抗社会的行为”。[①] 司法机关就是广义政府体系中最后一个说理的地方，是维护社会公平正义的最后一道防线。在各种

① 马俊峰等：《当代中国社会信任问题研究》，北京师范大学出版社2012年版，第222页。

纠纷解决方式中公众是否会继续乃至更加信任、尊重和依赖司法机关，反映的是司法机关的公信力。

明相张居正有句名言，“天下之事，不难于立法，而难于法之必行；不难于听言，而难于言之必效”。亚里士多德主张法治观为，“已成立的法律获得普遍服从，而大家所服从的法律又应该本身是制定得良好的法律”。当前，中国特色社会主义法律体系已经形成，中国法治完成了基本的立法使命，而进入了良好执行的新时期。“人大职能应由立法向监督司法工作转移”①，当然也包括监督行政执法。如果说法制侧重于静态的法律制度建设，那么法治就是侧重于动态的执行活动，或者说强调人特别是执行人对法制的运用。因此，推进依法治国、建设法治中国，着力点从立法走向法之必行、从静态法制走向动态法治。在这一背景下，作为法治国家最为重要的纠纷终端解决平台，法院的司法状态成为法之必行的重点、难点，也将成为社会更加关注的热点、焦点。

从法制到法治的变化，要求法学研究从静态法制的研究向动态法治的研究转型。法治一词，不管古今中外研究的内涵有多少、又有多少不同，法作为治理手段要在社会中发挥作用是没有异议的。但是，分析浩如烟海的法学研究成果，可以看到，法学界形成了学科分立及其导致的重静轻动、重制轻治、重法轻人的研究状态，就像我国没有形成统一的国内市场一样，法学研究本身也处于条块分割状态。不过这种状况自党的十八届四中全会明确提出编纂民法典尤其党的十九大以来民法典各分编草案制定的过程中，交叉领域的研究发展起来。然而，宪法如何真正实施特别是如何与基本法律对接没有答案，民事诉讼法如何与人大组织法、法院组织法和法官法对接以及人大制度又如何与司法制度对接也都没有答案。法从来不是书斋中的死物，而是要去调整社会关系的活物，这需要法学家以活用的思想来对待它。本书就是要进行这样的尝试，怎样使党对司法机关的领导具体化——司法公信力不断提高得以实现；怎样使人民当家作主的代议机关——人民代表大会及其常务委员会在司法公信力提高上发挥宪定职责作用；怎样使人大成为人民法院、法官的强

---

① 汤维建：《人大职能应由立法向监督司法工作转移》，《检察日报》2013 年 3 月 29 日。

大约束力量，怎样使人大所司之法特别是民诉法成为人民法院、法官的权力制约法而不是谋取私利法，最终使党的领导、人民当家作主和依法治国的有机统一不再浮在意识表面而成为实践必然。

当前，法院系统还在进行着司法公信力建设的实践努力。其实，这种努力自改革开放以来就从来没有中断过。30 多年来，法院系统自上而下推行了多轮司法改革；这些改革无论主题是什么，至少都是为了给社会提供公正的司法产品。只不过，改革没有完全达到预期目的。原因何在？主要在于这是权力主体本身所主导的改革。以往司法改革未限制司法权力，存在随意解释法律规范的现象，因此 2015 年第十二届人大在《立法法》中规定司法机关只能在法律规范范围内进行司法解释；未规范权力运行，存在以审判长、庭长、分管副院长等审批裁判文书为代表的权力配置错位和利益分配不公，因此 2013 年党中央在《关于全面深化改革若干重大问题的决定》（以下简称《决定》）中决心要实现“让审理者裁判、让裁判者负责”；未发挥内部监督作用，而是以案件审批者与监督者合二为一为代表的权力共同体成为法院管理的主体，这导致《决定》中提出要建立司法行政权与审判权分开、实行法官员额制、健全错案责任追究制，等等。这些状况，不仅在一个法院内部如此，在整个法院系统也是如此，最大的司法行政化并不只体现在某个法院内部运行机制，而是在于整个法院系统自上而下的司法行政化趋势。指望这样已经固化乃至板结的权力和利益共同体来限制自己权力、剥夺非法利益、监管内部违法人员、纠正下级错误，无异于缘木求鱼。这就是说，当司法这个上层建筑体系内部不能形成权力制约时，司法权力滥用就一定是普遍的，司法公信力下降也一定是必然的。为此，与之前的司法改革不同，新一轮司法责任制改革和司法发展目标进入党的十八大和党的十九大党中央的文件中。2018 年十九届三中全会通过的《中共中央关于深化党和国家机构改革的决定》中提出“深化司法体制改革，优化司法职权配置，全面落实司法责任制，完善法官、检察官员额制，推进以审判为中心的诉讼制度改革，推进法院、检察院内设机构改革，提高司法公信力，更好维护社会公平正义，努力让人民群众在每一个司法案件中感受到公平正义”。

如何实现中央既定的司法发展目标，也还需要依靠外部力量推动。这个外部力量的依赖点之一就是司法公信力评价，这是我国政权体系建设中迫切需要的一项社会基础设施。任何一个民主或宣称民主的国家，都建立有司法状况的外部评价机制。它们尽管名称不同、做法各异，但这些国家都是选择法院系统外的机构对司法运行状态进行定期评估。这种评估，建立在社会各界的广泛参与基础上，这种公共评价会在客观上形成一种公共压力，以迫使司法机关为社会提供适销对路的司法产品。同时因为司法公信力提高程度如何，也必将回到纠纷解决实践中去得到检验，因而该评价体系也是司法公信建设的前提和着力点。建立一套人大主导推进的以诉讼法律实施监督为主要内容的司法公信力评价体系，促使法院法官将诉讼权力锁在制度的笼子里，一个简单的超期办案，将不再是一个简单的法官处分结果，而是违反了诉讼法导致程序违法的严重后果，一个违法查封、扣押、冻结的强制措施，也不仅仅是违反了诉讼法，还有侵犯宪法人权而承担被追责的后果，对于提高司法公信力具有举足轻重的价值。

## 二 研究问题的界定

党的十八大报告将“司法公信力不断提高”作为2020年全面建成小康社会目标体系中政治建设的一个指标，表明党已认识到司法公信力的高低直接影响人民对执政党的信任度。而党的十八届三中全会通过的《决定》，则明确2020年全面深化改革的总目标是“完善和发展中国特色社会主义制度、推进国家治理体系和治理能力现代化”，据此可以推断出全面深化司法改革也是要通过完善和发展中国特色社会主义司法制度、推进国家司法体系和司法能力现代化，实现司法公信力提高的目标，从而在司法发展的公信力目标与司法改革的手段之间建立起了因果关系；党的十八届四中全会则把原来的司法公信力不断提高明确修订为“司法公信力明显提高”，提出更高发展目标要求。信任是治理的基础，“治理强调贴近于民，认为政府与公民之间建立相互信任、相互依赖和相互合作关系，是当代治理的社会与道德基础”①。党对中国特色社会主义国家

① 孙柏英：《当代地方治理：面向21世纪的挑战》，中国人民大学出版社2004年版，第26页。

理论的认识飞跃和治理理论的突破，对包括司法公信力评价在内的政府公信力评价提出了新要求，也对公信力研究提出了新的要求和新的平台。

本书所要界定的问题，就是在现行宪政框架下，在党的领导、人民当家作主与依法治国的有机统一中，为司法公信力提供一个可以量化的检验工具和落实体系，从而能够在全面建成小康社会时给全社会一个目标完成情况的交代。本书对司法公信力评价所设定的主客观指标以民事诉讼法为基础，但是本书的司法例证、依据和设想是建立在三大诉讼法的基础之上，得出的评价体系是一个普遍适用于三大诉讼法的结论。之所以选择民事诉讼法为视角来具体阐释司法公信力评价指标，是因为一审民商事案件占全国法院收案数量的八成以上，并且民事程序也最典型，法官超负荷工作，案件拖延屡见不鲜，程序运行缓慢烦琐，各种机制改革最为繁多，创新空间也很大。因而民事诉讼对任何一个国家司法制度的影响都是最大的。

### 三　研究方法

本书主要资料来源：一是执政党的文献，特别是党的十八大以来的报告、重要论述等，把握党中央对司法发展、改革等方面的决策安排，以找准研究方向，防止研究脱离中国政治现实。这些资料均系中央正式文件，有权威性。二是司法公信力、社会科学指标测量方法文献，主要来自公开出版的国内外专著、图书馆藏图书和电子书，这些论据有代表性和可靠性。

本书采用的主要研究方法：定量与定性分析方法、观察法、问卷调查法、中外比较分析方法、实证研究法、文献研究法。

文献研究法：收集涉题所有文献，形成对研究对象的认识；做好诉讼法与评价指标体系的衔接。

观察法、问卷调查法、小组讨论法：主要采取向法学专家发放问卷方式来确定诉讼法实施中的测量指标；采取座谈会方式检验这些指标，进行取舍；采取日常观察法发现实施民诉法上法官方面的主要问题；通过与学者、法官、律师、人大代表、陪审员以及其他民众的座谈或问卷方法收集问题项和解决问题项。

实证研究法：针对司法公信力影响最大的问题案件，分析司法过程中影响公信力的漏项，通过规律分析尽可能找出补漏方法。

数量分析方法：主要研究司法公信力指标指数的建立和检测，使用数学工具和统计工具进行定量分析；主要采取例证法将数量分析工具应用到具体的评价之中。

定性分析法：主要针对否决项，不需要数量计量。

比较研究方法：解决中外评价指数的异同问题，借鉴西方相对成熟的法治评估经验。

## 第二节 文献综述

### 一 国内现有研究贡献及不足

#### （一）国内研究现状

党的十七届六中全会通过的《中共中央关于深化文化体制改革 推动社会主义文化大发展大繁荣若干重大问题的决定》明确提出，要“把诚信建设摆在突出位置，大力推进政务诚信、商务诚信、社会诚信和司法公信建设”。这是党中央第一次从党和国家工作全局的战略高度提出司法公信建设问题。人民法院积极响应，提出加强司法公信建设，提升人民法院司法公信力。自此，司法公信力的研究开始兴旺起来，至今方兴未艾。通过百度查询“司法公信力”有关的学术论文2014年以来有400多篇，2013年以来700多篇，2010年以来4930篇，2000年以来7270篇。通过中国知网查询“司法公信力”为题目的论文，自2000年以来有1680篇，尤其是2013年至今，是司法公信力研究的高涨期。党的十八大提出“司法公信力不断提高”的目标以来，理论界和实务界对司法公信力的研究如火如荼。但遗憾的是，对于司法公信力评价问题至今还没有专门研究。比较有代表性的是法院系统内部的两篇关于公信力的重点调研报告，北京市第一中级人民法院的课题《关于加强人民法院司法公信力建设的调研报告》[①]，实际上是从法院的

---

① 北京市第一中级人民法院课题组：《关于加强人民法院司法公信力建设的调研报告》，《人民司法》2011年第5期。

角度分析了目前公信力低的表现和加强法院公信建设的途径，并未涉及司法公信力评价的问题。四川省高级人民法院课题组进行的《人民法院司法公信力调查报告》是最高人民法院2005年的重点调研课题，该调研报告以大量实践调查的方式总结分析了法院各方面的公信力状况，并提出了解决之道，思路同上述调研报告相同，亦未涉及司法公信力评价问题。

现有文献研究较多的是司法公信力建设问题，硕士论文近两年较多，有69篇，涉及某一领域、某一角度和方面的司法公信力。对司法公信力的专门研究，有4篇博士论文。对于专门研究司法公信力的，有从法制史角度就司法公信力的内在要求进行梳理，有从经典政治经济理论解读司法公信力，更多的是一些高层次法官和诉讼法学者，重点从程序法视角特别是司法公正、司法体制等方面，为司法改革的诉求提供论据式的研究意见，比如毕玉谦教授的《司法公信力研究》。[①] 司法理论界与实务界从不同角度对司法公信力问题进行研究，对其概念形成了四种比较有代表性的解读。一是信用说。代表学者是刘学智、黄娟等，认为司法公信力是"一定社会的司法机构通过其职权活动在整个社会当中建立起来的一种公共信用"[②]，是社会公众对司法机关的信任和信心，以及司法机关对广大民众保持的一种信用，是一个蕴含双重互动的概念：从权力行使角度看，司法公信力是司法机关通过司法活动在社会生活中建立起的一种公共信用，是司法机关据以赢得社会公众信任和信赖的资格和能力；从社会公众角度看，司法公信力是司法机关的司法活动在社会公众心中所建立的一种信服状态，是公众对司法机关、司法工作及司法人员的一种主观评价和心理反应，它体现了人们对法的信仰和遵从。二是心理说。代表学者是高铭暄、陈璐，认为司法公信力是指社会公众普遍地对司法权的运行及运行结果具有信任和心理认同感，并因此自觉地服从并尊重司法权的运行及运行结果的一种状态和社会现象，它表明了社会公众对

---

① 毕玉谦：《司法公信力研究》，中国法制出版社2009年版。

② 黄娟：《司法的公信力及司法权运行过程中的信息失真》，《湘潭大学学报》2005年第5期。

司法的信任和尊重程度。三是权力说。代表学者是郑成良、张英霞，认为司法公信力是既能够引起普遍服从，又能够引起普遍尊重的公共性力量，它表现为司法权所具有的赢得社会公众信任与信赖的能力。这种观点与信用说相似，但侧重点不同，指向司法机关通过自身努力获取社会信任路径。四是能力说。代表学者是关玫，认为司法公信力是一个具有双重维度的概念，从权力运行角度分析，司法公信力是司法权在其自在运行的过程中以其主体、制度、组织、结构、功能、程序、公正结果承载的获得公众信任的资格和能力；从受众心理角度分析，司法公信力是社会组织、民众对司法行为的一种主观评价或价值判断，它是司法行为所产生的信誉和形象在社会组织和民众中所形成的一种心理反应，包括民众对司法整体形象的认识、情感、态度、情绪、兴趣、期望和信念等，也体现为民众自愿配合司法行为，减少司法的运行成本，以提高司法效率。[①] 周赟教授则认为，无论怎么界定司法公信力，都一定包含这样的基本逻辑：所谓司法公信力，即社会大众对司法活动及其结论，进而对司法机关本身的认可和信任。此处“公信力”不是“司法（机关)”单方拥有、所有的对象，而是社会大众给予司法机关的，司法机关其实是被动的公信力之接受者。[②] 其对司法公信力的界定是：在一个对司法逻辑整体上持有一致认识的社会或国家中，具有相对独立地位的司法机关及其工作所具有的被社会公众、组织以及其他国家机关认可、接受、尊重的资格或能力。[③] 这也是采取的能力说。

司法公信力评价的研究相对薄弱。北京市第一中级人民法院和天津市第二中级人民法院课题组（2013）认识到建立在法社会学和统计学基础之上的司法公信力现状评价方法和评价工具研究相对薄弱的情况，立志于改变司法公信力评价体系的粗放性，通过对司法公信力状况量化统计进行比较、分析、认识，达到系统性的评价。对于体系构建提出了建设性的“五步法”，即确定目标原则、确定指标、确定指标权数、方法、

① 关玫：《司法公信力研究》，人民法院出版社 2008 年版。

② 周赟：《司法公信力三题》，《社会科学动态》2017 年第 1 期。

③ 周赟：《当下中国司法公信力的经验维度——来自司法一线的调研报告》，《苏州大学学报》（法学版）2014 年第 3 期。

检验与修正，并作出具体设想。张斌、邹杰、孙正君（2013）从理论证成和实践经验上论证基层法院司法公信力第三方评估机制构建的可行性与必要性，并设计了相关的初步社会调查问卷。郑通斌（2014）从管理学角度出发，从修正内部评价标准偏差、回归公众理性评价、走出塔西佗陷阱 3 个方面分析了司法公信力评价体系建立的现实意义，并从评价主体、评价项目、评价方式、评价机构、评价结果的运用 5 个方面进行具体分析。周赟（2014）在其“基于法律方法的司法公信力构建问题研究”中提到“至少对法学界而言，司法公信力的来源应当主要是司法决策过程的合理性以及决策结果本身的可接受性，但如果关联到具体的某种语境，如当下中国，则对司法公信力来源的考察就必须兼顾经验层面。毫无疑问，欲对当下中国的司法公信力经验进行把握，最佳的方式是田野调查或实证调研”，并自 2012 年 10 月—2013 年 1 月，选择我国东部沿海的 4 个城市的中级人民法院，作了一次较大规模的调研，主要对当下中国的司法公信力经验展开调查，设计了“关于司法公信力问题的调查问卷”，其所采用的方法和思路兼顾了法院系统和社会公众两个角度认识司法公信力，提出司法公信力破题的方法论上的指导。王晓、任文松（2015）也从主体、指标、机构、机制、结果运用 5 个方面对司法公信力评价体系的科学构建作了初步分析。徐文进、姚竞燕（2017）以上海市第一中级人民法院发布的司法公信力第三方评估报告为研究对象，着重于评估理论的方法论研究，对司法公信力第三方评估的宏观制度提出制度设计、组织构建、长效机制、公开机制、利用机制等方面的完善建议。崔亚东（2017）指出司法公信力评估对“四个全面”建成、评估工作实效、检验改革成效、建设智慧法院四方面意义，具体分析上海法院司法公信力指数构建方法、内容及特点。① 比较有启发意义的是广东大学董皞教授主持的 2011 年度国家社科基金重大项目《我国司法体制改革评价指标体系研究》，正如司法公信建设方面，难有研究视角从体制外对司法公信情况进行评价，在司法体制改革方面，该研究从对其进行评价的视角

① 陈秋红：《司法公信力评估体系研究——基于评估指标体系问题》，硕士学位论文，江西师范大学，2018 年。

进行研究并进而倒逼司法改革取得成效。这项课题预计构建了从基本理论到司法价值、司法制度、司法应用共4个方面，包含9个一级指标、30个二级指标、96个三级指标在内的司法体制改革评价指标体系。其中的一级指标司法权威的评价指标，包括司法合法性、稳定性、终局性、威严性4个二级指标和司法公信力等9个三级指标。

（二）现有研究的贡献及不足

毕玉谦、刘学智、高铭暄、郑成良、关玫、周赟等学者对司法公信力的概念和内涵、现状以及提升路径作出了较为全面的研究，对司法公信力研究主要落脚点在影响司法公信力的因素以及提升司法公信力的途径。多数学者认为，司法公信力有两个研究维度，一是司法自身水平提高；二是公众信任水平提高。前一个维度研究较集中，从后一个研究维度，即从公众的视角研究司法公信力的还很少。部分学者意识到司法公信力是可以评价的，对司法公信力评价的组织、指数、运用等作了分析和建设，法院系统的调研对司法公信力评价进一步精细化，并采取了委托第三方评价的方法。建立在目前学界和实务界研究的基础上，本书意识到执政党与各政权机关特别是司法机关的关系需要进一步研究，司法公信力不断提高是执政党提出的全面建成小康社会的司法发展目标，需要进一步研究怎么完成这个目标，目标和实现目标的手段需要在新时代理论下进行研究。同时，当前法院系统的司法公信建设实践，也不能从根本上解决逻辑自洽问题，特别是民事诉讼法的法院实施状况，尚没有统一的法定检验标准，这也是基本法律实施层面需要填补的一个空白。①

## 二 国外相关研究和实践状况

（一）国外研究和实践现状

对于域外研究，通过 EBSCO - Academic Search Premier 和 HeinOnline 法律数据库对有关司法信任、公众评价、司法/法院评价指数等的相关文献进行篇章检索，以及在 Web of Science - SSCI 上对该相关主题文献进行

---

① 对于民事诉讼法实施的评估，可以参见唐力等《新民事诉讼法实施状况评估与对策建议》，中国法制出版社 2018 年版。该著作选取了民诉法中具体的 8 个制度进行实证分析。

结果分析、引文分析发现，关于公众信任的学术论文很多，但较多涉及对警察当局的信任、公众与警察的关系问题，视角也是从司法服从、司法看法与司法公众的关系、原因以及司法改革方面。国外没有所谓的“司法公信力”评价，但是国际上开展的一些与司法评估有关活动，某些方面与我国的“司法公信力”指标类似，对我国司法公信力评价具有借鉴意义。比如司法改革指数、法治指数、正义指数、廉政指数等国际评估活动。以对司法评价方面的研究为例，检索发现域外以调查报告和数量分析相结合的方法评估一国或一区域的司法状况、诉讼环境或者法治状况等虽然是近几年的事，但已经比较常见了。[①] 对司法的评价主要集中在以下几个方面。

一是对区域司法环境评价。美国商会的法律改革研究所（U. S. Chamber Institute for Legal Reform）从2002年起进行的“美国商事诉讼环境评价系统”，虽然名曰对一个地方“司法环境”或“诉讼环境”的评价，实际上还是对司法的各项具体构成要件进行评价。被调查对象包括公司法律顾问、律师、其他高级管理人员等，这些被调查对象都处理过年利税超过1亿元的公司的诉讼案件。调查方式是电话访谈和网上在线调查。调查的主要问题包括：1. 对待侵权和合同诉讼的总体情况；2. 是否建立并实际执行了正确的地域管辖规定；3. 对待集团诉讼和公司合并诉讼的情况；4. 损害赔偿；5. 驳回起诉案件或简易程序案件的效率；6. 证据开示；7. 科学证据；8. 法官的公正性；9. 法官的能力；10. 陪审团的公正性。评价结果向全社会公开，供各州政府和法院改善本地的司法制度时参考，也供商业组织选择投资、进行经济活动时参考。

二是区域司法机关地位评价。台湾“中研院”政治学研究所筹备处研究员吴重礼为了获得台湾民众对于司法体制的评价，将司法评价区分为法院信任、公正调查、公平审判、司法独立四个方面进行调查分析。

三是司法工作有效性评价。在美国，由律师、法官、普通公民、政

---

① Tankebe Justice, Institute of Criminology University of Cambridge U. K, “Viewing Things Differently: The Dimensions of Public Perceptions of Police Legitimacy”, *Criminology*, 2013, 51 (1): 103 - 135.

府各部门人员组成的志愿委员会进行的“美国联邦司法绩效评估程序(JPE 计划)”在 19 个州以及哥伦比亚特区和波多黎各地区开展对法官的定期评估。评估内容是被美国律师协会所采用的五个标准：法律知识、诚信和公正性、沟通能力、司法品质和行政能力。委员会广泛收集每个法官的信息，包括对那些在法庭上与法官打交道的人的调查（律师，包括陪审员、证人、当事人和其他法院工作人员）、案例管理数据、访谈资料、从法庭直接观察收集的信息、对法官书面工作的清晰度的检查。委员会对收集到的信息进行审查并写出详细的报告，报告评价法官在审判席上的认知优势和劣势。报告被提供给法官本人，在适当的时机也提供给法官的主管和那些有权决定法官任职的人。报告也会全部或以摘要的形式提供给公众。该评估的目的是为法官提供建设性的反馈意见，促使他们专业发展，并且教育公众对法官的角色给予适当的期望。有时法官主管部门评价法官也以此评估结果为参考。[①]

四是公众对司法满意度评价。美国联邦法院国家中心主导、赫斯特公司出资赞助、印第安大学公共舆论实验室具体实施的关于美国法院（州法院和联邦法院）印象的调查，分为三个方面的调查项目：关于基于不同种族的分配正义问题，关于司法效果问题，关于司法行为问题。每个项目都由若干个调查问题组成，比如关于司法效果由五个方面组成：法院保护了被告的合法权利；法官是公正和诚实的；庭审规则为诉讼当事人知悉；法院尽力保证当事人有足够的律师辩护；法院工作人员谦恭有礼并提供帮助。这些问题最终形成关于司法效果的一个总指数。司法行为由六个方面的问题构成：法官没有对每一起案件给予足够的关注；法院对社区发生的事情漠不关心；法院没有确保他们的命令具有强制力；如果是个人对组织提起诉讼，法院偏袒组织；法官的决定受到政治因素的干扰；关于选举的判决受到筹集选举基金的干扰。最终也形成一个总的行为标准指数。对于司法成本的衡量包括四个方面：诉讼费用；裁判拖延；法律烦琐；花费的时间。这些项目最终形成一个总的成本指数。上述指数根据作用大小乘以相应的

① Kourlis, Rebecca Love, Singer, Jordan M., “A Performance Evaluation Program for the Federal Judiciary”, *Denver University Law Review*, 2008, 86 (1): 7 – 51.

参数进行修正。人们对法院的评价通过两种途径：第一是用社区人们对法院信任程度的总体评价。在1999年该组织随机选出的1826名公民作为样本的电话调查中，23%的受访者认为很信任，52%认为还可以，17%认为有限的信任，8%认为一点也不，有98人不持任何意见。调查也收集了对法院工作水平等级的评价，内容包括法院在处理以下五种案件时做的是完美、好、公正、还是差劲。五种案件是：民事案件（53%完美或者好），刑事案件（51%完美或者好），小额索赔案件（53%完美或者好），家庭纠纷（43%完美或者好），少年犯罪（35%完美或者好）。这五个评价构成了总体的对法院工作水平等级的评价。该组织还在芝加哥居民中调查公众对芝加哥警察和法院的信任和支持情况。调查分为三个方面：信任、遵守法律的义务、求助行为。信任反映出公众对警察和法院好感与非好感的评价，义务反映出公众对法律和行政命令接受和遵从的责任感与义务感，求助行为反映出公众将相关法律问题反映给当局的意愿程度。信任指数以10个分项的形式来进行评估。人们需要表明警察和法官的工作是否让人满意（很满意或者很不满意），并且要说明是否对警察尊敬，认为他们诚实，为他们感到骄傲，感到应当支持警察，认为警察保护公民权利，认为法官是诚实的，判决是公正的，法院能够给每一个人公正对待。这些项目组合在一起形成了一个总体“信任”指数。遵守法律的义务和求助行为也通过多个问题形成一个指标。①

（二）国外实践借鉴之处

虽然在国外也没有关于司法信用或者公众对司法信任程度的评价，但在建立我国特色的司法公信力评价体系时，域外仍有很多做法可资借鉴。② 借鉴其他领域的评估经验③，用指标化或指数化的方法衡量司法公

① Tyler, T. R.,“Public Trust and Comfidence in Legal Authorities: What Do Majority and Minority Group Members Want from the Law and Legal Institutions?” *Behavioral Sciences and the Law*, 2001, 19 (2): 215 -235.

② Netherlands Council for the Judiciary,“Quality of the Judicial System in the Netherlands”, March 2008, www. rechtspraak. nl，于2014年2月14日访问。

③ Bergman, Marcelo,“The Rule, the Law, and the Rule of the Law: Improving Measurements and Content Validity”, *Justice System Journal*, 2012, 33 (2). Content downloaded/printed from hein online (http: //heinonline. org) Thu Oct2 02: 58: 56 2014.

信力状况，是没有技术问题的。比如从2004年起欧盟的司法效能委员会对欧洲各国的司法制度运行情况进行评估，以促进各国消除本国的司法弊端，改善诉讼环境。[①] 美国律师协会联合国际律师协会、泛美律师协会、泛太平洋律师协会等律师组织发起的“世界正义工程”（the World Justice Project），其重要贡献之一就是提出“法治指数”（the Rule of Law Index）这一评估体系，作为衡量一国法治状况的重要“量化”标准。[②] 这些评价的组织、指标设计、权重、流程以及结果运用，都可以结合我国国情予以借鉴。

## 第三节　基本概念、假设和分析框架

### 一　基本概念的界定

司法公信力评价体系，是由司法、公信力、司法公信力、评价、司法公信力评价、体系、评价体系七个关键词组成的。研究司法公信力评价体系，必须明晰并固化这七个词的基本内涵。通过文献检索，评价、体系、评价体系三个词的概念是确定的，司法、公信力、司法公信力、司法公信力评价四个词均存在争议，确定性的根词概念与不确定性的根词概念组合起来，就会出现内涵异化乃至混乱，从而不能对什么是司法公信力评价体系进行准确界定。为此，对司法公信力评价体系内涵的界定，将遵循“根词概念的确定—根词概念的叠加—多词概念的确定—最终叠加概念的确定”这样一种归纳塔模式（见图0—1），层层递进地揭示研究对象的内涵。只有为每个根词确定一个清晰的内涵，才能有确定性的叠加概念，才能导出最终叠加概念——司法公信力评价体系的内涵

① 该评估系统涵盖寻求司法救济的便捷性、法院组织的完备性、公正审判、法官能力与保障、是否提供替代性纠纷解决机制、判决执行制度等12个领域，共设计了208个问题。参见蒋惠岭《司法环境评估视角下的“公正司法”》，《21世纪经济报道》2013年5月13日。

② The world justie projet rule of law index 2012 - 2013 WJP_ Index_ Report（世界正义工程2012—2013年法治指数报告），http：//worldjusticeproject. org/rule - of - law - index，2013年6月10日访问。另参见《法治指数：可以量化的正义》，http：//www. court. gov. cn/spyw/sfgg/201010/t20101011_ 9938. htm. 2010年10月11日刊载最高人民法院网站，于2013年4月1日访问。

及其逻辑框架，并为后面的研究奠定基础。

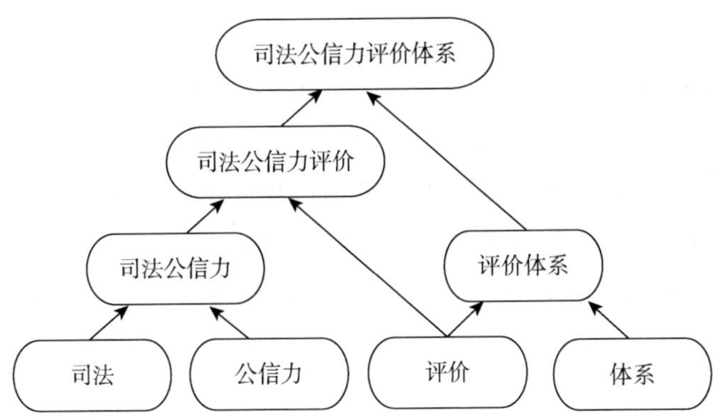


**图 0—1　归纳塔：司法公信力评价体系概念地图**

在图 0—1 归纳塔中，本书确定各叠加之概念的基本内涵如下。

司法是指我国司法机关依法定职权和法定程序，适用法律处理案件的专门活动。现代各国通行的司法概念多与审判同义，英国《布莱克威尔政治学百科全书》将司法定义为“法院或者法庭将法律规则适用于具体案件或争议”。我国通行的司法概念包括审判和检察，司法权包括审判权和检察权，司法机关包含人民法院和人民检察院。[①] 学理上看，从沈宗灵、张文显的《法理学》，到陈光中的《刑事诉讼法教程》，以及韩大元的《中国司法制度的宪法构造》[②] 都将审判权和检察权统称为司法权，或者将公检法机关确认为司法权力机关。宪法规定上看，我国宪法虽然在国家机构一章中没有使用司法机关的称谓，但在结构上是将人民法院和人民检察院规定在同一节中。党的文献中也将检察机关纳入司法机关中，将检察机关和法院机关统称为司法机关，比如 1987 年党的十三大报告的表述，“保障司法机关依法独立行使职权，提高公民的法律意识”。这里的司法机关就包括法院和检察院。此后党的文件中涉及检察院和法院时，

① 江伟、李宁主编：《法理学教程》，吉林人民出版社 2008 年版，第 155—156 页。

② 韩大元：《中国司法制度的宪法构造》，《中国人民大学学报》2009 年第 6 期。还可参见童兆洪《司法权概念解读及功能探析》，《中共中央党校学报》2004 年第 5 期；倪培兴《论司法权的概念与检察机关的定位》，《人民检察》2000 年第 3 期。

一般合称为司法机关，这是一个狭义的专门的概念。党的十五大报告提出"推进司法改革，从制度上保证司法机关依法独立公正地行使审判权和检察权"。可见司法机关包括人民法院和人民检察院。十八届三中全会和四中全会《决定》在保证公正司法、提高司法公信力的改革部署中，也是将法院和检察院共同置于司法改革整体措施中，不分彼此的。因而司法包括人民法院审判工作和人民检察院检察工作，司法机关包括人民检察院在内是我国特色司法制度。本书采通说。

不过，人民法院与人民检察院的性质、职能不同，权力行使结构也不同，将二者列为一个体系下的评价对象，理论和实践都不可行，故检察院的公信力评价是另外一个独立的检察公信力评价体系，本书研究的是法院司法公信力评价体系。当然这不妨碍审判的司法公信力体系建成之后对检察的司法公信力的借鉴作用以及司法公信力评价体系发挥作用的时候，在现行国家政权体系架构之下建立人大、法院、检察院关系。

公信力专指大众信任的力量。文献检索中，"公信力"一词最早应用于理论研究是黄晓芳 1999 年发表的《公信力与媒体的权威性》一文，把两个根词组合一起提出了媒体公信力这一新概念，即媒介在长期发展中日积月累而形成的在社会公众中的权威性和信誉度。21 世纪初至 2005 年之前，发生的几个法治标志性事件，特别是"非典疫情""孙志刚事件"等，推动学者开始思考公众对上层建筑的信任问题。齐云图 2012 年的硕士学位论文《司法公信力问题研究》是检索到的对"公""信""力"三个字内涵进行界定和阐释的最新观点。本书采用这一方法，但对公信力内涵的揭示与之不同。齐文指出，"公"指社会公众和公共权力行使主体；"信"主要包括信用、信任两个维度，信任是一种期待，行为主体作出一定行为后，期待信任者作出一定的回应，使被信任者得到回报；"力"指被社会普遍认同的权威力量，包括公众的信任力和公共机关的国家强制力。因而，"公"是公信力的主体，"信"是公信力的核心，"力"是公信力的保障。这种观点混淆了三个字的内涵。笔者认为，其一，此处"公"指公众。现代汉语词典关于"公"字的解释共有 9 种，只有第三条含义"国家的、社会的、大众的"与上文的解释相近。但这条解释中，并没有公共机关的含义，相反有大众的含义。其二，“信”指信任。在新华字典中，“信”有两种含义：信任和信用。这两个词的内涵是不同的，信用是指能够履行诺言而获得信任，信任则是相信而敢于托付。按照上述两种解释，则“公信”的含义分别为：大众能够履行诺言而获得的信任；大众相信而敢于托付。显然，前者不符合词条本义，后者才是正确的含义，即“信”指信任。其三，“力”指有利于实现目的的资格和能力。在哲学社会科学研究领域中，“力”指“有利于实现目的的事物”，其含义受制于它的先导词，即公信。

综上，公信力是指实现大众信任而敢于托付目的的事物，或者称为使大众信任而敢于托付的能力。可见司法公信力与司法权威不是一个概念，公信力是权威的外部表现。需要说明的是，笔者并不认同“公共机关权威”一说，权威指的是法律权威，公共机关及其人员的履职行为不过是产生法律权威的媒介或工具。①

公信力在不同的适用场域体现不同含义和价值。作为“司法”与“公信力”结合而形成的新概念，司法公信力在《辞海》和《现代汉语词典》以及有关法律的辞典中没有明确界定。公信力在不同的适用场域体现不同含义和价值。前述学者从不同角度对司法公信力概念和特征进行界定，四种观点尽管表述略有不同，但有一个共通之处，即都承认和强调司法公信力就是司法获得社会公众信任与服从的能力，都认为司法公信力是双维的：一维是从司法机关出发，一维是从公众出发。依据公信力的字面解释，可以给司法公信力下一个简单的定义，也就是司法机关获得大众信任的力量。

---

① 柏拉图在《法律篇》中最早论述了法律权威以及法律与官员的关系，“要坚持任何国家的政府，凡当权者是因为他很有钱或具有权势、地位高、出身名门等优越条件而执政，那么这些政府都是不可信赖的。只有那些最能遵守国家的法律的人，才能在这种考验中获得最高的荣誉，他应被任命为最高的官职和众神的首席执行官；比他次一等的人，担任次一等的职位；所有其他的官职也按同样标准任命。依此安排，我就称这些官吏是法律的仆人。我这样称呼他们并不是标新立异，我确信他们具有遵守法律的品德。这是决定国家兴衰的因素。如果一个国家的法律处于从属地位，没有权威，我敢说，这个国家一定要覆灭；然而，我们认为一个国家的法律如果在官吏之上，而官吏服从法律，这个国家就会获得诸神的保佑和赐福”。转引自李龙主编《西方法学名著提要》，江西人民出版社2000年版，第23页。

司法公信力的评价是社会信任评价的一种，汉语词典解释，“评价通常是指对一件事或人物进行判断分析后的结论。”管理学上的评价是指通过详细的研究和评估，确定对象的意义、价值或者状态，本质是一个判断处理过程。① 评价是一个主观的价值判断，又可以运用一定标准对事物的准确性、实效性、经济性以及满意度等方面进行评估。总之，评价就是通过评价者对评价对象的各个方面，根据评价标准进行量化和非量化的测量过程，最终得出一个可靠的并且符合逻辑的结论。这一概念明确了评价的两个基本特征，首先评价具有管理的属性，因而应当放在管理学视阈下。其次就是异体性，与同体性相对，意即评价是评价者对其体外对象所进行的一种主观判断，换言之不存在同体性评价。

评价体系一般包括确立评价标准、决定评价情境、设计评价手段和利用评价结果。本书确定的司法公信力评价体系是由为何评、由谁评、评什么、怎么评、评的结果怎么用这五个问题组成的理论体系，其中每个问题又自成一个子体系。

### 二 研究假设和分析框架

司法公信力提高中的“提高”，与“降低”相对，是一个可以比较的概念，党的十八届三中全会《决定》亦提出“建立科学的法治建设指标体系和考核标准”，说明这种比较应当是量化后的比较，这是第一个假设，司法公信力提高是可以量化的。这种量化取决于具体指标的设定，这就需要首先对司法适用之法特别是民事诉讼法实施中的关键问题进行研究，得出能够反映评价对象全貌的特征并以指数表示，这是本书的第二个假设，对司法的量化可以用指数予以表示。而谁来组织、怎么操作应当在现行体制资源中寻找答案，也就是应当可以在现行宪法、各国家机关组织法层面找到法律依据，这是本书的第三个假设。最后，当这种体系建立起来并且形成制度成果时，它应当可以对法的实施的监督机构、司法机关、法学理论界产生影响，这是本书的第四个假设。

本书遵循从已知文献中提炼概念形成理论框架、以理论指导实务设

① 参见百度百科关于“评价”的词条。

想的研究进路，以期最终回应执政党的政治要求（如图 0—2 所示）。

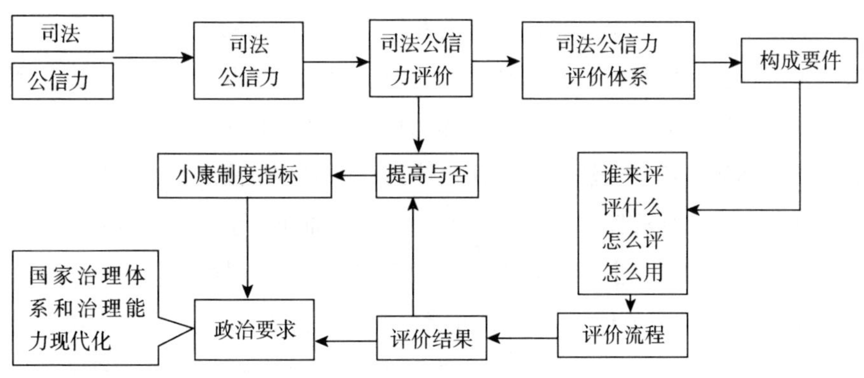


**图 0—2　概念框架、实务设想的逻辑关系图**

本书研究框架如下（见表 0—1）：

第一章是司法公信力评价的基础理论，解决一个是什么的问题，包括概念、功能、性质和域内外对此问题的研究现状。从信任关系的逻辑结构出发，揭示司法公信力的本质属性是外部评价性。本书依此属性推导出司法公信力的生成机制和评价机制，直至形成诸要素构成的司法公信力评价体系。后面四章内容就是司法公信力评价体系包含的子体系的分别展开。

第二章是司法公信力评价的理论体系——为何评，包括进行司法公信力评价的政治理论依据和技术理论依据，重点从中国特色社会主义理论、国家治理理论、司法制度理论、管理技术理论等层面，论证建立评价体系、进行司法公信力评价的必要性、必然性。评价的直接目的是指导和参与司法公信建设。建立一套人大主导的以民事诉讼法律实施监督为主要内容的司法公信力评价体系，促使法院法官将权力锁进制度的笼子里，对于提高司法公信力具有举足轻重的意义。

第三章是司法公信力评价的指标体系——评什么。从社会指标分类出发，依据司法体系的四个方面，得出司法公信力评价的基础指标和下位指标；从指标设立的流程切入，以民事诉讼法为蓝本，结合司法制度的各个方面，通过访谈法、问卷调查法，归纳出具体的评价指标并予以检验，最终建成本书的司法公信力评价指标体系。

第四章是司法公信力评价的操作体系——谁来评和怎么评。司法公信力评价的本质属性决定了司法公信力评价组织者可以是外部的有权威的人大及其常委会；评价服务和技术提供者是经过招投标的中立且有能力的社会服务提供者；参与评价者是社会公众包括司法机关和其他相应机关、社会组织提供数据和资料；建立起具体的评价操作流程，使路线、方法、步骤全部具体化。建立司法公信力评价体系，不但补足法之必行中缺失的一环，还为人大监督法律实施提供新的途径，从而使司法公信力评价成为一项宪法依据明确、民主功能强劲、技术高度综合的基础性工作。

第五章是司法公信力评价的可能影响——怎么用。主要是司法公信力评价报告的作用和这一评价过程本身对人民权力机关、司法机关以及法学界会产生什么样的影响。其中，对于司法机关基于民事诉讼法完善具体制度具有引领作用，完善民事办案质量标准、确立民事诉讼法律规范反向解释和逻辑推理常规、为法官违法后果补足民诉法规范依据，最终推动民事审判运行机制改革，促进法院系统自身的司法公信建设。尤为重要的是，这个常态化的评价过程与执政党坚决推进的人民民主不断扩大这一政治目标相契合。这样一来，党的领导与人民当家作主和依法治国的有机统一，就不仅仅从理念层面，而且从技术层面上得到了实现。评价结果的连续性则使全面小康社会建成时，执政党能够以数据为证向全社会宣布司法公信力不断提高，而不是没有任何测量凭据的武断。

**表 0—1　　司法公信力评价体系内容**

<table>
<tr><td rowspan="7">司法公信力评价体系（包括四个子体系）</td><td rowspan="3">理论体系</td><td>政治学理论</td><td>新时代中国特色社会主义理论</td></tr>
<tr><td>司法制度理论</td><td>司法发展目标要求</td></tr>
<tr><td>管理学理论</td><td>评价和反馈是管理系统中的重要环节</td></tr>
<tr><td rowspan="4">指标体系</td><td>基础性指标</td><td>司法制度、司法机关、司法行权、司法结果四个二级指标</td></tr>
<tr><td>下位性指标</td><td>三级、四级指标的确定，确定初级指标</td></tr>
<tr><td>指标体系确定</td><td>初级指标的修正，对指标进行释义</td></tr>
<tr><td>指标量化方法</td><td>主客观指标的测量方法，并使主观见之于客观</td></tr>
</table>

续表

<table>
<tr><td rowspan="8">司法公信力评价体系（包括四个子体系）</td><td rowspan="4">操作体系</td><td>组织者</td><td>发挥人民代表大会的作用</td></tr>
<tr><td>实施者</td><td>充分利用科学的专业的技术服务提供者的力量</td></tr>
<tr><td>其他参与者</td><td>公众是参与评价的主体，被评价者提供充足信息</td></tr>
<tr><td>评价流程</td><td>评价频率为一年，省级人大组织辖区内，全国人大组织全国法院</td></tr>
<tr><td rowspan="4">运用体系</td><td>对人大发挥职能的影响</td><td>促进人大的政治意识、主体意识、监督意识和程序意识</td></tr>
<tr><td>对司法公信建设的影响</td><td>根据评价指标改革法院管理方向、细化案件质量标准和司法程序、提升法官司法治理能力</td></tr>
<tr><td>对诉讼制度完善的影响</td><td>根据评价指标补全诉讼法律规定</td></tr>
<tr><td>对法学理论更新的影响</td><td>变革司法民主和人民性理论，完善法的实施和监督理论</td></tr>
</table>

## 三　可能的创新之处

（一）对司法公信力的概念以及相关概念关系作了基础性界定，解决了司法公信力的有无及可测性问题，分析了司法公信力建设与司法公信建设的关系，原创性地提出了司法公信力在新一届执政党执政目标中的定位和司法公信力评价的政策理论依据，全面分析了司法公信力对执政党和司法的影响。

（二）在大量研究、总结国内外关于司法测评理论和方法及众多实证案例的基础上，建立起一个可将我国司法公信力状况进行量化表达的司法公信力评价指标。通过司法公信力在党的十八大全面建设小康社会目标中的定位分析，对司法公信力评价的特点和重要指标进行了设定；在调查数据、案例分析和法律文本解读的基础上，利用探索性和证实性因子分析、信度效度检验等统计技术对司法公信力评价指标进行筛选和组合，建立起具有科学认识价值和实践价值的公信力评价指标体系。本书建立的司法公信力评价体系，包含以中国特色社会主义制度为政治学依据的理论体系、以人大为组织平台的评价操作体系、以民事诉讼法为蓝本的指标体系、以深化司法体制改革和提升国家权力机关地位为作用域的影响体系这五个子体系，使司法公信力不断提高到 2020 年必须实现的司法小康目标，有了量化可测量的、切实可行的实现手段。

（三）通过分析人大在国家治理中的地位，开创了司法公信力评价组织的新渠道。我国政体决定了人民有权对司法机关是否讲信用进行评价，而由于这种评价缺乏具体可操作的机制，使司法事务上的人民当家作主流于形式，人民代表大会职能由重立法到重法的实施使这一状况的改变出现契机，因而建立起人大评价司法机关信用的机制将使民诉法的落实变成刚性而不再是柔性的，以法院为例，这将倒逼法院将违反民诉法的法官行为精细地列入案件质量评查中，并且给予严格的程序性责任追究。其深层次意义在于，使民事诉讼法的产生机关——人大——对它所产生的实施民事诉讼法的主要机关——法院和检察院，建立了民诉法实施标准并进行实质性的权力制约。

（四）社会科学研究必须坚持管用原则，是将“用”放在第一位的研究。因此本书的一个鲜明特点就是成果运用单列为最后一章并占有较大篇幅。司法公信力评价体系的建立这一成果，将直接作用于人大职能调整、审判权运行机制改革、民事诉讼法的实施、诉讼法律规范的适用、法学研究的拓展，最终实现人民当家作主制度与司法制度的有效衔接，也实现法学研究向着现代法学研究方向发展。司法公信力评价无论对民事诉讼程序实践上的改进，还是立法、理论上的完善，无论是对司法体制改革的倒逼推进，还是法理学理论的创新，无论是对全国人民代表大会作用的发挥，还是对中国共产党执政目标及社会治理法治手段的实现，都将产生巨大的推动力量和直接的影响。

由于司法公信力评价体系的建立涉及多学科理论支持，因而涉及其他学科时作者理论和实践能力存在不足，即使是本学科的理论和实践，作者水平亦有限，因而本书还有很多不足和很大完善的空间。囿于时间关系，在调研和实践方面做得还不足，原本的想法是将建立的指标体系在某个地区、某些群众中进行试验，但是没有实施，作者将在此方面继续研究。此课题对法学界而言存在技术困难，但只要联合攻关还是可以取得实质成果，评价指标还需要进一步修正，更需要抓紧实施。本书仅仅探索了以法院为例的司法机关公信力评价，因此在发展前景上，对于政府的公信力评价，还有很大的研究宝藏等待发掘。更进一步，宪法和基本法律的实施监督方面都具有类似的研究空间。

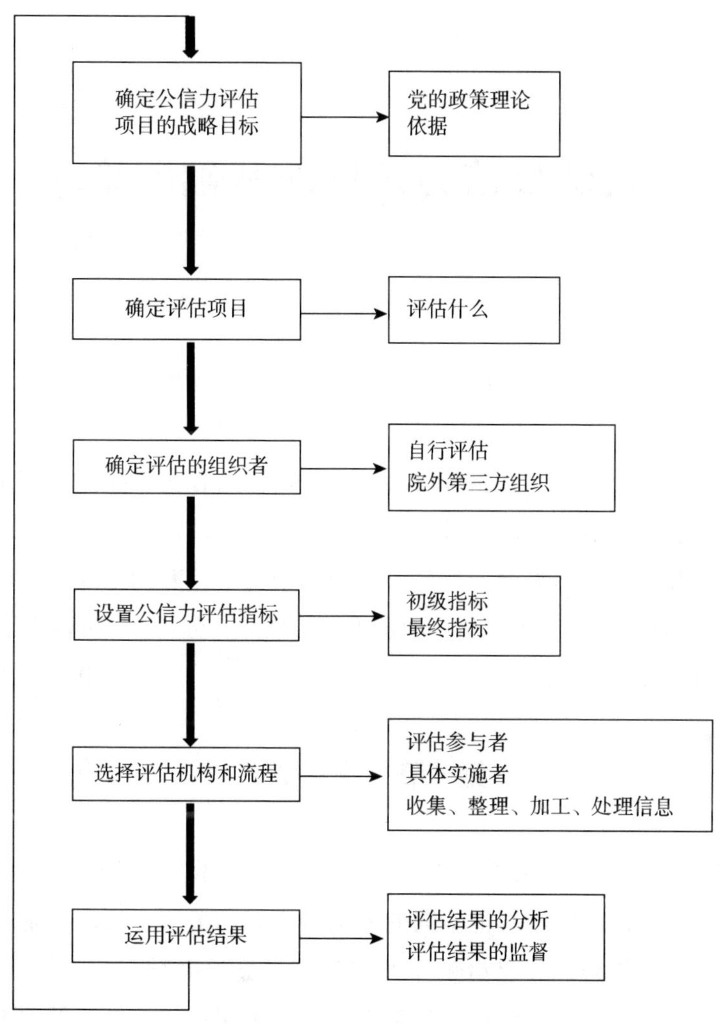


**图0—3　司法公信力评估流程模型**

# 第一章

# 司法公信力评价的基础理论

在信任司法的关系结构中，涉及两个基础性要素，一是公众对司法的期望，二是司法自身的能力。一般来说，人们只有在认为司法可以满足其期望的情况下，才可能对司法付出信任；只有在司法能够满足人们期望的情况下，信任关系才可能建立并增强。因此，期望与能力之间的契合是强化信任度的关键，在二者契合的情况下，有助于建立信任，反之则有损信任。① 以下就从信任的逻辑结构展开，分析形成司法信任关系的过程和诸要素的作用情况。

## 第一节　信任概说

“信任是人际关系中的一项资产，人们彼此承担着失败和背叛的风险；同一人可以同时与其他不同的人保持不同的关系，从深深猜忌到深信不疑；与其他公民、政治领导人或政府官员的关系亦复如是；因此，对民主化和去民主化的任何解释都必须详细阐明：相对信任的关系是如何扩大到公共政治领域的。”② 对信任这一事物还需要深入的研究和实践，本书也仅从司法公信力的角度探讨信任的逻辑结构。

---

① 许尚豪：《法院能力与信任期望——信任法院的两个基础性要素解读》，《西南民族大学学报》2014 年第 9 期。

② ［美］查尔斯·蒂利：《信任与统治》，胡位钧译，上海人民出版社 2010 年版，第 3 页。

## 一　信任与信用

前述关于公信力的含义，“公”有两种含义，一是主体角度的“公众”，二是客体角度的“公权力或公共机构”；“信”也有两层含义，一是主体角度的信任和信赖，二是客体角度的信用；“力”则体现了公众与公权力之间的关系，即信任是如何与信用相互作用影响的，公权力如何获得公众的信任，公众如何感知公权力的信用，表明了公信力的关系属性（如图1—1）。可见，在司法公信力关系结构里，有两个基本要素：信任和信用。公众与司法之间是一种相互作用的信任关系，落脚点在信任上。

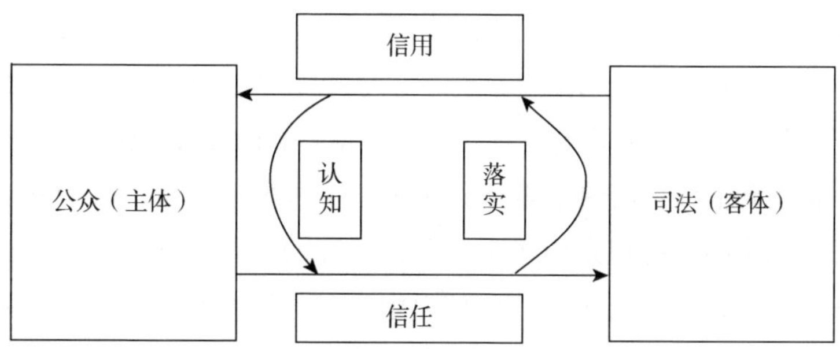


**图1—1　司法公信力概念的关系模式**

关于信任的定义，在社会学、政治学、经济学和人类学等学科中都有诸多论述，多数学者认为信任是一种心理状态，迪戈·甘姆贝塔认为，“信任”是一个行动者评估另外一个或一群行动者将会进行某一特定行为的主观概率水平，他的这种评估发生在他能监控此特定行动之前，而且，这种评估在一定的情境下作出，并影响了该行动者自己的行动。① 我国学者郑也夫认为信任是一种态度，相信某人的行为或周围的秩序符合自己的愿望。② 学者喻国明则认为“信任”是主体对客体未来行为的预期，这

① ［英］迪戈·甘姆贝塔：《我们能信任吗?》，杨玉明译，载郑也夫编《信任：合作关系的建立与破坏》，中国城市出版社2003年版，第270—271页。

② 郑也夫：《信任论》，中国广播电视出版社2001年版，第19页。

种预期影响主体对客体下一步行动。[①] 喻国明同时归纳了信任的四个特点：时间差、不确定性、主观性和节点特性。即第一，信任包含有先后时间顺序的评判与行动，信任产生的前提是要有德，信任的最后结果是利；第二，信任是在一种不确定状态下才会产生的；第三，信任是主体的主观心理活动，是主观评价与判断；第四，信任只有到了一定的节点上，行动才会发生。[②]

公信力的核心是信任、信赖，但是信赖总是与特定对象的信用相联系，是建立在主体对于特定对象的信用体验和认定的基础上的。所谓信用，是一种信守诺言、履行承诺的品质。每一种职业都有特定的社会功能，履行特定的职业承诺，譬如医生的社会职能是“救死扶伤、治病救人”，教师的社会职能是“教书育人、传道授业解惑”，官员的职业功能是“全心全意为人民服务”“权为民所用、情为民所系、利为民所谋”，法官的职业功能则是“司法公正、一心为民”。在各种职业角色的社会期待之下，只有尽职尽责履行职能，才能获得较高的社会信赖。

从信用到信任，反映了客体到主体的一种发展过程，人们在对特定对象履行承诺的体验积累中产生一种信任度的判断和评价，集合性的判断和评价就是“公信”度。而公信力中的“力”是特定对象履行社会职能、实现承诺、满足社会期待从而赢得社会信赖的能力。这种能力并不是事物本身自给自足的品性，而是与其社会期待相关联的能力，属于关系范畴。也就是说，公信力虽然从形式上看总是表现为特定事物的某些品质，但只有这些品质能够满足社会公众的期待并能够给予人们信任感的时候，才能成为“公信力”的构成要素。

## 二　信用是公信力的评价对象

信用的含义在《现代汉语词典》中有四种解释：（1）能够履行跟人约定的事情而取得的信任；（2）不需要提供物质保证，可以按时偿付的；

① 喻国明等：《中国大众媒介的传播效果与公信力研究——基础理论、评测方法与实证分析》，经济科学出版社 2009 年版，第 6 页。

② 喻国明等：《中国大众媒介的传播效果与公信力研究——基础理论、评测方法与实证分析》，经济科学出版社 2009 年版，第 6—7 页。

（3）银行借贷或商业上的赊销、赊购；（4）信任并任用。但究其词源，信用是中国古代政治伦理学首先使用并延伸到社会伦理学的重要概念，《论语》中的“人而无信”中的信就是信用的意思，而《左传》有“信用其民”、《东周列国志》有“幽王不加信用”、《续汉书》有“岂可信用”等直接用词，基本含义就是说话算数、说到做到以及达到这样标准的人可以任用，即上释（1）和（4）。近代以来的文学家鲁迅、沙汀、曹禺等，在其文学作品里多次使用这一古代汉语中的词汇，逐步将其纳入现代白话文语境中，使其基本含义符号化、缩略化，推动实现了古词今用。而英文的信用即 credit 一词在古希腊文中是“我相信”的意思，直到市场经济发展起来后，在经济领域它才指受信方在特定时间所做的付款或还款承诺的兑现能力①，强调的是（2）和（3）两项含义。信用一词的完整语义，表明信用首先是客体的一种属性，这种属性使得主体对客体有一种预期，预期的实现与否反过来加深了客体属性。在行政和公权力领域，信用指的就是公权机关履行其对公众承诺的状况，更加倾向于公权机关的信用。公权机关的信用既包括意识形态上的、物质上的，也包括机关和其工作人员在公民心目中的具体形象等，这些信用资源的多寡，反映了权力机关的信用能力，也影响着公民在何种程度上对机关行为持信任态度。因此，信用就成为公信力的评价对象。不同学科的公信力就有不同对象的信用评价，政府公信力就是对政府信用的评价，媒介公信力就是对媒体信用的评价，党的公信力就是对执政党信用的评价，司法公信力就是对司法信用的评价。

从上述信任、信用的概念及信任的关系结构界定中，我们认为信任是一种合作关系（有学者认为，信任与其说是合作的一个前提，还不如说它是合作的一个结果②）、一种反馈关系，具有继承性，具有扩大效应，从一个司法主体扩大到整个司法主体，从一个公众主体扩大到整个公众主体，即涟漪效应。

---

① 喻国明等：《中国大众媒介的传播效果与公信力研究——基础理论、评测方法与实证分析》，经济科学出版社 2009 年版，第 10 页。

② ［英］迪戈·甘姆贝塔：《我们能信任吗?》，杨玉明译，载郑也夫编《信任：合作关系的建立与破坏》，中国城市出版社 2003 年版，第 265 页。

## 第二节 司法公信力生成机制及可测性

### 一 司法公信力的概念

人们对司法公信力的理解，目前还局限于属性说，即把司法公信力视为司法本身的一种属性，其核心是司法的“信用”或“能力”问题，因此研究的重点就落在司法能给公众带来信任感的种种特质上。目前国内对“司法公信力”进行界定并得到较多认可的是这样一种解读，“司法公信力是一种具有双重维度的概念。从权力运行角度，司法公信力是司法权在其自在运行的过程中以其主体、制度、组织、结构、功能、程序、公正结果承载的获得公众信任的资格和能力；从受众心理角度，司法公信力是社会组织、民众对司法行为的一种主观评价或价值判断，它是司法行为所产生的信誉和形象在社会组织和民众中所形成的一种心理反应”[①]。相对应的，国外有学者曾这样界定政府公信力：“公民对政府或政治系统运行所产生的与他们的期待相一致的结果之信心或信念”[②]，“政府公信力被认为是政府或政治运作的基本的评价指标或情绪指标”。[③] 应该说，尽管国内外对“公信力”的界定存在简繁程度以及措辞上的不同，但两者总体上是相通的。简言之，按照此种思路，则我们可以大致这样界定司法公信力，即公民对司法或司法运作所产生的信心、信念和信任；相对应的，我们也可以说，司法公信力是司法或司法运作的基本的评价指标和情绪指标。[④] 在界定了司法公信力的适用范围和必须具备的条件后，周赟教授对司法公信力作了更为恰切的界定是：在一个对司法逻辑整体上持有一致认识的社会或国家中，具有相对独立地位的司法机关及

① 关玫：《司法公信力研究》，人民法院出版社 2008 年版，第 41 页。

② Arthur H. Mill, “Political Issues and Trust in Government: 1964—1970”, *American Political Science Review*, 2017, 68 (03): 951 -972.

③ Donald E. Stokes, “Popular Evaluations of Government: An Empirical Assessment” in Ethics and Bigness, *Scientific*, *Academic*, *Religious*, *Political and Military*, ed. by Harlan Cleveland and Harold D. Lasswell, New York: Harper & Brothers, 1962, p. 64.

④ 以上内容及三脚注转引自周赟《当下中国司法公信力的经验维度——来自司法一线的调研报告》，《苏州大学学报》（法学版）2014 年第 3 期。

其工作所具有的被社会公众、组织以及其他国家机关认可、接受、尊重的资格或能力。[①] 本书对司法公信力的界定即采纳该观点。

本书认为司法公信力既是司法的一种属性，也是司法与公众之间的一种关系，是司法运作过程的产物，因而研究的重点不但要放在司法本身，还要研究公众——从司法与公众之间的关系来研究司法公信力，便可以解释不同的社会形态、不同的历史时期、不同的司法制度下，司法公信力的不同。

## 二　司法公信力的生成机制

显然，司法公信力评价是公众通过社会体验所形成的，对于司法作为国家机关所应承担的社会职能的信用程度的感知、认同基础上的评价，因而司法公信力由公众对司法的期待以及司法对这种公众期待的满足两个因素所决定。

（一）公众对司法的期待。无论司法与公众之间存在正式的制度安排还是非正式的制度安排，司法与公众之间都在事实上存在着一种供需关系，或者称为期待与被期待的关系，有时公众会直接参与到司法程序中，双方之间受程序法设定的权利义务的约束，有时公众只是潜在的程序参与者，两种情况都会对司法存在心理预期。动机不同，人们对司法的期望目标就可能不同，因而现实中的期待具有多样性，有学者将对法院的期待分为伦理价值的期待和工具性价值的期望，前者指法院自身具有的公正公平特质，后者指法院实现具体个人利益的能力。[②] 虽然不同时期的司法的不同角色定位影响公众对司法期待的内容，但从“让人民群众在每一个司法案件中都感受到公平正义”这一司法改革目标中可以得出目前公众（人民群众）对司法期待的具体内容就是司法公正，即司法的伦理功能；并且公众的这种期待是一种主观感受，反映司法的被评价性和这种评价的主观性，司法公正合格与否由公众而不是自身评价。而其反

---

① 周赟：《当下中国司法公信力的经验维度——来自司法一线的调研报告》，《苏州大学学报》（法学版）2014 年第 3 期。

② 许尚豪：《法院能力与信任期望——信任法院的两个基础性要素解读》，《西南民族大学学报》2014 年第 9 期。

面群众感受不公，意即司法不能生产公正产品，就是司法公信力不足的表现。《关于〈中共中央关于全面深化改革若干重大问题的决定〉的说明》中指出，这些年来群众对司法的意见比较集中于司法不公，导致的司法公信力不足很大程度上与司法体制和工作机制不合理有关。① 因此，司法结构不能满足实现司法公正的功能，就与公众的期待错位，而改革不合理的司法体制和工作机制成为解决司法不公、满足公众期待之举。"体制是指系统在某一时间点处的状态和结构，机制则是指系统演化的过程和动因"②，体制和机制所形成的司法制度既有司法生产力范畴也有司法生产关系范畴，不同制度环境下的二者矛盾运动产生公众认为公信力高低强弱的司法产品，从而决定公众与司法机关创建和遵守规则的程度。因此可推导出，司法公信力的本质就是社会秩序生产力，它取决于社会公众的认知水准并决定司法机关的存在价值。

（二）司法对公众期待的回应及其契合。回应公众期待是司法机关的法定义务。司法对公众期待的回应与公众对司法的期待之间的契合程度，是司法公信力高低的决定因素。根据契合程度的不同，有两种情况：司法没有满足公众期待、司法满足公众期待。当司法没有满足公众期待的时候，公众就会对司法失望；当司法满足公众期待的时候，公众就会相信司法，使司法公信力提高乃至形成司法权威。当前公众对风清气正官场环境的期待，执政党通过反腐败反四风来满足；公众对政令一致法制环境的期待，全国人大通过修改《立法法》收回有部门利益之虞的行政、司法机关立法式解释权来满足；公众对公正高效市场经济环境的期待，国务院通过取消和下放审批权来满足。简言之，能否满足公众期待，不是任何公共机构对公众的选择，而是公众对公共机构的选择，这就是公信力生成的基本机制。

司法对公众期待的回应符合公众期待，即第二种契合有两个基本要素：一是关联性，二是显性化，前者是实体标准，后者是程序标准。所

---

① 习近平：《关于〈中共中央关于全面深化改革若干重大问题的决定〉的说明》。

② 成思危：《制度创新是改革的红利之源》，载高尚全主编《改革是中国最大的红利》，人民出版社 2013 年版，第 4 页。

谓关联性，就是指司法机关回应的任一举措均应以公众需求为基本标准，而不是别的标准。当前，既然司法公信力不高的主要原因是司法不公，而司法不公很大程度上与体制机制有关，法院就应当紧紧围绕司法不公的产生原因来健全完善制度，特别是反腐败司法制度和责任追究制度。所谓显性化，就是这种回应能够被公众摸得着、看得见、可认知、好理解。具体说，就是把司法不公的预防、查处及其执行情况公之于众，让公众据此评判法院法官的作为。司法社会化是现代社会国家司法尤其是民事司法的重要特征，社会参与权又是现代司法中的一个权力要素，因而现代司法应当敞开法院大门，广泛吸纳社情民意，使司法的结果满足社会的需要，由此拉近司法与社会的关系，使社会产生对司法的信赖。①

（三）司法公信力生成机制。通过以上分析，以信任（信任是主体对客体未来行为的预期，这种预期影响主体对客体的下一步行动②）为逻辑起点和终点，司法公信力的一般生成机制可以归纳为图1—2。

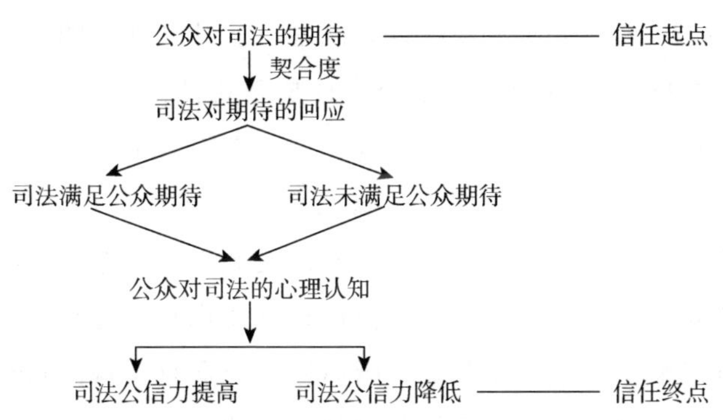


**图1—2　司法公信力的一般生成机制**

总之，司法公信力就是公众对司法的期待与司法实际表现之间契合程度在公众心理上的反映。一些热点案件中引发的司法信任危机主要原

① 汤维建：《民事诉讼法全面修改的5个重点》，《中国社会科学报》2011年12月21日。

② 喻国明等：《中国大众媒介的传播效果与公信力研究——基础理论、评测方法与实证分析》，经济科学出版社2009年版，第17页。

因就在于司法表现与公众期待的错位。挽救司法信用的手段有两种，调整司法表现和调整公众期望。调整司法表现即提高司法公正的能力和水平一直是实务界和理论界关注的重点，也是这些年司法改革的方向。并且这种改革也逐渐考虑到公众的需求，司法改革正以公众期待和需求为出发点。其实，公众期待也是提高司法公信力的重要方面，提高公众的法律素养、培养公众的法治意识、增进公众对司法的了解，通过这些引导公众树立科学理想的司法期待。虽然公民法治意识的提高可能在短时间内降低司法公信力，比如公民法治需求的增加，对司法提出了更高更严格的要求，随着对司法程序的了解，程序中的瑕疵亦在公众眼中凸显，原先对法院功能和程序违法了解少的公众对司法的信任度就会降低。但从长远来看，公众法律素养的提高可以促进司法能力提高，而且建立在科学理性基础上的司法公信力比建立在神秘威权基础上的公信力显然更为可靠。

有观点认为司法公信力无法评价也无须评价，法院只需在司法公正上下功夫即可，笔者认为，诚如范明志先生指出的那样，法院与社会的冲突本质上是一个社会对法院的评价问题。从社会评价的机理方面来分析，社会公众的评价机理决定了公众评析与司法判断的不一致。首先，评价主体并没有充分的机会去获得客体全面和客观的情况，司法活动的对象只是案件当事人这一个体，不像行政权力那样具有对象的广泛性，因而当事人之外的其他人不可能关心全面的案件审理结果，除非少数有重大社会影响的案件。其次，如今公民权利意识日益强烈，司法公正的状况潜在地影响每一个公民利益，因而社会公众有监督国家权力机构的强烈欲望，但是想要关注司法的公民却对司法不了解，就会形成公众与法院之间的冲突。“在一个民主国家中，法院与社会存在一定的冲突是正常的，它体现了司法和民主的进步，反映了市场经济下人们的多元化的思想观念。”① 这种分析是有道理的，但也恰恰成为有学者反对司法公信力评价的理由，认为法院只要最大化地保证司法公正，就可以提高司法权威。为何司法公信力和司法公正是两个问题？在某种意义上，司法公正是一个

① 参见范明志《法院与社会冲突的法理解析》，《法学》2004 年第 11 期。

客观问题，讲究的是司法的伦理功能，而司法公信力是个主观问题，讲究的是公众对司法期待的满足。正如上文分析，法院的行为可以直接决定是否司法公正，而公众的期待可以直接决定司法公信力，二者显然存在不一致的时候。以个案来分析，公众的负面评价可能产生于以下两种情况，一种是法院的判决是公正的，但是社会公众对此有不同的认识；另一种情况确实是由于法院的裁判错误从而引起社会公众的不满。上述两种情况导致公众对法院产生了负面评价，影响了法院的公信力。我国正处于改革深水区，到了攻坚克难的时候，即使公众评价与司法行为之间产生的冲突在理论上具有合理性，但是，如果司法不对此作出适当的回应，社会公众就可能对其负面认识进一步固化，当对司法的负面认识达到一定的普遍和坚定程度，就可能使司法权在改革过程中遭受排挤或歪曲，甚至延缓法治建设的进程。① 因而司法无论如何努力做到自身公正，都要对公众的评价有一个回应，这也是建立司法公信力评价体系的原因。

## 三　信任关系的特征及司法对其回应

信任关系具有以下四个特性，决定了司法机关回应公众期待的具体内容，法院在这四个特性上表现出不同侧重的回应。

（一）信任关系具有双向性，决定了公权主体应具有契约观念并践行之。相互依赖意即相对的双方互不分离，以对方的存在为自己存在的理由，双方至少有某种程度的利害关系，己方利益必须靠对方才能实现。在司法领域，这种表现就是国家安排纠纷解决机制，使社会主体之间的纠纷被纳入一个统一的管理处置平台即法院，法院取代公众原本的私人救济成为一个普遍适用的纠纷解决机制。法院与公众之间的相互依赖性表现在，公众供养法院换得其公平处理纠纷。因而法院法官树立起契约观念，并切实向公众提供高质量和高效率的产品为履行承诺，以换取公众授以公权力的信任，否则即为违约失信。

（二）信任关系具有易损性，决定了公权主体应在核心业务上控制风险点。个人的情感状态会影响信任经验，并影响对被信任者的判断。在

① 范明志：《法院与社会冲突的法理解析》，《法学》2004 年第 11 期。

公众与司法的信任关系中，影响公众情感的关键因素是司法伦理，即公平正义。而司法的核心业务是审判，公众信任法院的基础也是审判业务，故司法机关倘不从核心业务出发，使每一案件符合公正要求，那么绝大多数公众迟早会对司法失去信任。就如党的十八大报告所指出的那样，加紧建立起以权利公平、机会公平、规则公平为主要内容的对保障社会公平正义具有重大作用的制度。信任关系难以建成，建成之后又易于受损，正如俗语所言，一百件好事建立起的信用，一件坏事就可以毁掉。重建永远比破坏要艰难，要想减少自身给公众带来的信任破坏，则必须尽可能地控制核心业务的风险关键点，将可能影响公众信任的节点风险控制住或者减少至最低。

信任不但是对对方有信心，更高层次的信任是相信对方能善意，善意让信任者确信被信任者不会伤害自己且会保护自己的利益，因而愿意托付对方。善意对于法院来说就是悲天悯人之情怀，慈悲心是指被信任者不以自利为导向，而会以信任者或共同利益为优先，包括善意适用法律、解释法律，善意审判执法。如果公权没有向善之心而违背了良知，哪怕是法律（此即为亚里士多德所谓“恶法”）下的公权行使，同样会产生信任流失的后果。

（三）信任关系具有经验性，决定了公权主体必须公开其行为。当信任者在交换过程中获得被信任者值得信任的口碑、意图、能力、可靠性等证据时，信任者才会决定是否采取行动。司法机关充分公开其行为和信息是获得司法公信力的前提条件。公众对公权合法性的认同主要来自三个方面：一是对国家主权的信念；二是对公共管理效能的信任；三是对公共服务的预期。如果公众对司法机关能够提供公正产品信以为真，那么他就会选择司法机关纠纷解决，反之，纠纷解决选择量的多寡则反映出公众对司法主权的信任度；信任是接受对其不利的裁判结果，因而那些不能终结纠纷的事件反映出不信任，包括一审上诉、再审、强制履行和信访等；公众对将来情况的预期进而形成理性决策只能来源于各类司法信息的可获得上，因而司法公开强度可反映出信任的高低。

（四）信任关系具有差异性，决定了公权主体必须定位一致并与作用对象相契合。信任是人的主观心理的外在表现，表现为对某一事物的态度，这种外在表现主要来自于经验。经验虽然与个人价值观、情绪等有关，但它更多受制于群体印象，与经济社会发展阶段，或者说人的发展进化程度紧密相关。不同阶层的群体对司法的需求存在差异，顶层阶层基于社会地位的优势，较少参与司法活动，虽对公平正义有要求，但具有维持现状的心理倾向。中间阶层经济实力较强，文化层次较高，对公平正义有强烈要求，希望良好的法治环境，具有主动寻求理解法律和司法运行程序的动机，参与司法意愿强烈，表现出强烈的社会主体意识。底部阶层人数众多，经济不宽裕，文化层次较低，以是否入情入理和满足自身司法需求为评价司法的标准。[①] 司法需求在不同的社会阶层中存在一致和差异，有的阶层对主体性的需求更强些，有的对参与性的需求强些，有的则对保障性需求更多些；在社会的不同发展阶段也是存在差异的，不同的需求会同时存在，也会在某一阶段某种需求更加突出。比如同样的司法活动可能在中间阶层能够获得理解和认同，但是底部阶层可能并不认可。不同社会发展阶段或者不同发展阶段的人们对包括司法在内的各种社会事物的心理认知是不同的，与其相契合的行为才能取得作用效果并获得作用对象的信任。因此，有针对性地研究群体的司法需求差异，提供多样化的司法供给，才能在不同的群体中均实现司法公信力。

正如习近平总书记说的“与新社会阶层说话，说不上去；与困难群众说话，说不下去；与青年学生说话，说不进去；与老同志说话，给顶了回去”[②]，司法机关不了解服务对象，就无法获得心理认知，也就无法调整行为、履行承诺。公众进化程度高而司法进化程度低，或者公众进化程度低而司法进化程度高，均是造成信任障碍的因素。因而除了培育社会整体法治水平外，对于法院这一方来说，法院法官取得公众信任必不得脱离公众的心理发育进程，相对于公众发展水平来说，法院过于保守或过于超前都是有害的。对于法治中国建设来说，法院不脱离公众在此阶段上的司法需求，这个阶段就是社会主义初级阶段。

---

① 参见李雪峰《群体的司法需求差异与司法公信力建设——以社会阶层结构及变化为视角》，《建设公平正义社会与刑事法律适用问题研究——全国法院第 24 届学术讨论会获奖论文集（上册）》，人民法院出版社 2012 年版。

② 高新民：《提升领导素质从哪着手》，《北京日报》2013 年 10 月 28 日。

但对于司法的角色定位来说，其既具有伦理性功能，以适用法律和公平正义为己任，也有工具性功能，以实现当事人利益和国家统治目标为己任。司法的定位会影响当事人寻求司法救济时的期望，比如对于具有合法利益的当事人来说，其希望法院是公平公正的，而对于非法利益的当事人而言，法院公平正义对此反而无用。无论从哪个角度来说，法院的角色定位应一致，并与满足不同时期社会公众的需求结合起来。比较而言，目前中低阶层的司法需求更加强烈，是推动司法公信建设的核心力量，积极回应他们的呼声和需求，是解决目前司法公信力缺失的必然选择。

## 第三节 司法公信力评价及其功能

### 一 司法公信力的可测性

诚然，不同的人对司法有不同的认识和评价，即使相同的评价结果，不同的人的判断标准也是不一样的，也就是说，人们的信任判断有不同的维度，比如有人认为司法公信力高的原因是司法公正，有人认为是司法公开，还有人认为是司法裁判结果统一。因此司法公信力并不是学者普遍所持的“能力说”，这是从司法本身的角度来看，将司法公信力看作是司法本身的特质，是一个不变的常量。而应从公众的角度看，公众是变化的，则不同的人对司法的信任有不同的判断标准，司法公信力是一个变量。但这并不是说，司法公信力无高低之分，依据概率理论，单个的个体或少数的样本可能显示出对司法杂乱无章的认知，但是只要样本数量足够，也就是说达到一定数量的人群，对司法的认知肯定就会出现一个概率分布，这个概率分布的最高值就是司法公信力的状况。从理论上分析，信任是建立在司法信用基础上的期待满足，如果有了司法信用，也就是说司法履行承诺，毋庸置疑司法就会取得较高的公信力，所以说即使个体体验不同，对于“公信力”的“群体”体验和“系统信任”来说[①]，公信力的水平也是一

---

① 有学者从信任结构理论将信任划分为个体信任和系统信任。参见彭泗清《关系与信任：中国人人际信任的一项本土研究》，《中国社会学年鉴 1995—1998》，社会科学文献出版社 2000 年版，第 290—297 页。郑也夫：《信任论》，中国广播电视出版社 2001 年版。

定存在的，而且一定是个峰值。[①] 既然公众期待与司法表现的契合是一个大概然数字，就表明司法公信力是可测的。

既然公信力是个大概然数字，它就是可以测量的，问题是如何测量，包括测量的内容、测量的主体、测量的程序以及数据分析等诸多问题。首先我们分析信任有哪些判断维度，为公信力的评价维度奠定基础。对于信任的判断维度，具有代表性的是罗德里克·M. 克雷默（Aneil K. Mishra）等的组织信任观点。[②] 克雷默是从企业组织的角度研究信任，他认为信任具有胜任（履职能力）、利害关系（人文关怀）、公开、可靠四个维度[③]，借鉴这一观点，我们在考察司法公信力时，也将从这四个方面展开。这是从信任对象的角度分析信任的维度，我们还将从信任主体即公众的角度考察什么因素是影响主体判断的决定因素。年龄、教育程度、政治信仰、文化还是地理环境?

我们认为，影响司法公信力评价的三个维度是职业特质、角色定位、公众感知。司法的职业特质包括司法独立、中立、公正、平等、亲历性、职业性等，二审终审制、合议制、回避制、管辖制度、辩论制、不告不理以及程序具有独立价值等都是司法的专业特征。在不同的社会制度结构以及不同的社会发展阶段，社会及公众对司法履行社会功能和扮演社会角色的要求是不同的。因此，公众要求司法表现出的专业特质重点也是不同的。比如，在计划经济时代，党和政府包揽一切经济事项，在社会主义法律体系还不完备的时代，司法往往依政策办案、以风俗习惯和公序良俗为办案依据，公众对司法的要求就是是否履行党和政府的经济政策，是否保证案件的实体公正。在市场经济时代，法律体系基本完备，公众要求司法保持中立、独立，充分尊重市场经济主体的意思表示，对司法程序提出更高的要求，这时司法的依法性便起到至关重要的作用。因此，只有当司法表现与公众期待相吻合时，司法公信力才有可能得到

---

① 峰值的意思是一个点，不是一个区间，也不是离散的点，而是集中的点。

② 参见［美］罗德里克·M. 克雷默、汤姆·R. 泰勒编《组织中的信任》，管兵、刘穗琴译，中国城市出版社 2003 年版。

③ 参见喻国明等《中国大众媒介的传播效果与公信力研究——基础理论、评测方法与实证分析》，经济科学出版社 2009 年版，第 33 页。

较高评价。司法公信力评价是在公众的司法体验中形成的，而这种体验既然是主观的，就不可能仅仅与被感知客体的专业特征和角色定位有关，公众与司法在文化、情感、智识和价值观上是否具有共识，也对评价起着至关重要的影响。晓之以理只能形成判断，动之以情才能产生信赖。在改革开放之前，人们的价值观较一致，社会认同感比较一致，人们对司法的认同比较容易形成。改革开放之后，尤其随着市场经济的深入发展，利益多元化带来的价值多元化不可避免扩大了，认同感较难形成。概言之，公众感知的多元化，影响着司法评价的一致性。

## 二 司法公信力评价的特征与本质

最高法院周强院长 2013 年 7 月 4 日在全国高级法院院长座谈会上的讲话指出，“坚定不移加强公正司法，提升司法公信力。司法公信力体现的是人民群众对司法制度、司法机关、司法权运行过程及结果的信任程度，反映的是人民群众对司法的认同状况。”① 显然，首席大法官已经认识到司法公信力是一个外部评价结果，是人民群众对司法机关及其工作人员的认同状况。司法机关作为一种公共组织，其自身建设从来就没有中断过，体现为不断推进的各种内部标准或规则，从权力授受到工作运行流程，从人员行为规范到法律实施标准，甚至出现了司法机关提升自身公信力的标准等。

### （一）司法公信力评价的特征

在现有文献的基础上分析，司法公信力评价的特征有外部性、主观性、可测性和动态性四个。

第一是外部性。这是司法公信力评价的本质属性。外部性是来自市场经济的一个理论，它是针对直接干预市场的政府管制而言的，包括外部经济与外部不经济两种主要情况，也叫正外部性与负外部性。“所谓外部经济，是指某一经济活动或某一项目所产生的效益被与该项目无关的人所享有……外部不经济，亦称外部损失成本，它是指某一企业的经济

---

① 周强：《努力让人民群众在每一个司法案件中都感受到公平正义》，《人民法院报》2013 年 7 月 23 日。

活动所造成的经济损失而企业并不承担外部成本的情况。”① 前者如修水电大坝使下游的人受益，后者如排污或砍伐森林使他人利益受损。其产生原因一般认为，“外部性是指有些经济活动的社会效用与个体效用之间、社会成本与个体成本之间存在着差别，这些差别难以通过市场评价表现出来。如有些经济活动给企业带来了极大经济效益，但破坏了周围的环境，产生了污染。然而，这种环境污染的治理成本并不能在企业的内部成本中表现出来，市场机制不能对这种外部不经济作出评价，而只有通过某种制度安排，如征收污染税、排污费或提供产权界定，将外部不经济转化为企业内部成本”②。这为政府介入微观经济活动提供了一个理由，而外部性的本质是自己（市场主体）的活动影响或可能影响其他更多人的生存发展条件，而由政府予以管制。

司法是适用法律的活动，基本主体是法官与当事人，二者共同完成的司法活动如同经济活动一样，存在着社会效用与个体效用之间、社会成本与个体成本之间的差别，这些差别同样难以通过官方评价（系统内上级法院的行政评价、产生机关人大的审议评价）表现出来。在市场的外部性上设计政府介入干预机制从而解决了问题，在司法的外部性上同样需要设计一个机制来解决问题，这就是公众。

司法公信力的外部性还有另一层含义，即词典中的意思，是相对于内部性而言的。定义为使法院获得大众信任的因素或者力量的司法公信力，就其内在的本质的必然的规律而言，大众才是根本性的、决定性的因素，只有大众才能决定包括司法在内的政治系统的合法性。“政治合法性的判定依据是有关规范：政治宗旨、政治基础、政治行为、政治法律等；判定的主体是人民。显而易见，政治合法性概念本身就蕴涵着社会认可，这种社会认可实际上反映了人民对政府的信任程度，即包含着对政府信用的评价。”③ 在这一点上，司法活动的外部性与司法公信力内涵上的外部性是一致的，它们都需要人民或者公众的外部力量的介入。这

---

① 张成福、党秀云：《公共管理学》，中国人民大学2007年版，第56—57页。

② 王俊豪主编：《管制经济学原理》，高等教育出版社2007年版，第22页。

③ 章延杰：《政府信用与政治合法性》，《兰州学刊》2004年第4期。

就决定了司法公信力评价应当属于外部评价。

第二是主观性。这是司法公信力评价的表征属性。如前所述，信任关系具有主观性，人们对某一事物的判断是建立在认知的基础之上，认知不同，导致的判断结果也就具有差异。“公信力是一种对讯息来源的广泛判断，而且是由公众来认知的。”[①] 公信力是如此，司法公信力也是如此。公众对司法公信力的主观判断取决于两点：一是公众的素养，公众是分层次的，就技能而言，可以区分为法律人和非法律人；就气质而言，可以区分为理性人和感性人。二者对于司法活动的判断进而产生的信任度是不同的。法律人和理性人更可能基于法治思维，给予司法活动一个相对客观的判断；非法律人和感性人更可能基于道德思维，给予司法活动一个更加主观的判断。当然，无论哪种判断，包括对司法活动的相对客观理性的判断，都是主观的。二是公众对司法讯息的可获得性。判断建立在知情的基础之上，不知情就无判断或有假判断。目前公众获得司法信息主要有两个渠道：一是正式渠道，包括现行宪政框架下的法院外官方（也是一类公众）获得和现行公开法规定的法院信息公开。二是非正式渠道，涵盖前述以外的全部信息。这两种渠道的信息，都是决定公众主观偏好的因素，无论哪种信息，都是公众主观行为的依据。

司法公信力评价是一个主观见之于客观的过程，承认其主观性就可以在评价时充分避免随意性，为评价者提供充分的信息，设置比较科学合理全面的测评项目，并尽可能地收集客观的数据和资料。每个个人对司法的信任与否是个主观感受，但这一个个感受叠加起来就形成了一种社会氛围，从群体或者国家层面上考察司法受公众信任或者司法权威的状况，就不是一个感受的问题，必须是能够以数据或者案例加以描述和说明的。最简单地说，100 个人中有 80 个人认为司法是值得信赖的，那么就可以以该数据界定司法公信力的状况。因而从整体角度考察，司法公信力高低程度是必然可以用数据表示的，也就是可测的。诸多理论和实例也表明这一点，并提供了测量样本，如法院的群众满意度指标。而

---

① Berlo D. K. , Lemert J. B. , Mertz R. J. , “Dimensions for Evaluating the Acceptability of Message sources”, *Public Opinion Quarterly*, 1969 (4): 4.

如何科学设置司法公信力的指标和赋分，就是将主观要素客观化的过程，在指标体系中予以论述。

第三是可测性。这是司法公信力评价的质量属性。如上所述，司法公信力高低程度是能够用数据表示的。许多传统上无法量化的社会科学研究对象如民生指数、幸福指数、安全指数、法治指数都已出现指数化趋势，量化研究成为社会科学研究新趋势，现代量化研究方法以及大数据等技术为社会科学量化研究提供现实路径。司法公信力高低程度可以通过社会科学研究方法获得数据，评价的具体内容和方法，均可以参照社会科学中的指数方法，创设相应指标体系，以衡量某一司法管辖区内司法公信力的提高程度和法治国家建设中司法领域发展的健康状况。许多研究成果为司法公信力评价提供了指标理论和样本[①]，提供了针对不同社会现象进行数量测量的方式方法[②]，因而司法公信力的可测性在多学科支撑下并不是一个问题。这些中外权威工具，从理论和实践层面都论证和验证了社会现象的可测性。司法公信力的可测性在前文已有论述，此处的可测性主要是指主观评价的可客观化、标准化，下文亦将进一步论述。

对于社会现象的评价，研究较早的是人民大学的刘瑞、武少俊、程卫平、周志文、王玉清等学者。21 世纪初，他们发表了《中国现代化标准探讨》《社会发展中的宏观管理》等论文和专著，其中社会现代化指标集中设立了一个涉法指数即社会安全指数，这是我国学者单独设立的、国际上无可比性的指标，并且对 1998 年我国现代化实现程度进行了测评。在这些实践中，他们总结了社会发展度量的困难性，指出“在度量对象方面，困难来自于：第一，对社会发展的界定不统一……第二，社会发展所包含的活动内容的复杂性以及松散性远远超过了经济活动部分。在度量方法方面，所遇到的困难是：第一，缺乏一个核算同度量尺子……

① 参见刘瑞、武少俊、王玉清《社会发展中的宏观管理》，中国人民大学出版社 2005 年版。朱庆芳、吴寒光：《社会指标体系》，中国社会科学出版社 2001 年版。龚剑辉：《指数创新与应用研究》，浙江工商大学出版社 2012 年版。

② ［美］巴里·伦德尔、小拉尔夫·M. 斯泰尔、迈克尔·E. 汉纳：《面向管理的数量分析》（第 8 版），陈恭和、王璐航译，中国人民大学出版社 2007 年版。

第二，社会发展各个领域、部门以及环节的统计工作薄弱……社会核算体系从提出到开始建立，才只有20多年的时间。因此，也有理由对社会核算体系的最终建立充满信心”[①]。朱庆芳、吴寒光所著《社会指标体系》[②]、龚剑辉所著《指数创新与应用研究》[③] 等专著，都对如何设计指标和计算进行了介绍。特别是美国伦德尔等著、陈恭和等译的《面向管理的数量分析》（第8版）[④]，作为美国运筹学、管理学和数量分析的权威教材，提供了针对不同社会现象进行数量测量的方式方法，因而司法公信力的可测性在多学科支撑下并不是一个问题。这些中外权威工具，从理论和实践层面都论证和验证了社会现象的可测性，司法公信力也不例外。

第四是动态性。这是司法公信力评价的发展属性。这种动态性首先表现在纵向发展上。司法公信力受制于两个主体，公众和司法机关。任何事物都是发展变化的，尽管这一过程可能是曲折的。随着经济社会发展进步，无论是公民大众还是司法机关，都会随之发展进步，相互之间表现出的信任关系也将不断发展，体现在评价上，就是根据发展了的社会修正评价指数乃至评价方法和评价内容、评价主体等。经济社会的发展进步，与公民、法院的发展进步互为因果、共同促进，这必然会使公众对法院的信任程度呈现出一个总体上升的趋势，尽管它是道路曲折的螺旋式上升，即在某一时间段中可能出现反复包括倒退，但前途光明。因此，司法公信力具有动态性、可变性，是可被认知可被改变可被建设的。其次，这种动态性还表现在横向比较上，司法公信力同时受制于一个客观因素，这就是不同司法机关的诉讼数量和案件难度不同，同样数量和素质的法官面对不同数量和难度的案件，数量多难度大的相对而言面临司法公信负面影响的因素更多，这是我国区域经济社会发展不平衡带来的必然结果，从而为比较测量带来了困难。另外，司法公信力评价

---

① 刘瑞、武少俊、王玉清：《社会发展中的宏观管理》，中国人民大学出版社2005年版。

② 朱庆芳、吴寒光：《社会指标体系》，中国社会科学出版社2001年版。

③ 龚剑辉：《指数创新与应用研究》，浙江工商大学出版社2012年版。

④ ［美］巴里·伦德尔、小拉尔夫·M. 斯泰尔、迈克尔·E. 汉纳：《面向管理的数量分析》（第8版），陈恭和、王璐航等译，中国人民大学出版社2007年版。

的动态性使得对其评价不是一成不变的，也使得评价应当具有一定的频率，比如年度评价、任期评价或者五年评价。

（二）司法公信力评价的本质

虽然在特征里已经说明了司法公信力评价具有外部性，仍然需要强调司法公信力评价的本质，这一点对建立体系至关重要。司法公信力界定为公众与司法机关的关系，对司法公信力的评价仅能是一个外部评价主体，而不能是司法机关自身，否则它产生的不是公信力而是“私信力”。公众就是司法公信力的评价主体，司法机关则是被评价的客体，这被称之为司法公信力评价的本质外部性。

这是指在司法公信力的评价中，人民群众与司法机关的主动、被动关系，也就是司法公信力评价的主导权在谁的手中。依外部性原理，这个主导权在人民群众手中，否则就不符合公信力这一事物的内在的本质的必然规律；套用法律术语说，如果是司法机关自己评自己的公信力，违反了回避规定，违背了现代评估学的一般原理。因此，谁来评、评什么、怎么评这三个根本问题，都应当由包括人民群众在内的外部主体掌握主导权，外部主体才是主动方，司法机关只能是被动提交信息、被动接受的一方。这样一来，司法公信力评价的本质也就不言自明了，它是人民当家作主的表现形式；没有这一评价，在司法事物上的人民当家作主就会流于形式——选举产生司法机关和人员只是人民当家作主的一部分权力，另一部分在于审核人民选举的司法机关和人员做的事情怎么样。

## 三　司法公信力评价的影响因素

司法公信力评价涉及标准设定、环境分析、工具选择和成果运用等一系列因素，是在一定的环境下进行的。这个环境中决定性因素有哪些，哪些是不相关的因素，哪些因素是短期起作用，哪些是长期作用，需要首先明确。评价者的素质和外部环境影响，以及对被评价者的要求共同构成司法公信力评价的影响因素。

（一）司法公信力评价的正相关因素

如图1—3所示，司法公信力评价元素中，评价者对司法机关的司法质量、效率、监督、诚信、违法这五个元素的鉴别力是决定性的因素。

公众与司法机关的信赖关系取决于司法机关这五个元素组织运行的实然状态。五个元素自上而下次序排列分为两大类，即司法机关行为基准线和法律底线，司法质量、效率和监督处于行为基准线之上，是基本考虑因素，司法监督此处仅指司法机关对内部不作为或乱作为的控制程度，一个不能自行纠错或总是被其他机关纠错的司法机关是缺乏公信力的。司法诚信和违法（含犯罪）因素分别处于道德底线和法律底线之上，体现司法人员守德和守法水平（突破道德或法律底线时为否决因素）。

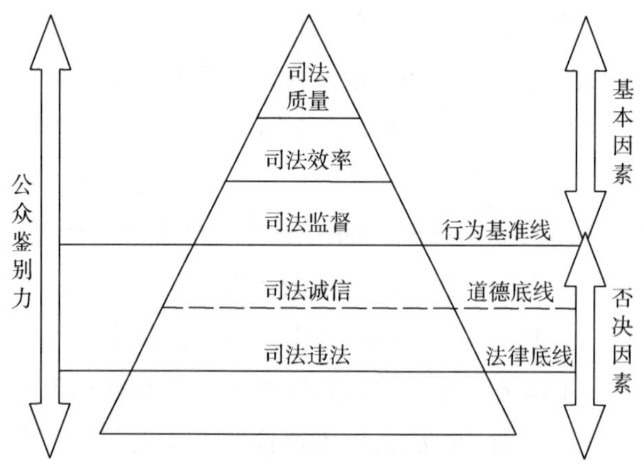


**图1—3　司法公信力评价的影响因素①**

按照系统理论，“一个系统S可以通过系统的组成元素C、关系（结构）R、功能F和环境E这四类参数来描述，即：S =｛C，R，F，E｝”②。以此为工具，可以推导出司法公信力评价体系S =｛C（公众；司法机关；司法人员），R（公众与司法机关及其人员的评价与被评价关系），F（评价司法质量、司法效率、司法监督、司法诚信、司法违法的状况），E（公众信赖司法的外部环境）｝。

在司法公信力评价系统中，C元素是司法机关及其工作人员在执行司

① 此图是笔者参照“司法公信力—图片—互动百科”制作。

② 谭跃进：《定量分析方法》，中国人民大学出版社2006年版，第3页。

法事务过程中对公众的正负影响程度，即上述五个因素，影响程度取决于三个方面：司法能力、公众司法权益得到保障和司法运行制度的完善，即办案者能力素质如何、当事人权益保障如何、二者结合上的司法制度如何，是司法公信力评价体系的直接决定因素。在司法实践中，司法能力的主要衡量标准就是司法绩效，也就是平时所说的法律效果和社会效果的统一；当事人权益保障则以利益受损方的可接受性为根本衡量标准；司法制度是司法权力运行的基本规范和行为准则，制度越完善则公众受到司法侵害的可能性越低，反之则越高。R 元素即公众与司法机关的评价关系，这种关系是指公众对 C 这五个元素的评价参与程度，或者说能否为公众参与司法评价提供一个长期、稳定、可靠的程序，成为司法公信力评价体系的直接决定因素。相反，没有这套程序不仅有害于人民民主的政体，而且必然带来对司法机关及其工作人员的非信任（在下文得到传播学验证）。F 元素是这一系统所要达到的功能，它取决于结构。对于司法机关来说，获得高司法公信力评价途径之一是司法与公众建立起最密切联系的关系，让他相信的最好方法永远是让他参与，所有脱离这一结构而改变的努力包括针对五个元素的司法机关内部改革均不可能成功。E 元素指造成司法质量、效率、监督、诚信、违法五个方面负面评价的外部环境，它是免予负面评价的理由，意即法院行为不当是因外界不得已的情况下做出的，得免责及免于负面评价。

在司法公信力评价影响因素结构中，四类概括性参数对司法公信力评价的影响是不同的，存在关联度问题，分析这一问题对于后续确定各参数具体指标有参考作用。

### （二）司法公信力评价的负相关因素

司法产品的本质属性是利益——人身利益或财产利益的再分配。在此过程中，利益受损者是必然存在的，我们常说当事人最多会有一半对司法机关满意就是这个道理。当事人对司法机关不满为什么会从个别不信转化为公众不信呢？首先，从传播学的角度来分析。在社会对法院的评价中，评价主体和客体的非紧密联系性，决定了这种评价具有以点代面的特征。接触单个案件的社会公众通过对“点”上的司法缺陷作出了“面”上的负面评价。美国新闻评论家和作家沃尔特·李普曼于 1922 年出版的传播学奠基之作《公众舆论》一书，首次提出了“拟态环境”和“刻板成见”的概念。前者指媒体通过对事件进行选择、加工之后向人们提供的环境；后者指人们对某一事物具有的固化和简单化的观念或者印象，包含对该事物的价值评价和好恶情感，绝大多数人对某一事物的印象都是通过拟态环境间接获得的。[①] 按此理论，一个利益受损的司法当事人，会直接生成这种刻板成见，并且会将这种刻板成见以几何速度传播给更多的人；而传播之前，他会将他的“恶评”直接纳入那个让他利益受损的事物，从而给他人提供了一个恶的“拟态环境”，一个信息失真的拟态环境。

其次，根据心理学家的研究，文字、声音和身体语言这三种沟通形式的效果比例是文字 7%、声音 38%、身体语言 55%。[②] 而处于受压迫幻想状态下的利益受损人，有向他人倾诉司法之恶的迫切心理需求，而且这种倾诉必然是声情并茂的，这种以口口相传为形式的声音和身体语言，就如韩国 Psy 的《江南 Style》和中国筷子兄弟的《小苹果》一样，很快形成一股强大的社会动员力量，只不过前者是一种司法公信反制力量；人们天生有传播他人坏的方面的阴暗倾向，自称的受害人和他的倾听者一定会进行这种传播，从而带来几何级数的负评价。很多法官说，一次错误的判决带来的铺天盖地的媒体批判，否决了他或她几十年的公正判决就是这个道理。从心理学的角度来分析，社会公众对司法公正的要求是极高的，一次不公平的判决可能颠覆其对司法公正的认识。当然凡事包括司法也具有固有缺陷和不完美性，因而司法错误必须在人们所能接受和容忍的范围之内，这也是需要对司法进行评价获得结果的原因。

传播学和心理学的解释，可以为公众的司法不满提供一个测量工具。2019 年全国地方各级法院审执案件 2900 余万件，假定每个案件只有两名当事人，“利益受损”者 2900 余万人，如果每人再传播给 5 个朋友、同学、同事等，那将有 1.5 亿人形成刻板成见；如果 5 人再每人传给 5 人，

---

① 彭正媛：《对李普曼〈公众舆论〉的新思考》，《新闻世界》2011 年第 4 期。

② 参见北京大学张永利《NLP 领导心经：心智模式修炼——领导力系列课程》讲义，威海市委党校王东普教授于 2010 年 4 月听讲，感谢提供。

那就是7.5亿人……在评价时需要考虑上述影响。

在司法公信力评价中，正相关因素告诉我们，公众的司法参与度低是其根本矛盾。唯有从司法主体做文章，提升组织管理技术，方能解决这个矛盾，这在政治层面被称为司法民主化。负相关因素则告诉我们，传播规律决定了任何一个参与司法的人本身都能代表公众，故如果不能从司法组织角度解决公众参与问题，不能形成一个拟态环境尽可能客观、尽可能克服刻板成见的传播力量并实现传播的均衡，就不可能有公信力的提升而是反之。建立司法公信力评价体系的重要性即在于此。在传播渠道多元、信息爆炸的信息社会里，必须有一个权威的、公众信任的澄清机制，1000个法院的自行辩解都抵不上1个公众依可靠程序而给出的辩解式的判断。

## 四　司法公信力评价的功能

一般来说，评价有诊断、导向、激励、鉴定、引导五大功能，相应地，司法公信力评价同样有这五大功能，因为评价作用于司法这一特殊领域，因而其在某些功能方面更加突出，比如诊断司法存在的问题并指明下一步改革的方向。需要说明的是，司法公信力评价的功能属于评价结果的最基本最直接的应用，属于比较广泛的原则，因而放在基础理论部分。而结果运用实质上属于司法公信力评价体系这一事物所产生的影响，即建立司法公信力评价体系将在国家、社会、体制机制、理论和实践产生怎样的影响，深刻而具体。这种影响是本书的重点，因而放在最后一部分。

（一）司法公信力评价的诊断功能。进行司法公信力评价，势必要将影响司法公信力的因素加以整合、测量并得出综合的量化结果。因此，无论是对一个法院的整体评价，还是其中的子系统、子因素评价，都会对该法院某方面的工作或者整体工作提供一个诊断方案，从而帮助法院找出病灶所在。这种测量由于涉及人民群众，它将使法官始终保持审慎工作状态，而不是漫不经心，对于因适用凝固的法律而一贯被认为存在保守主义倾向的法院，一些日常事物的处理可能更为重要。“官僚体制像一辆相当不错的旧车一样，或许不是人们想象得那样糟糕，尽管它相当的陈旧，但在大多数时候其保养和运转还不错。一天早上，这辆车子发动不起来——或许在冬季有一两次发动不起来，我们便发现了它的毛病并对它产生怨恨。官僚体制的基本特征在于它为民众的服务做许多不起眼的工作，诸如批准申请、接送信函、答复质疑。由于这些大量的日常工作本身不值得关注，是在默默无闻地进行。偶尔出现些毛病、丑闻，对人有不公正的对待，便会引起人们的关注，并且改变人们对其的看法。"① 这对于我国参照行政科层官僚制的法院同样适用，近年来一些个别的、具体的小事对法院公信力的损害尤其大就证明了这一点。

这种诊断对法院决策者是至关重要的。"对于任何决策者来讲，他都需要三种类型的信息：界定问题的信息、关于决策环境的信息以及描绘和说明可能的选择方案的信息。没有信息，问题则不能界定，没有选择的能力，也就谈不上控制的能力。"②《中共中央关于全面深化改革若干重大问题的决定》明确指出，"全面深化改革的总目标是完善和发展中国特色社会主义制度，推进国家治理体系和治理能力现代化"。完善法院各项制度，发挥好法院在国家治理体系中的法治核心作用，不断提高法院治理能力，都需要由人民来提出问题和评价工作。

（二）司法公信力评价的导向功能。习近平总书记说，"人民群众对美好生活的向往，就是我们努力的方向"③。法院也如此。但究竟人民群众对人民法院有哪些期待，当前还缺乏一个需求确认机制，司法公信力评价工作将同时建立这一机制解决这个问题。不仅如此，在评价指标设计上，如果能够把握住未来司法改革的方向，并且通过指标及其权重设计把这种方向固化，这将为法院提供一个向什么方向改革的航标。威廉·班尼特的形象改变理论认为，"个人或组织最重要的资产是其声誉。就像其他有价值的资产一样，声誉或公众形象应该从战略高度去维护。任何社会组织必须最大限度地提高其声誉和形象。同时，一个组织对于危机来说天生是脆弱的，因为危机事件总是在非控制状态下发生，或者

---

① ［美］戴维·H. 罗森布鲁姆、罗伯特·S. 克拉夫丘克：《公共行政学：管理、政治和法律的途径（第五版）》，张成福等校译，中国人民大学出版社 2007 年版，第 490 页。

② 张成福、党秀云：《公共管理学》，中国人民大学出版社 2007 年版，第 242 页。

③ 2012 年 11 月 15 日习近平总书记在十八届中央政治局常委同中外记者见面会上的讲话。

是因为人们的失误或错误判断，或者存在于两个相互冲突但是同等重要的目标选择之中。”[①] 这也是法院不断推进司法公信力建设的原因。

（三）司法公信力评价的激励功能。既为评价，总会有一个结果。这种结果在不同法院之间会产生比较效应，特别是同一级别的法院之间的比较，做得到位的会产生继续努力以保持优势的心理态势，做得不到位的会产生自我检讨并纠正的心理态势。这种结果在法院与公众之间建立了互动结构，最终指向防范化解司法信任危机。国外管理学者巴顿认为，危机是“一个会引起潜在负面影响的具有不确定性的大事件，这种事件及其后果可能对组织及其人员、产品、服务、资产和声誉造成巨大的损害”[②]。中国管理学者吴宜蓁认为，“危机就是在无预警的情况下所爆发的紧急事件，若不立刻在短时间内做出决策、将状况加以排除，就可能对企业或组织的生存与发展造成重大的威胁”[③]。当这种危机可能发生或者实际发生时，一般而言，除非作为失信者的法院放弃社会生产、生活乃至生存的权利，否则多半会为免除这种潜在威胁或实在威胁而更好履行职责。

（四）司法公信力评价的鉴定功能。鉴定有两层含义，即辨别并确定法院本身的真伪优劣和对法院功过优缺点的鉴别、评定。长期以来，对于法院的评价无论是系统内评价还是外部正式评价，事实上没有人民参与，随着人民民主不断扩大，特别是党中央提出“发展和完善中国特色社会主义制度，推进国家治理体系和治理能力现代化”深化改革总目标，作为国家治理体系中重要角色的法院，也必将在深化自身改革的同时，增强人民群众参与的权重，就是让人民群众来评法院。

（五）司法公信力评价的引导功能。这里引导的对象是指公民大众。在法治国家建构过程中，科学立法、严格执法、公正司法、全民守法的

---

① Benoit, W. L., “Sears Repair of its Auto Service Image: Image Restoration Discourse in the Corporate Sector”. *Communication Studies*, 1995, pp. 46, 89 – 105.

② ［澳］罗伯特·希斯：《危机管理》，王成、宋炳辉、金瑛译，中信出版社 2001 年版，第 18—19 页。

③ 吴宜蓁：《危机传播——公共关系与语艺观点的理论与实证》，台北五南图书出版公司 2002 年版，第 24 页。

法治国家建成标准中，最终标准只能是最广大的人民群众拥有良好法律素养，也就是实现全民守法，这是人的全面发展进步的一个体现。只有有了讲规则、懂规则的人，才能有敬重执行规则的法院的评价结果。就像民主是实践的产物一样，公民大众转化为法律人也是实践的产物，公众对法院信任程度的评价过程，实质上也是一个法治教育的过程，能够持续不断地引导公民学会像法律人一样用法治思维思考问题和用法治方式解决问题。

## 第四节 司法公信力评价与司法公信建设

司法公信力评价作为公众通过一定的程序评价司法机关信用的过程，与司法机关这一被评价对象存在天然联系。司法机关在其中的客体地位决定了这是一个单向评价过程，但这并不是说司法机关在司法公信力评价中不起作用。相反，司法机关要适应这一评价体系而深化改革，改革的过程被称为司法公信建设。

### 一 司法公信建设的内涵和实践

推进司法公信建设是执政党和司法机关的职责，执政党和司法机关回应公众的诉求，在影响司法公信力的重点领域和关键环节深化改革，以提高公众对司法机关的信任度。徐显明教授认为，确立司法公信力的最终标志应当是司法权威的树立，有四个根据：宪制及其政治安排、是否独立、结果公正和专业性。执政党和法院应依此推进司法公信建设。[①] 如何推进司法公信建设，不是本书研究重点。根据目前文献检索，对于司法公信力的研究还局限于司法公信建设这一法院自为领域，因而有必要分清二者异同。司法公信建设是司法机关自己提出来的[②]，是确保司法机关正常运转的机制建构和完善。“公共组织为了进行其内部的管理，需

---

① 徐显明：《确立司法公信力的四个根据》，《人民法院报》2013 年 5 月 6 日。

② 2013 年 4 月 26 日最高法院周强院长提出，“要让人民群众在每一个司法案件中感受到公平正义，推进公正司法，不断提升司法公信力”。

要发展他们的标准或规则，这些标准或规则具有内部性，即用来评估机构的运行和机关人员的行为。这些标准很接近私人的组织目标，因为在机构内的动力是由个人或集体的行为产生，而不是机构为公共的目的和责任产生"[①]。司法机关也是如此，这些内部性的标准或规则的执行情况，与司法机关领导机构对于内设机构和人员的考核评价以及有权主体对司法机关领导机构的考核评价具有因果关系，客观上会对司法公信力提高起作用，但目前与司法公信力评价没有因果关系，它的内部管理功能远远超过满足公众期待的目的。

法院系统对司法质量进行评估属于公信建设的范畴。案件质量评估体系是对司法质量进行评估的一项审判管理手段，各地人民法院在审判实践中，根据审判工作发展需要和人民法院自身职能要求开创的一项工作。20 世纪 90 年代以来，各地法院开始对案件质量进行评价，裁判文书评查、庭审质量评查等工作成为法院保证案件质量的普遍措施。2000 年以来，经过各级人民法院的探索和实践，案件质量监督管理工作有了长足发展。2002 年最高人民法院提出要建立审判质量与效率综合评估体系，经过多次调研、向社会征求意见、专家论证和反复测试后，2008 年发布了《关于开展案件质量评估工作的指导意见（试行）》（简称《案件质量评估意见》），建立起初步的人民法院案件质量评估体系，对全国法院案件质量的评估方法和评价标准进行了统一，全国法院的案件质量可以进行横向和纵向的比较了，以此为据也找准了提高审判质量的方向。同年最高人民法院下发了《关于开展人民法院案件质量评估试行工作的通知》，在北京、四川、福建、吉林、内蒙古、贵州等 11 个高级人民法院重点开展案件质量评估试行工作。许多法院参照《案件质量评估意见》，制定了适合本辖区的评估指标体系。2010 年 9 月最高人民法院在试运行基础上启动了案件质量评估指标体系修订工作，对指标体系进行了优化，修改和增设了部分指标，评估指标的设计和操作遵循"有法可依"、简洁、运用方便的原则，指标数量设置遵循科学原则，指标计算方法遵循简便易用原则，以期用最小的管理成本获取最佳管理效果，在一定程度

① 张成福、党秀云：《公共管理学》，中国人民大学出版社 2001 年版。

上，评估体系对审判执行工作指明了方向。2011 年 3 月最高人民法院《印发〈关于开展案件质量评估工作的指导意见（试行）〉的通知》下发，2013 年 7 月《人民法院案件质量评估指数编制办法（试行）》开始实施。目前全国大部分法院均在以该形式开展案件质量评估活动，案件质量评估工作已经成熟。[①] 2015 年人民法院第四个五年改革纲要提出完善案件质量评估体系，建立科学合理的案件质量评估体系，废止违反司法规律的考评指标和措施，强化法定期限内立案和正常审限内结案，建立长期未结案通报机制，依托审判流程公开、裁判文书公开和执行信息公开三大平台，发挥案件质量评估体系对人民法院公正司法的服务、研判和导向作用。

## 二 司法公信力评价与司法公信建设的异同

关于司法公信力评价体系与法院案件质量评价体系的关系问题，法院案件质量评价体系包括了受案数、结案数、调撤率、发改率、再审率等一系列反映案件流向和审结状况的司法统计数据，是法院内部比较科学的统计和评定案件质量高低、数量高低状况，也是评定法官工作绩效的主要依据。司法公信力评价体系中的评什么和怎么评包括了法院案件质量评价体系，也就是说，司法公信力评价的内容包括案件质量指标，指标来源也包括法院司法统计数据，操作方法中包括由法院提供全部司法统计报表。法院案件质量评价体系中的一些做法是司法公信力评价体系的一部分或者据以借鉴的部分。不同之处也很突出，法院案件质量评价体系的评价组织者是法院，评价主体是法院，数据提供者和操作者也是法院，即自评；司法公信力评价体系的评价组织者和评价主体是外部主体，数据提供者包括法院，但不限于法院，中介机构作为具体实施者会广泛而典型地收集数据、进行调查，然后对所有的数据进行统计和指数化计算。比较明显的区别有以下几点。

（一）结果上评价参数和建设水平不同。公信建设所取得的成果，是

① 《人民法院案件质量评估工作历程来源》，载法律快车网 www. lawtime. cn，于 2013 年 6 月 1 日访问。

司法公信力高低的评价对象，但不是司法公信力评价本身。也就是说，司法公信建设所提供的内部规则产生的司法结果，可能会提供公信力评价的数据，是评价的核心参数；但无论如何，人民法院不能在没有得到外部评价数据时，自说自话“通过全体干警的努力，我院的司法公信力有了显著提高”。而如果用司法公信力评价体系内部结构与建设体系进行对照，可以看出二者在价值取向、主体和客体、内容以及流程上截然不同（参见表1—1）。

**表1—1　　司法公信力评价与公信建设的结构差异**

| 项目 | 司法公信力评价体系 | 司法公信力建设体系 |
|---|---|---|
| 价值 | 人民民主 | 司法公正 |
| 主体 | 人民（代议） | 法院（上级） |
| 客体 | 人民法院及人员 | 下级法院及人员 |
| 内容 | 公信力因素 | 质量效率因素 |
| 程序 | 民主程序 | 系统程序 |

（二）外部评价与内部评价的不同。司法公信力评价体系是公众即外部力量对司法机关的评价，而司法公信力建设体系是司法机关对自身的内部评价或上级对下级的系统内评价。因而评价人和评价对象都是不同的。这种不同会对评价结果产生影响。如果不是评价组织者和实施者被操纵的话——在司法公信力评价体系设计中难度系数极高，外部评价受到司法机关的影响几乎可以忽略不计，因此它相对客观公正。而内部评价无论采取何种表现形式，都不可能脱离自己人的窠臼，这种以业务为媒而生成的内部联系是所有内部评价体系永远不可能摆脱的缺陷。

（三）内容上评价与建设的不同。建设有建立设置、陈设布置、创建新事业或增加新设施的意思，因此在建设关系中，是主体针对自身所进行的自行自为的改革创新过程。公信力建设是司法机关围绕获取公众信任与尊重而进行的各种活动，特别是现有规定落实，比如最能体现公信力的陪审制和内部运行机制。公信力评价是公众对司法机关的评价，是对前述活动的主观感受，建设绝不是评价，但建设情况或者建设结果可成为评价对象。

（四）评价内容与建设内容的不同。建设是主体针对自身所进行的改革创新过程。公信力建设就是司法机关对现有规定的落实，比如最能体现公信力的陪审制。而评价则是对司法机关信用的评价，以典型性方面为样本对司法机关全面评价，即以公信建设方面的某些点的评价反映出建设内容的全面情况，比如通过再审改判情况评价案件质量，有些评价内容超越了司法机关自身能够建设的内容，比如司法体制，而建设情况或者建设结果可全部成为评价对象。

## 三　司法公信力评价实践

社会科学研究方法和技术手段的进步，促进了评估学的发展。在早期，对某一社会问题和目标进行评估的研究以描述和定性分析方法为主。随着自然科学的发展，定量分析方法在社会学科领域开始广泛运用。计算机等技术手段的发展进一步使定量方法得到拓展。在这样的背景下，越来越多的客观和量化的评估方法在司法领域使用，以指数形式对司法进行评估。近年来，一些地方政府、人民法院开始对相关工作进行量化和绩效考核；浙江、江苏、广东等地政府在推进区域法治化的过程中开始关注以法治评估为契机展开的制度创新。[①] 在司法评估方面，法院开展了利用计算机信息技术进行的量化考核，制定了审判流程规程及审判质量效率评估体系。《人民法院案件质量评估指数编制办法（试行）》首次利用指数的方法对案件质量进行科学透明的评估，随之案件质量指数评估、阳光司法指数评估、司法改革第三方评估、基本解决执行难第三方评估、法治化营商环境司法评估等次第开展起来。实践中尚没有完全的司法公信力评价。因而以下选取与司法公信力评价相关的评估实践和实践部门所做的研究报告，以了解评价的精神、方式方法等。

### （一）天津市第二中级人民法院的司法公信力调研报告

从公众的视角研究司法公信力的状况，比较有代表性的是天津市第

① 这一方面的实践可以参见钱弘道主笔《中国法治指数报告（2007—2011年）——余杭的实验》，中国社会科学出版社2012年版。钱弘道、戈含锋、王朝霞、刘大伟《法治评估及其中国应用》，《中国社会科学》2012年第4期。

二中级人民法院的司法公信力调研报告，这虽然仍属于学术研究的范畴，但已有初步实践和对实践的强大指导意义，在此做一简要介绍，可说明司法公信力评价同司法公信建设的不同，也可为后面章节做铺垫。

正如调研报告中所称“本文旨在通过利用评估司法公信力状况的有效工具，科学测定司法机关和社会各界的司法公信力感知度，系统研究司法公信力评估的指数生成和机制完善路径，进而为当前法院的司法公信力建设及相关理论研究提供有益的借鉴”①，该文认识到审判质效提升并不等同于司法公信力提升，司法公信力评价也不等同于法院自身的司法公信评估，“尽管审判质效评估体系设有‘公众满意度’指标，但该指标仅是法院内部质效评估中的一项，其考核对象是审判执行工作的公正效率效果状况，并非考察评价司法公信力的直观因素”。这些认识都是非常到位的，它指出了问题所在和公信力评价的必要性，创造性地提出应当设立司法公信力评价指标，并提出为了保证评估的客观性，评估机构要具备权威性，“既要避免法院自评自说，也要防止偏信律师和当事人的一面之词，而是要依靠具备较高学术权威和研究水平的高等院校、社科院等教育科研机构”。在评估的参与主体方面，主张公众、政府机关、研究学者、新闻媒体都应广泛参与，并且基于司法公信力的“外部主观感知”性质，在设置指标权重时应偏重于外部主体评价和主观感知评价。评估结果要具备有效性，为人民法院进一步改进自身管理和审判工作、提高司法公信力提供有效的参考依据。在指数设定方面，一级指标是司法公信力综合指数，二级指标分法院自我评估、外部社会的相关评价、同级国家机关的评估和当事人评价四个方面的评估指数，三级指标又分基础指标和特别指标，基础指标皆为司法公信力感知度，即上述四个评估主体的指标都用司法公信力感知度描述。司法公信力感知度又包括四层指标，从裁判公信力、法院公信力、法官公信力和司法环境影响力四个方面设定二级指标，之后各个二级指标下又设定若干评价分项和评价内容。

---

① 天津市第二中级人民法院课题组：《从粗放到系统：论司法公信力评估体系的构建》，《法律适用》2013 年第 1 期。

该报告有很多借鉴之处，比如司法公信力的指标评价、外部评价问题，不过局限性也很明显，想到了评价的中立性和权威性，却没有大胆提出全部由外部组织进行评价，而是采取了内外评价的折中办法；高校等研究机构组织评价并不能保证评价结果的法定性和权威性；尽管有公众主观性指标因素，但内部评估和关联机关评估均脱离了司法公信力的内在的本质的必然的联系，冲淡了公众信任的中心因素。但是该报告采用的指数计算方法是目前比较广泛运用的方法，在地方各级法院和最高法院《人民法院案件质量评估指数编制办法（试行）》中都予以使用。

人民法院案件质量评估体系的实体部分主要是由指标体系、权数体系、指标的无量纲化方法、指数的合成方法构成。无量纲化方法和合成方法是关键方法，其中指标满意区间的确定和调整、三级指数的生成方法等内容主要是实现如何利用功效系数法对三级评估指标进行无量纲化，解决不同性质指标的可比性问题；二级指数和三级指数的合成方法等内容主要是如何利用加权算术平均法和加权几何平均法，将三级指数合成公正指数、效率指数、效果指数以及案件质量评估综合指数。① 此外，《黑龙江省法院审判质效评估规则（试行）》较有代表性，建立了对全省中级法院质量评价的25个指标构成并赋分的体系。其中，质量指标9个，立案变更率（3）、一审案件陪审率（2）、上诉改判率（3）、上诉发回重审率（3）、生效案件改判率（4）、生效案件发回重审率（4）、违法审判率（5）、违法执行率（5）、裁判文书差错率（3）；效率指标7个，法定期限内立案率（3）、法定审限内结案率（3）、综合结案率（3）、法院年人均结案数（3）、法官年人均结案数（3）②、结案均衡度（3）、一审简易程序适用率（3）；效果指标9个，上诉率（5）、申诉率（5）、调解率（6）、撤诉率（5）、信访投诉率（6）、实际执行率（5）、执行到位率（5）、裁判自动履行率（5）、一审裁判息诉率（5）。特别是实行的“逆

① 具体方法可参考严戈、马剑《关于〈人民法院案件质量评估指数编制办法（试行）〉的理解与适用》以及《最高人民法院关于开展案件质量评估工作的指导意见（试行）》，《人民法院报》2013年6月22日。

② 法官年人均结案数是法院全部工作人员的平均数，而法官年人均结案数是指具有法官资格人员的平均数。

向相乘求和排序法”具有创新意义，应用价值极高。这种方法是指被评估中院年度单项指标在全省排名位次，与上述规定的对应权重“逆向相乘”（括号中的数据%），得出该中院单项评估分值，以各单项评估分值相加的总得分（扣除减分项分值）作为排序依据，从高到低确定各中院在全省的位次。“逆向相乘”的具体计算方法：以调解率为例，如A中院年度调解率位列全省16个中院第1名，逆向乘以单项权重6%，即16×6%=0.96分；如位列第2名，则为15×6%=0.9分；以此类推，如位列全省16个中院第16名，则为1×6%=0.06分。①

（二）人民法院基本解决执行难评估指标体系

党的十八届四中全会明确提出要“切实解决执行难”，为贯彻落实中央重大决策部署，切实回应人民群众重大关切，最高人民法院部署“要用两到三年时间基本解决执行难问题”。两到三年能否基本解决执行难，评估验收是一个关键环节。最高人民法院引入第三方评估机制，由中国社会科学院牵头，协调中国法学会、中华全国律师协会、中国人民大学诉讼制度及司法改革研究中心，以及《人民日报》、新华社、中央电视台等13家新闻媒体，并邀请15位知名学者作为特聘专家，共同参加评估工作。这是最高人民法院首次将司法工作完全委托给第三方机构进行评估。2017年1月19日，中国社会科学院发布了“人民法院基本解决执行难第三方评估指标体系”，共设计了230多个具体指标，对全国四级法院执行工作进行全面考核。人民法院是否基本解决执行难有了明确标准。

最高人民法院《关于落实“用两到三年时间基本解决执行难问题”的工作纲要》明确了基本解决执行难的工作目标，即“四个基本”：1.被执行人规避执行、抗拒执行和外界干预执行现象基本得到遏制；2.人民法院消极执行、选择性执行、乱执行的情形基本消除；3.无财产可供执行案件终结本次执行的程序标准和实质标准把握不严、恢复执行等相关配套机制应用不畅的问题基本解决；4.有财产可供执行案件在法定期

---

① 《全省法院审判质效评估规则（试行）》，黑龙江法院网，http：//www.hljcourt.gov.cn/public/detail.php？id=529，于2020年10月4日访问。

限内基本执行完毕。《人民法院基本解决执行难评估指标体系》[①] 就把这“四个基本”目标作为一级指标。对第一个目标，通过对人民法院发布拒执罪典型案例、加大宣传、争取地方支持等在优化外部执法环境方面所作的努力进行间接评估；对第二个目标，就财产查控、评估、拍卖、款物发放等各个环节的时间期限设置评估指标，对执行行为的撤改、执行人员违法违纪和国家赔偿情况予以量化评估；对第三个目标，就终结本次执行程序案件从认定、告知、裁定、事后管理等各环节进行系统评估；对第四个目标，设置了实际执结率、个案执行到位率、执限内结案率等评估指标。

该指标的设计坚持执行结果与执行过程并重，不但对执行质量和效果方面的指标设置了比较高的比重，在执行质效指标的 7 个二级指标中，对于直接体现执行效果的实际执结率与个案执行到位率共设置 50% 的高权比重，还关注执行过程的规范透明，杜绝消极执行、违法执行和乱执行。比如设置了规范执行和阳光执行这两个一级指标，权重之和甚至超过了执行质效。规范执行指标强调法院在评估、拍卖、款物发放、终本案件等方面应遵循相应的期限和程序，要求执行过程依法高效；阳光执行指标考察法院在财产查控、处置过程中对当事人知情权的保障，强调评估拍卖、案款发放等环节的全流程公开。

该指标设计还有一个亮点是针对四级法院分别设定了四套评估指标体系。最高人民法院和高级人民法院主要工作是顶层制度设计，因而对其的评估指标体系涵盖制度建设、执行联动、监督管理和执行保障四个方面，重点考察最高人民法院的制度建设和查控、联合惩戒系统建设的完备度。中级人民法院与基层人民法院主要工作是办理执行实施类案件，重点考察顶层制度设计在执行案件中的落实情况，强调执行权运行的规范性、透明度及运行效果，这也是指标评价的重点。

所有的指标都要进行量化，评估程序上首先是要获取数据，数据来源包括案卷评查、系统提取、网站观察、电话验证和法院自报材料。虽然第三方评估是独立于评估对象的外部评估，但是有些数据的获取还必

① 具体内容见附录。

须依靠评估对象的自报材料，对这些自报材料的客观性和真实性第三方评估机构要进行筛选和验证。其次，在参与主体方面，办理和参与过执行案件的律师、当事人是重要的参与主体，评估主体对其通过问卷调查的方式获取数据，不过问卷调查所获取的数据是辅助性的。①

人民法院基本解决执行难评估引入第三方评价主体，评估指标的设定以最高法院提出的“四个基本”目标为基准点，指标的设计和权重突出法院执行主业、问题和对群众影响最大的方面，法院提供的执行数据只是评估依据的一部分，大量数据为评估主体采集的，这些都可以被司法公信力评价体系所借鉴。

（三）重庆法治化营商环境司法评估指数体系

2019 年 9 月，重庆法院把构建“法治化营商环境司法评估指数体系”作为法治化营商环境司法保障的重要内容，在全国率先发布《重庆法治化营商环境司法评估指数体系（2019）》，这是全国首个法治化营商环境司法评估指数体系。该指数体系由重庆市高级人民法院联合中国社会科学院法学研究所自主设计，并委托中国社会科学院法学研究所开展第三方评估。吸纳了当前国内外重要的评估方法体系，比如世界银行《2019 年营商环境报告》、中国社会科学院《中国法治发展报告》、国家司法文明协同创新中心《中国司法文明指数报告》，以及国内外关于评估方法的重要文献资料。

指数体系由四级指数构成，其中一级指数 5 项、二级指数 12 项、三级指数 26 项、四级指数 64 项（详见附录）。一级指数反映被评估法院营造法治化营商环境的主要成效，包括公正裁判、平等保护、司法效率、司法便民、透明廉洁；二级、三级指数是前一级指数可评价操作的进一步细化，二级指数包括诉讼程序质量、实体裁判质量、强制执行力度、破产案件办理、促进公平社会环境改善、投资者保护、案件管理、解决纠纷的耗时、诉讼服务、诉源治理、司法公开、监督制约机制。第四级指数是前三级指数对应的具有可直接操作性的指标，每一项都准确体现

① 罗书臻：《第三方评估机构发布人民法院基本解决执行难评估指标体系》，《人民法院报》2017 年 1 月 20 日。

了前三级指标的内涵。对第四级指数各项目赋予分值，满分为100分，通过一定方法计算得分，进而得出上一级指数得分，最终得出被评估法院总分。在评估方法方面，将定性研究与定量研究结合起来，采用主观与客观、定量与定性相结合的评估方法，指数体系中纳入了“生效案件改判发回重审率、生效裁判自动履行率、一审服判息诉率、生效案件进入再审率、生效案件服判息诉率”等法院内部评估常用的数据，但是在分析方法上却有所区别，利用前沿距离算法，这种方法能够更好地反映各个法院之间的真实差距，促进评估法院寻找与先进法院的差距并改进工作方法，但又不给出具体的指标目标值，避免一味地追求数据高值而导致“唯数据论”。

法院内部的质量效率评估，乃至现有的一些法治评估，属于法治实施评估，聚焦于公职部门及其人员的职权行为是否按照预先设定的法治目标完成任务，即将整个法治实施过程纳入到制度与规范的约束之下，使法治部署与规划的执行落实处于可控范围之内。法治实施评估在评估内容上偏重于权力规制的有效性，将公权力是否依法行使、是否有不作为或权力滥用情况作为考察要点，在指标选用上以“制度指标”和“绩效指标”为主。该类评估具有积极价值，但也存在无法准确洞悉法治对社会塑造的实际效果、可能出现唯绩效化等问题。而法治环境评估以“权利指标”为主，集中在公民、企业等市场主体的权利行使及实现效果等方面。与法治实施评估相比，法治环境评估在评估目标、内容设置、指标选用、方法技术上均有不同，侧重于“市场主体权利实现”中法治资源的供给、分配及具体应用。法治环境评估以权利为向度，可跳出公权力主导评估的“自我设限”，提供法治需求侧的真实讯息，激活公众的有效参与。指数体系设置的5项一级指标及若干下级指标，主要是以当事人“权利实现”为视角来考察司法的运行情况，进而为法治化营商环境提供可量化的参考依据。比如，“平等对待涉诉企业”指数要求对涉诉企业进行问卷调查，由受访对象根据诉讼中的体验评分；“能够依法对各类财产实施保全”指数除了抽查案件还要求对当事人进行回访。又如，四级指数中“建立规范的财产保全工作机制并实际执行、能够依法对各类财产实施保全、财产保全无明显超标的额、诉讼服务中心现代化建设、诉讼费多种方式在线缴纳、法院公开电话等联系渠道畅通、建立并实际运行法官与当事人的沟通机制、当事人诉讼档案查阅便利性”，以当事人需求为出发点，考察人民法院司法供给的有效性。从根本上来说，权利主体是否在运用权利的过程中获得最好的法治体验，才是衡量法治产品与服务的真正标准，这一点已经有了司法公信力评估的意味。①

再介绍两个比较典型的域外有关司法评价的实践。

（四）荷兰司法质量评估系统（RechtspraaQ）②

荷兰司法委员会开发的《荷兰司法质量评估系统（RechtspraaQ）》（“墨水模型”，基于欧洲质量管理基金会模型，即EFQM模型）是一个适用范围广泛且客观全面的质量评估体系，目的是改进法院在运行过程中存在的问题，为荷兰法院系统提供一个促进其审判质量的共同标准，并且也能维持公众对法院工作的信任。与以往法院内部指标不同，该系统中的评价主体是司法委员会，由它进行评估，法院有义务提供评估机构所需要的各项指标，且是法院的法定义务。评估体系是开放式的可变的，不是以法院的反对面出现的，而恰恰是法院取得支持和帮助的途径，因为它使法院公共权力的行使有了参照的质量标准，为法院内部改进工作提供了动力。该评估系统主要由质量规定和司法绩效评估系统构成。质量规定包括与公正裁判相关的一切要素，也包含了影响司法质量和审判管理组织质量的其他要素。评估体系剔除了与司法绩效无关的要素，并明确所有需要评价的要素都是可测的。

荷兰司法委员会确定了五个大类的评估内容：法官的公正和正直、法官的专业素质、法官与当事人的交流、法律的统一适用性、审理速度及裁判的及时性。五类项下分设多个指标，从而形成了指标集合，我们选择指标最少的第四部分法律的统一适用性进行分析。从表1—2中可以看到，围绕法律统一适用，司法委员会确定了法官三类行为标准，并且

---

① 参见黄乔《重庆构建全国首个法治化营商环境司法评估指数体系》，《重庆日报》2019年11月7日，http：//www. gov. cn/xinwen/2019－11/07/content_ 5449643. htm，于2020年8月1日访问。再参见吴辉、蹇懿《重庆高院发布法治化营商环境司法评估指数体系》，澎湃新闻网，https：//www. thepaper. cn/newsDetail_ forward_ 4170894，于2020年8月1日访问。

② RechtspraaQ：A Quality System for the courts.

在评分标准中也规定了10项行为标准，赋分标准简洁明确。同时，将评估部门分为了两类，一类为司法委员会的专门审查机构，主要负责对法院客观指标的审查确认和赋分；另一类为委托评估调查机构，也就是掌握社会调查统计分析方法的私人公司，由它实际组织满意度指标的调查和赋分工作。

**表1—2　　荷兰法院质量评估体系之法律统一适用性**

| 行为指示 | 评分标准（5分制） | 评估部门 | 备注 |
|---|---|---|---|
| A. 法官促进法律统一适用的满意度百分比“满意”以及“非常满意” | 1. <35%<br>2. 35%至40%<br>3. 40%至45%<br>4. 45%至50%<br>5. ≥50% | 委托评估调查机构 | |
| B. 采取措施促进法律统一适用 | 1. 建立信息流转平台<br>2. 建立和完善内部法律体系<br>3. 定期开展和积极进行法学讨论<br>4. 与其他法院交流讨论<br>5. 制定特定类型案件的裁判标准，在内部印发并予以遵守 | 审查机构 | 一项措施得1分 |
| C. 对促进法律统一适用的相关规定的执行情况 | 1. 没有相关规定或仅有很少的规定<br>2. 每年至少有6次有组织地讨论<br>3. 相关规定被系统地加以记录和更新<br>4. 规定被遵守<br>5. 规定被定期更新 | 审查机构 | 标准是逐步累积的。如果没有达到第二项，该项评估就不用继续 |

（五）旧金山大学公共研究所对美国加州法院问卷分析

各国均采取向专业评估机构购买服务的方式评价司法活动，美国旧金山大学受聘评价法院说明了这一方法的运用。首先由加州司法委员会法院行政办公室和旧金山大学公共研究所、美国法院管理中心顾问以及加州律师代表等人共同讨论完成调查问卷。问卷主要包括以下几大内容：对法院的了解程度，对法院的期望，对法院信任的程度以及原因，对加州法院司法服务的评价，以及法院经历对其评估的影响和受访者年龄、收入、政治倾向、出生地以及种族和民族等对评估的影响。除了包括针对公众的调查问卷包含的内容外，调查问卷还评估：与法院联系的频率，主要执业领域，采用网络和其他方式与法院联系以及满意程度，加州律师协会提供特定服务的情况。针对公众的问卷调查首先选择了 49 人进行预备调查，最终在此基础上修改形成了调查问卷。为了缩短时间，针对律师的问卷没有采取预备调查的方式。两份问卷都经过旧金山大学保护个人权利委员会的审查和批准其次对不同种族的美国居民发放调查问卷。针对公众的调查问卷共 2414 份，其中包括 367 份是来自非裔美国居民，313 份是亚裔美国居民，553 份是拉丁裔美国居民，1141 份是来自美国白人居民。针对律师的问卷调查是采用电子邮件的方式，由加州律师协会主席给各位律师发送邮件，邀请他们参与在线调查。旧金山大学公共研究所负责对没有回复邮件的律师进行电话追踪。465 名律师回答了在线问卷调查，另外 62 名律师完成电话调查问卷，总共有 527 名律师接受的本次问卷调查。针对律师问卷的平均时间为 17 分钟，包括电话和网络调查方式。最后，旧金山大学公共研究所在分类整理的基础上将所有的调查数据提交给加州司法委员会法院行政办公室，同时，在对数据进行分析的基础上形成调查分析报告，报告包括构建信任的关键性措施和统计结果的影响等。

显然，各国各地区对于司法评价内容不一，但基本指标还是比较一致的，在区分主观性指标和客观性指标方面也是共同的。同时，这些评价以质量评价、满意度评价等为表现，其本质都是公信力评价。司法公信力评价体系中谁来评问题的答案是清楚的，其组织者可能是一个机关，可能是一个公司，但绝不可以是法院本身，其评价者只能是公众；评什么问题的答案也是明确的，就是针对诉讼法的各个环节设计问题，并将这些问题具体到审判流程中去；怎么评问题，首先设计调查问卷，进行预备调查、修改调查问卷，有的问卷还要经过保护个人权利委员会的审查和批准才得以实施，调查的人群也进行分类，并且有代表性的数量，即样本都是有代表性的，具体程序基本是由公众进行信任投票和由法院提交工作成果的客观数据，评价机构对收集的主客观数据进行统计分析，并用数学原理予以量化。

这对我国司法公信力评价体系的建立有极强的借鉴意义。由于我国对司法机关的评价体系研究起步较晚，结合自身特点借鉴国外经验是必然选择。在选择的价值取向上，应当按照党的要求从公众不满意的地方——司法公信力的最大损害者——评起，以此来倒逼司法机关深化改革。在借鉴的内容选择上，应将司法工作有效性与人民满意度作为重点，而不涉及诉讼环境和司法机关地位的体制问题。国外国内的研究和实践还表明，司法公信力是可以测量的，其评价的具体内容和方法，均可以参照哲学社会科学通常做法，创设相应指标体系，以衡量某一司法管辖区内司法公信力的提高程度和法治国家建设中司法领域发展的健康状况。

## 四 对司法公信力评价实践的再评价

目前还没有专门的司法公信力评价活动，上述介绍的几种有关的评价实践，很多方面可以借鉴，也给专门的司法公信力评价打下了实践基础，但用来作为司法公信力评价参考时存在以下问题，这些也是设计司法公信力评价时的注意方向：

（一）评价体系不规范。从评价者的构成来看，有的是由第三方组织的，有的是由人大常委会组织的，有的是由司法机关组织的；以代表评价为主，大多没有上升到人民评价。也就是谁来评的问题上，认识和实践都是不一致的。从评价内容来看，有的是从法官办案态度出发，有的是从法官承办个案出发，有的是从办案质量和效率出发，还有个别的是从信任度出发。价值取向不同，评价标准也就不统一。司法公信力评价的价值取向落到司法公信力上，形成一套以公信力为指向的关联因素组成的评价标准集合体。评什么的问题标准统一了，有了确定的体系规范，就能为法院法官提供前置的合理行为预期。

（二）评价信息不充分。收集评价对象的各种信息是全面客观评价的前提。目前尚没有形成完善的评价信息系统。从表现形式上看，以个体代替整体，以个别代替一般，这不仅不利于促进法院工作，而且可能对法院声誉和形象造成不科学的损害。

（三）评价方法不科学。最典型的是测量工具不统一，甚至没有测量工具。一是主观性指标测量，二是客观性指标测量，对于主观性指标的测量，大多数剔除了或者赋予辅助性的地位。无测而评也是一个普遍现象，不仅很难说测出了实际状况，而且对法院和法官未必公道。评价法院法官工作的方式方法距离精细化、合理化、常规化还有很大差距。

（四）评价流程不确定。评价具体怎样进行，评价主体上有人大代表为主的，有联系选民的，有联系法律专家的；评价投票方法论上绝大多数地方的评议立法、规范性文件没有规定投票测评程序，评价步骤也是各式各样。人大代表的质询罢免权同样是一个可能滥用的权力，特别是曾经成为当事人的代表们，客观上会对法官造成压力，缺少过滤机制，不予规范就可能损害法院独立审判。

（五）评价结果不管用。评价结果应用上没有细化保障评议意见落实和处置的规定。有的启动了罢免程序，有的没有；有的给予改正意见和机会，有的没有；有的当场指责、表达激烈，有的没有；有的全是赞歌，没有改的地方。

# 第 二 章

# 司法公信力评价的理论体系

选择司法公信力评价体系作为研究对象，构建一个广泛适用的评价体系，根本理由是时代变迁所带来的紧迫政治需求，“建设中国特色社会主义司法制度为我国的司法改革树立了旗帜，奠定了基调，也决定了基本内容。唯其如此，我国的司法制度才能坚实地建立在中国国情的深厚土壤中，才能真正使我国的司法改革成果惠及人民，才能使每一个诉讼案件都能够达到公平正义的基本要求”①。正是基于对司法实践和基本国情准确判断的基础上，中央提出了司法公信力不断提高的司法发展目标。这就是司法公信力评价的政策理论依据和实践发展需求。

## 第一节　司法公信力评价的政治理论依据

习近平新时代中国特色社会主义思想是司法公信力评价的哲学理论基础。“党的十八大以来，以习近平同志为主要代表的中国共产党人，顺应时代发展，从理论和实践结合上系统回答了新时代坚持和发展什么样的中国特色社会主义、怎样坚持和发展中国特色社会主义这个重大时代课题，创立了习近平新时代中国特色社会主义思想。习近平新时代中国特色社会主义思想是对马克思列宁主义、毛泽东思想、邓小平理论、‘三个代表’重要思想、科学发展观的继承和发展，是马克思主义中国化最新成果，是党和人民实践经验和集体智慧的结晶，是中国特色社会主义

---

① 汤维建:《为什么要全面深化司法体制改革?》,《光明日报》2014 年 1 月 2 日。

理论体系的重要组成部分，是全党全国人民为实现中华民族伟大复兴而奋斗的行动指南，必须长期坚持并不断发展。在习近平新时代中国特色社会主义思想指导下，中国共产党领导全国各族人民，统揽伟大斗争、伟大工程、伟大事业、伟大梦想，推动中国特色社会主义进入了新时代”[①]，2017 年 10 月党的十九大将习近平新时代中国特色社会主义思想写进党章；2018 年 3 月十三届全国人大一次会议，将习近平新时代中国特色社会主义思想写进我国宪法，成为党和国家指导思想。司法公信力不断提高是党的十八大提出全面建设小康社会指标下的子目标，为政治发展目标所包含，当然成为习近平新时代中国特色社会主义思想的一部分，至少是阶段性的政策理论。执政党所组建的国家机关即司法系统必须普遍认同和回应，这就是周强院长反复强调法院系统要加强司法公信建设的根本原因。司法公信力评价工作的理论依据亦在于此。我国的司法公信力是否明显提高必须通过一定的体制机制安排进行量化才能衡量，这就是评价的原因。因此说，习近平新时代中国特色社会主义思想就是开展司法公信力评价工作的理论基础。实现司法公信力明显提高的制度是由三个方面的政治目标所决定，同时又分别指向司法公正、司法民主和司法改革三方面基础性建设。

### 一　公平正义的社会目标所决定

公平正义成为社会发展的主要目标带来了司法对民众主要期待的回应。我国改革开放前，是一个计划经济条件下绝对平均主义的国家，“大锅饭”的分配体制严重影响了效率。20 多年前实行商品经济进而转型为市场经济改革，从农村土地改革到乡镇企业改革再到城市国有企业改革，实行“让一部分人先富起来、先富带后富”的效率优先政策，逐步拉开收入差距。党的十四大报告总结多年的实践，提出“兼顾效率与公平”的政策，党的十四届三中全会调整了效率与公平关系，把“兼顾效率与公平”转变为“效率优先，兼顾公平”，这一新提法后来写入党的十五大报告和党的十六大报告。十四届三中全会关于效率与公平关系的新提法，

---

① 参见 2017 年 10 月 24 日党的十九大关于《中国共产党党章（修正案）》的决议。

是适合当时实际情况和发展需要的，有利于国企改革，通过将工人推向市场倒逼出经济效率来。在这个过程中，随着我国经济发展，社会阶层结构发生了变化，理论界也出现代表不同利益的声音，其中一类观点就是借“优先”和“兼顾”之名，贬低、轻视社会公平和社会公正，从而使改革精神出现了异化，贫富不均、道德滑坡、富者更富、贫者更贫等社会问题开始积聚。党的十七大报告对此有所改变，但仍没有实质突破二者的关系。

在党的十八大报告中，社会公平正义是处于“中国特色社会主义道路、理论体系和制度”中。这意味着，公正不再仅体现在微观的经济领域，而是摆到了党和国家全部工作的宏观战略层面。具体而言，党的十八大报告指出，公平正义是中国特色社会主义的内在要求，在我国经济建设取得长足发展的基础上，需要加紧建设以权利公平、机会公平、规则公平为主要内容的社会公平保障体系，保证全体人民有平等参与社会生活、平等发展自身的权利。能否满足人民日益增长的公平正义需求，对执政党是一项巨大挑战。

十八届四中全会进一步提出要“保证公正司法，提高司法公信力”。其有两层含义：一是公正司法是司法公信力的前提，没有公正司法就没有司法公信力；二是保证公正司法就能提高司法公信力。这都意味着，公正司法是司法公信力的一票否决项，是底线，并从六个方面安排了保证公正司法的基础设施：一是完善确保依法独立公正行使审判权和检察权的制度；二是优化司法职权配置；三是推进严格司法；四是保障人民群众参与司法；五是加强人权司法保障；六是加强对司法活动的监督。这就使得提高司法公信力有了党的指标参照系统，这六个方面都可以作为提高司法公信力的影响因子。习近平总书记多次强调“司法机关是维护社会公平正义的最后一道防线”①，也即社会公正底线。公正是法治的生命线，缺失了公正，法治就不可能建立，司法公正则对社会公正起着重要的引领作用，如果司法不公，社会公正就会遭到破坏。司法管理体制和司法权力运行机制是影响司法公正的决定性因素，完善这两项制度，

---

① 参见习近平总书记2014年以来在中央政法工作会议上的讲话。

规范司法行为，加强对司法活动的监督，实现司法案件的公平正义。

公平正义作为执政党基本要求也就是政治诉求和价值取向之一，需要在立法、执法、司法、守法的法治建设各环节中实现全覆盖。基于司法在国家政权谱系中的特殊职责，即维护社会公正底线，司法机关是践行执政党基本要求的最重要的权力载体，也是最危险的滥用权力载体。因此，在提升司法机关和人员地位的同时，必须优先把司法权“关在制度的笼子里”，使之成为社会公正底线的维护者而不是走向反面成为破坏者。与此同时，还需要为司法机关提供一个社会公认的维护公正的行动指南，使之能够顺应变化了的形势，用维护权利公平、机会公平、规则公平的司法成果守住社会公正底线并收获更多的公众信任，最终服务于夯实党的执政根基——执政公信力。这个制度、这个行动指南最基础的就是司法公信力评价机制，称之为司法公正的基础设施，没有这一机制，公平正义的社会无法形塑、公平正义的社会目标实现程度无法评估。

### 二　民主法治的政治目标所决定

近代以来，民主观念深入人心，民主越来越成为治国理政的主要理念，成为近代公共权力机构进行治理所追求的核心目标。在“民主作为一种政治价值已得到普遍承认，实行民主已成为世界性潮流”[①] 的时代，民主已成为政治合法性重要且坚实的基础，个人权利与自由日益为人民所珍视，人民越来越关注公共权力与公民个人的关系问题。马克思·韦伯认为，“一切经验表明没有任何一种统治自愿地满足于仅仅以物质的动机或者仅仅以情绪的动机，或者仅仅以价值合乎理性的动机，作为其继续存在的基础。换句话说，任何统治都企图唤起并维护对它的‘合法性’的信仰”[②]。公共权力存在的基础即在于人们对其合法性认同，这种认同不再能够通过神秘、威权或者地位而获得，民众的政治参与是权力机构获得认同的重要途径。

---

① 应克复：《西方民主史》，中国社会科学出版社 1997 年版，第 1 页。

② ［德］马克斯·韦伯：《经济与社会》（上），林荣远译，商务印书馆 1997 年版，第 239 页。

列宁说，“宪法是一张写着人民权利的纸”，我国宪法明确定规定国家的一切权力属于人民。司法权当然属于人民的权能。我国司法机关与其他国家机关一样实行民主集中制原则，包括内部民主与外部民主。内部民主是司法机关内部的行权规则，比如合议庭和各级人民法院设立的审判委员会，实行民主集中制，实行少数服从多数的原则；外部民主是司法民主的色彩最为浓厚的部分，是人民直接行使司法权利而不是仅仅由专门机关行使司法权利的形式，这就是公民参与司法的人民陪审员制度和人民监督员制度。无论是司法机关的产生、决策体制，还是其具体的司法活动，都体现了人民性或民主性的特征。①

但是，这种人民性或民主性，由于代议机关和专门机关的客观存在，必然表现为一种“以人民的名义”，尽管多数时候二者是一致的，但这种应然性并不必然带来人民满意的司法效能。这就需要配置人民作用于政府和司法机关的制度。

可以说，司法公信力评价的兴起正是司法人民性和国家治理手段依法性的必然结果。党的十八大对 2020 年全面建成小康社会的目标进行了重新界定，形成了五个目标共同构成的指标体系。其中第二大目标就是“人民民主不断扩大”（政治建设），而其项下的一个指标，就是“司法公信力不断提高”（见表 2—1）。在这个目标体系中，基本的逻辑结构是：全面建成小康社会的总目标—经济、政治、文化、社会和生态文明五大建设一级目标—每个建设子目标项下的二级目标—每个二级目标项下的三级目标。司法公信力是依法治国指标项下的二级指标，依法治国又是人民民主指标的二级指标，最终指向全面建成小康社会这一一级指标。就是说，在报告中，司法公信力不断提高是放在人民民主不断扩大这个政治建设二级指标项下的，因而司法公信力提高与否反映人民民主的依法扩大与否；反之也成立，也就是人民民主的依法扩大程度与司法公信力的提高程度成正比，是人民民主不断扩大这个全面小康社会政治目标的检验器。从概念的角度分析亦然，因为司法公信力就是公众对于司法机关履行职责情况的心理认同程度的评价，认同度高社会公众对于

① 参见百科首页，法律快车—法律百科—争议解决—司法—司法民主。

司法的信任与服从程度高，反之就低。所以，司法公信力的高低实质体现的是人民民主原则的落实状况，是在全面实施依法治国基本方略的历程中，人民民主不断扩大的战略目标在司法事务上的具体化。同时，司法公信力不断提高又是放在依法治国基本方略全面落实这个三级目标项下的，它又是检验依法治国方略落实状态的一个指标，因此，司法机关依法司法的程度会对司法公信力高低产生决定性影响。概括起来，司法的人民性与司法的依法性就是司法公信力提高的目标和手段的有机统一。因而司法公信力评价机制也是司法民主的基础设施。

**表 2—1　　党的十八大全面建成小康社会目标体系中的司法目标**

<table>
<tr><th>一级指标</th><th>二级指标</th><th>三级指标</th><th>四级指标</th></tr>
<tr><td rowspan="9">全面建成小康社会</td><td>经济持续健康发展</td><td>——</td><td>——</td></tr>
<tr><td rowspan="5">人民民主不断扩大</td><td rowspan="2">民主制度更加完善</td><td>民主形式更加丰富</td></tr>
<tr><td>人民积极性主动性创造性进一步发挥</td></tr>
<tr><td rowspan="3">依法治国基本方略全面落实</td><td>法治政府基本建成</td></tr>
<tr><td>司法公信力不断提高</td></tr>
<tr><td>人权得到切实尊重和保障</td></tr>
<tr><td>文化软实力显著增强</td><td>——</td><td>——</td></tr>
<tr><td>人民生活水平全面提高</td><td>——</td><td>——</td></tr>
<tr><td>资源节约型、环境友好型社会建设取得重大进展</td><td>——</td><td>——</td></tr>
</table>

全面建成小康社会和全面深化改革开放的目标中除了要求量化小康社会指标外，还提出了明确的制度创新目标。报告指出，“加快推进社会主义民主政治制度化、规范化、程序化，从各层次各领域扩大公民有序政治参与，实现国家各项工作法治化。”改革的核心是扩大公民有序的政治参与，没有公民参与的司法改革和不考虑民众的司法改革设计注定是短命的重复建设。因此，围绕人民司法参与和健全司法组织、运行、保障等制度，建立司法公信力评价体系是国家机构完成党的治国目标的回

应，党的理论亦成为司法公信力评价的理论依据。而究其实质，司法公信力评价机制就是司法民主的基础设施；没有这一基础设施，就无法衡量司法公信力不断提高的全面建成小康社会目标的实现程度。

2015 年 10 月党的十八届五中全会通过了《中共中央关于制定国民经济和社会发展第十三个五年规划的建议》，作为全面建成小康社会届期的最后一个五年规划，对全面建成小康社会的司法公信力发展目标提出了新的更高的要求，可以看作是全面小康社会建成目标的调整。在这个最新的指标体系中的第五类指标“各方面制度更加成熟更加定型”项下，设定了“国家治理体系和治理能力现代化取得重大进展，各领域基础性制度体系基本形成”指标，在其项下进一步明确了四级指标：人民民主更加健全对应人大、法治政府基本建成对应政府、司法公信力明显提高对应司法机关（参见表 2—2）。与党的十八大报告相比，前两项均未发生变化，但“司法公信力明显提高”相对于党的十八大报告中的“司法公信力不断提高”，副词出现了变化。司法公信力的发展目标，从只要有提高哪怕微不可察也可以的“不断”，调整为不仅要有提高而且还要能让人看得见才可以的“明显”，是新的更高要求、更重任务，也反映了中央对提高司法公信力的重点关注。

**表 2—2　　“十三五”规划建议中的司法目标**

<table>
<tr><th>一级指标</th><th>二级指标</th><th>三级指标</th><th>四级指标</th></tr>
<tr><td rowspan="7">全面建成小康社会新的目标要求</td><td>经济保持中高速增长</td><td>——</td><td>——</td></tr>
<tr><td>人民生活水平和质量普遍提高</td><td>——</td><td>——</td></tr>
<tr><td>国民素质和社会文明程度显著提高</td><td>——</td><td>——</td></tr>
<tr><td>生态环境质量总体改善</td><td>——</td><td>——</td></tr>
<tr><td rowspan="3">各方面制度更加成熟更加定型</td><td rowspan="3">国家治理体系和治理能力现代化取得重大进展，各领域基础性制度体系基本形成</td><td>人民民主更加健全</td></tr>
<tr><td>法治政府基本建成</td></tr>
<tr><td>司法公信力明显提高</td></tr>
</table>

## 三　全面深化改革的要求所决定

任何评价体系都要指向被评价者存在的主要问题，以期为解决问题提供思路并产生改善的促进作用。在我国政治体制下，这些问题的权威归纳及其解决方案就体现在执政党的文件中。主要包括党的十八届三中全会全面深化改革决定、十八届四中全会全面依法治国决定和党的十八届六中全会全面从严治党公报，都是全面深化改革的中央政策。十八届三中全会《决定》围绕完善和发展中国特色社会主义制度、推进国家治理体系和治理能力现代化总目标，明确了全面深化改革六个方面的路线图和时间表，除五位一体布局外增加了一个党的建设制度改革，与党的十八大报告是一一对应的，对包括司法在内的全方位改革进行了系统安排（参见表2—3），一一对应表2—1的目标任务，也就是通过制度改革完成全面小康的目标。在改革部署中，政府职能转变列入经济体制改革内容，政治体制改革安排了加强民主政治制度建设、推进法治中国建设、强化权力运行制约和监督体系三个方面，前者具体化为三项任务，中者为五项任务，后者为三项任务（参见表2—3的四级指标），共十一项改革清单。

**表2—3　　十八届三中全会《决定》全面深化改革总目标、路线图、时间表**

| 一级指标 | 二级指标 | 三级指标 | 四级指标 |
|---|---|---|---|
| 总目标完善和发展中国特色社会主义制度 推进国家治理体系和治理能力现代化 | 经济体制改革 | —— | —— |
| | 政治体制改革（实现人民民主不断扩大目标的改革） | 加强民主政治制度建设 | 推动人大制度与时俱进 |
| | | | 推进协商民主广泛多层制度化发展 |
| | | | 发展基层民主 |
| | | 推进法治中国建设 | 维护宪法法律权威 |
| | | | 深化行政执法体制改革 |
| | | | 确保依法独立公正行使审判权检察权 |
| | | | 健全司法权力运行机制 |
| | | | 完善人权司法保障制度 |

续表

| 一级指标 | 二级指标 | 三级指标 | 四级指标 | |
|---|---|---|---|---|
| 总目标完善和发展中国特色社会主义制度 推进国家治理体系和治理能力现代化 | 政治体制改革（实现人民民主不断扩大目标的改革） | 强化权力运行制约和监督体系 | 形成科学有效的权力制约和协调机制 | |
| | | | 加强反腐败体制机制创新和制度保障 | |
| | | | 健全改进作风常态化制度 | |
| | 文化体制改革 | —— | —— | |
| | 社会体制改革 | —— | —— | |
| | 生态文明体制改革 | —— | —— | |
| | 党的建设制度改革 | —— | —— | 路线图 |

习近平总书记指出，“司法体制改革必须为了人民、依靠人民、造福人民。司法体制改革成效如何，说一千道一万，要由人民来评判，归根到底要看司法公信力是不是提高了”①。在具体问题上，党的十八大报告中列举的执法司法等关系群众切身利益的“四风”问题突出，消极腐败现象易发多发，反腐败斗争形势依然严峻等，都与司法直接或间接相关。以司法公信力评价机制为牵引，既是对这些制度创新目标的有效回应，也是对司法领域存在的主要问题所进行的系统梳理，还是通过外部监督环境的制度创新来推动解决问题的动力。对此有学者提出“司法职能的控权性”概念，既指司法要有足够的力量来排除行政以及其他权力的渗透和干预，保证司法独立性和公正性，“司法职能的控权性，需要通过完善诉讼制度、扩大司法管辖范围以及确立司法最终解决原则等措施加以落实”;② 也指司法自身所具有的对司法权力、法官权力的反向控制，这一点充分体现在第六章中的依据民事诉讼法对法官行为的反向文本解释中，即非典型程序性民事裁判规则所建立的审判质量控制模式。司法制度可以说主要是诉讼制度，完善诉讼制度就是完善司法制度，包含了司

① 参见习近平总书记在中共中央政治局 2015 年 3 月 24 日就深化司法体制改革、保证司法公正进行第二十一次集体学习时的讲话。

② 汤维建:《深化司法改革的六个着力点》,《团结》2012 年第 3 期。

法体制改革和运行机制改革，整个诉讼制度改革就是十八届三中全会《决定》安排司法体制改革的所有内容。《决定》在推进法治中国建设中，围绕确保依法独立公正行使审判权检察权、健全司法权力运行机制和完善人权司法保障制度这三个方面，安排了司法管理体制、司法人员制度、办案责任制、司法公开制度等一系列司法体制机制改革。这些改革部署都是存在司法问题的重点领域和关键环节，对于改善司法的外部体制环境和内部运行机制，具有举足轻重的作用。当然，这些改革仍然是全面建成小康社会司法目标的保障措施，不能偏离司法公信力不断提高的司法发展目标。建立司法公信力评价体系，将这些推进司法公信力建设的重点改革指标一体纳入，一方面将促进司法机关如期全面深化决定安排的各项改革，另一方面也将检验改革成果。同时，在社会体制改革的安排中，建立调处化解矛盾纠纷综合机制和建立涉法涉诉信访依法终结机制这两项改革任务与司法公信力存在紧密联系，也纳入司法公信力评价体系中给予推动和促进。概言之，司法公信力评价机制就是司法改革的基础设施，没有这一机制，司法改革的进度和成果无法保障和评估。

**表 2—4　　十八届三中全会《决定》政治体制改革具体部署**

<table>
<tr><th>二级指标</th><th>三级指标</th><th>四级指标</th><th>五级指标</th><th colspan="2">六级指标</th></tr>
<tr><td rowspan="8">政治体制改革</td><td rowspan="8">加强民主政治制度建设</td><td rowspan="6">推动人民代表大会制度与时俱进</td><td rowspan="6">推进人民代表大会制度理论和实践创新</td><td>健全立法起草论证协调审议机制</td><td rowspan="6">完善人大工作机制，通过座谈、听证、评估、公布法律草案等扩大公民有序参与立法途径，通过询问、质询、特定问题调查、备案审查等积极回应社会关切</td></tr>
<tr><td>健全一府两院由其产生对其负责受其监督制度</td></tr>
<tr><td>健全人大讨论决定重大事项制度，各级政府重大决策出台前向人大报告</td></tr>
<tr><td>加强人大预决算审查监督和国资监督职能</td></tr>
<tr><td>加强常委会代表联系，充分发挥代表作用</td></tr>
<tr><td>通过建立健全代表联络机构、网络平台等形式密切代表同人民群众联系</td></tr>
<tr><td colspan="3">推进协商民主广泛多层制度化</td><td rowspan="2">——</td></tr>
<tr><td colspan="3">发展基层民主</td></tr>
</table>

续表

| 二级指标 | 三级指标 | 四级指标 | 五级指标 | 六级指标 | | |
|---|---|---|---|---|---|---|
| 政治体制改革 | 推进法治中国建设 | 维护宪法法律权威 | 进一步健全宪法实施监督机制和程序，把全面贯彻实施宪法提高到一个新水平 | 建立健全社会忠于遵守维护运用宪法法律的制度 | 普遍建立法律顾问制度 | |
| | | | | | 完善规范性文件、重大决策合法性审查机制 | |
| | | | | | 建立科学的法治建设指标体系和考核标准 | |
| | | | | | 健全法规规章规范性文件备案审查制度 | |
| | | | | | 健全社会普法教育，增强全民法治观念 | |
| | | | | | 逐步增加有地方立法权的较大的市数量 | |
| | | 深化行政执法体制改革 | | —— | | |
| | | 确保依法独立公正行使审判权检察权 | 改革司法管理体制 | 推动省以下地方法院检察院人财物统一管理 | | 司法公信力不断提高的改革 |
| | | | | 探索建立与行政区划适当分离的司法管辖制度 | | |
| | | | 建立符合职业特点的司法人员管理制度 | 健全法官、检察官、人民警察统一招录、有序交流、逐级遴选机制 | | |
| | | | | 完善司法人员分类管理制度 | | |
| | | | | 健全法官、检察官、人民警察职业保障制度 | | |
| | | 健全司法权力运行机制 | 健全司法权力机制，加强和规范对司法活动法律和社会监督 | | | |
| | | | 改革审委会制度，完善办案责任制；明确各级法院职能定位 | | | |
| | | | 推进审判检务公开；推动生效文书公开；规范减刑、假释、保外就医程序，强化监督制度；广泛实行陪审员监督员制度 | | | |
| | | 完善人权司法保障制度 | 规范涉案财物司法处理程序；健全错案机制；渐减死刑罪名 | | | |
| | | | 废止劳教制度 | | | |
| | | | 健全国家司法救助制度，完善法律援助制度 | | | |
| | | 强化权力运行制约和监督体系 | —— | | | |
| 社会体制改革 | —— | | 建立调处化解矛盾纠纷综合机制 | | | |
| | | | 建立涉法涉诉信访依法终结制度 | | | |

### 四　全面推进依法治国的要求所决定

习近平法治思想，在党的十八届四中全会通过的《中共中央关于全面推进依法治国若干重大问题的决定》体现为，在中国共产党领导下，坚持中国特色社会主义制度，贯彻中国特色社会主义法治理论，形成完备的法律规范体系、高效的法治实施体系、严密的法治监督体系、有力的法治保障体系，形成完善的党内法规体系，坚持依法治国、依法执政、依法行政共同推进，坚持法治国家、法治政府、法治社会一体建设，实现科学立法、严格执法、公正司法、全民守法，促进国家治理体系和治理能力现代化。《决定》在党的历史上第一次以中央专项文件的形式就全面推进依法治国进行了具体安排，确定了全面推进依法治国的总目标和建设中国特色社会主义法治体系。全面推进依法治国六大重点任务中的一项就是“保证公正司法，提高司法公信力”。前者强调公正司法的外部保障机制，只有通过理顺党和司法机关、其他国家机关和司法机关、社会主体和司法机关的关系，才能守住司法公正的生命线；后者强调目标，就是提高公众对司法的信任度。针对如何公正司法、提高司法公信力，该《决定》规定了六个方面的行为规范（见表2—5）。

**表2—5　　　　十八届四中全会《决定》公正司法制度安排**

<table>
<tr><td rowspan="6">建设中国特色社会主义法治体系，建设社会主义法治国家总目标</td><td rowspan="4">法律体系和宪法实施</td><td colspan="2">宪法实施监督</td></tr>
<tr><td colspan="2">完善立法体制</td></tr>
<tr><td colspan="2">科学民主立法</td></tr>
<tr><td colspan="2">重点领域立法</td></tr>
<tr><td>依法行政和法治政府</td><td colspan="2">全面履行政府职能；健全依法决策机制；行政执法体制改革；规范公正文明执法；行政权力制约监督；全面推进政务公开</td></tr>
<tr><td>公正司法，提高司法公信力</td><td>独立审检制度</td><td>记录通报追究制度<br>不执行干预要求<br>藐视法庭罪责立法<br>法定职责保护制</td></tr>
</table>

续表

| | | | |
|---|---|---|---|
| 建设中国特色社会主义法治体系，建设社会主义法治国家总目标 | 公正司法，提高司法公信力 | 司法职权配置 | 审执分权试点<br>设立巡回法庭<br>立案改登记制<br>公益诉讼探索<br>反内部干预制 |
| | | 推进严格司法 | 司法解释指导<br>证据裁判规则<br>办案责任制度 |
| | | 保障群众参与 | 完善陪审制度<br>陪审员事实审<br>阳光司法机制<br>文书统一上网 |
| | | 加强人权司法保障 | 诉中权力制度化<br>强制执行立法<br>申诉代理制度 |
| | | 加强司法监督 | 严禁私下接触<br>严惩司法掮客<br>法律职业禁入<br>破除潜规则<br>司法腐败零容忍 |
| | 全民法治观念和法治社会建设 | —— | |
| | 法治工作队伍建设 | —— | |
| | 党对全面推进依法治国的领导 | —— | |

在独立行使审检权制度中，建立领导干部干预司法活动、插手具体案件处理的记录、通报和责任追究制度，司法机关不得执行违法干预司法活动的要求，完善藐视法庭权威等违法犯罪行为的法律规定，建立健全司法人员履行法定职责保护机制；在司法职权配置制度中，执行权从司法权中分离、最高人民法院巡回审判、立案审查制改为登记制、探索检察院提起公益诉讼和内部干预责任追究制度；在推进严格司法制度中，加强和规范司法解释和案例指导，推进以审判为中心的诉讼制度改革，全面贯彻证据裁判规则，实行办案质量终身负责制和错案责任倒查问责制；在保障群众参与司法制度中，改革陪审员制度、陪审员职能确定为事实审、裁判文书统一上网制度等；在加强人权保障制度中，强化诉讼

过程中当事人和其他诉讼参与人的权利制度保障，制定强制执行法，对不服司法机关生效裁判、决定的申诉，逐步实行由律师代理制度；在加强司法监督制度中，严禁私下接触，严惩司法掮客，违法者职业禁入和破除潜规则。上述制度安排，都对司法机关司法公信建设进而提高司法公信力有决定性作用，但其效果仍然要回到司法公信力评价实践中才能得到检验。

党的十九大后，党中央组建中央全面依法治国委员会，从全局和战略高度对全面依法治国又做出一系列重大决策部署，推动我国社会主义法治建设发生历史性变革、取得历史性成就。2020 年 11 月 16—17 日中央全面依法治国工作会议上首次提出习近平法治思想，围绕建设中国特色社会主义法治体系、建设社会主义法治国家的总目标，坚持党的领导、人民当家作主、依法治国有机统一，以解决法治领域突出问题为着力点，坚定不移走中国特色社会主义法治道路，在法治轨道上推进国家治理体系和治理能力现代化。习近平法治思想是习近平新时代中国特色社会主义思想的重要组成部分，是全面依法治国的根本遵循和行动指南。

## 第二节　司法公信力评价的中国特色社会主义司法制度依据

公正、高效、权威是我国司法改革要达到的价值目标；而要实现这一价值目标，重要的前提是坚持正确的改革方向，这个改革方向就是中国特色社会主义司法制度。① 中国特色社会主义司法制度关键在密切联系群众。

### 一　完善中国特色社会主义司法制度的需求

在百年的奋斗探索中，中国共产党的最大优势就是密切联系群众，这是始终保持党的先进性和纯洁性的根本法宝。司法是直接联系群众的工作，司法改革也体现群众路线。毛泽东同志曾说，“我是靠总结经验吃

① 汤维建：《为什么要全面深化司法体制改革?》，《光明日报》2014 年 1 月 2 日。

饭的”①。总结经验来自于以人民群众为对象的调查研究，只有在这种调研过程中，司法改革设计者才能发现公众对于司法改革发展关注什么、期待什么，并切实采取措施给予有效回应。组织如此，个人也是如此。司法者也是一般公民，一般还是党员，密切联系群众同时也表现为司法者履行党章规定的党员义务。2013 年 2 月 23 日，习近平同志在主持中共中央政治局第四次集体学习时的讲话指出，“司法工作者要密切联系群众，规范司法行为，加大司法公开力度，回应人民群众对司法公正公开的关注和期待”②。当前，规范司法行为和加大司法公开力度，在中外司法实践中没有本质区别；唯有密切联系群众，是中国司法现实政治和传统文化所独有的。从“尧舜之时，谏鼓谤木立之于朝”的民本机制，到孔子的“听讼，吾犹人也，必也使无讼乎”的司法终极追求；从狄仁杰、包拯耳熟能详的司法故事，到马锡五、宋鱼水一心为民的法官风采，无论沧海桑田如何变迁、历史时空跨越多久，联系群众已经成为中华民族独特的司法符号。密切联系群众是中国特色社会主义司法道路、理论和制度的特色所在，它传承自中华民族的司法史，并由中国共产党发扬光大，成为中国司法的独特优势。2020 年 11 月 16—17 日习近平总书记在中央全面依法治国工作会议上强调：“要坚持以人民为中心。全面依法治国最广泛、最深厚的基础是人民，必须坚持为了人民、依靠人民。要把体现人民利益、反映人民愿望、维护人民权益、增进人民福祉落实到全面依法治国各领域全过程。推进全面依法治国，根本目的是依法保障人民权益。要积极回应人民群众新要求新期待，系统研究谋划和解决法治领域人民群众反映强烈的突出问题，不断增强人民群众获得感、幸福感、安全感，用法治保障人民安居乐业。”③ 司法改革方案设计和具体实施也必将体现群众路线。在完善人权司法保障制度和社会体制改革领域，十八届四中全会《决定》曾部署了健全错案防止纠正责任追究机制和建立

---

① 张珊珍：《“我是靠总结经验吃饭的”》，《党建文汇：下半月版》2017 年第 4 期。

② 《习近平谈治国理政》，外文出版社 2014 年版，第 145 页。

③ 《习近平在中央全面依法治国工作会议上发表重要讲话》，中华人民共和国中央人民政府网，http：//www. gov. cn/xinwen/2020 - 11/17/content_ 5562085. htm，于 2021 年 1 月 2 日访问。

调处化解矛盾纠纷综合机制、涉法涉诉信访依法终结制度等改革。应当说，这些都是文件起草组通过充分调研，法官和公民反映的司法问题相对突出的重点领域和关键环节，或者说都是从群众中来的问题，是能够代表和反映群众对司法诉求的应改当改之处。司法体制改革必然将立足于密切联系现阶段的群众这一治国法宝和传统经验，依靠当前群众，服务当前群众，将司法体制改革与提高司法公信力紧密结合起来。

## 二　发挥人民代表大会制度作用和健全宪法实施监督机制的需求

对于发挥人民代表大会制度的根本政治制度作用，推进人大制度的理论和实践创新，十八届三中全会《决定》中安排了六项改革。其中的健全“一府两院”由人大产生、对人大负责、受人大监督的制度，需要建立产生、负责、监督的具体可操作程序。政治实践中，法院从“长”（院长、副院长、庭长、副庭长）到“员”（审判员）都是由人大任命的，在资格条件方面一般没有问题。那么为何还要提以及怎样健全法院由人大产生的制度呢？这可能有很多原因，其中一条就是人大产生法院、任命审判员是干什么的。答案也很简单，就是办案子的，不是干别的。由此必然带来的是，什么叫作办案子，比如签批文书是否是办案子、不办案子的法官是否有权利领取法官津贴、院领导不安排法官办案应当承担什么责任等一系列问题。① 至于法院和法官对人大负责、受人大监督，宪法和组织法是有明确规定的，但实践中正如有学者指出，地方党政部门无论在主观上还是客观上均将司法机关视作与行政机关无异的下属机构，其实质是改变了“一府两院”的平行结构，将“两院”置于一府之下或一府之内。“两院”与地方政府的“委办局”相比其实并无何等差异。② 学者揭示的这个现象是司法行政化的首要表现，更是在实际上违反

① 依据宪法和各政权机关组织法，我国基本政治架构是：由执政党组织选举产生各级直至最高国家权力机关人民代表大会，由执政党协商各民主党派选举产生人大常委会，由人大选举产生各级政府、法院、检察院等政权机关及其重要组成人员。这一产生过程形成了对应的权力运作关系，定位每一机关职能，并建立相互关系的横向纵向工作流程是依宪治国的当务之急。

② 汤维建：《司法“去行政化”是治理司法腐败的良药》，《21世纪经济报道》2013年3月15日。

宪法关于政权组织结构的规定的。究其根本，是在产生与被产生、负责与被负责、监督与被监督的主体之间存在法定关系体制但缺乏关系操作机制的缘故，这就需要在人大和法院之间建立一种符合现行宪法和法律的硬约束机制，实现产生、负责和监督的常态化。比如，涉及人大任命的法官被安排在非法官位置的问题人大应受理，法院未向人大负责、受其监督而向其他主体负责的问题人大也应受理。司法公信力评价体系就是这样一种机制，一是用评价来约束人大所任命的法官是放到了审判的岗位还是放到了别的岗位；二是用评价将法院和法官扭回到对人大负责的轨道上来；三是将人大对法院和法官的监督具体化、实时化。其中，改革中加强人大常委会与代表的联系、充分发挥代表作用和通过建立健全代表联络机构、网络平台等形式密切代表同人民群众的联系，都为司法公信力评价的主体来源和信息来源奠定了履职行权基础。

完善以宪法为核心的中国特色社会主义法律体系，加强宪法实施，是十八届四中全会提出的要求。由人民代表大会及其常委会建立司法公信力评价体系，是宪法的实施机制和程序、监督的机制和程序的内容之一。十八届四中全会《决定》推进法治中国建设中，围绕维护宪法法律权威，要求进一步健全宪法实施监督机制和程序，建立健全社会忠于、遵守、维护、运用宪法法律的制度，安排了六个方面的改革；建立科学的法治建设指标体系和考核标准是六项改革之一。科学的法治建设指标体系和考核标准，对于法院来说，就是对其司法公信力状况进行比较描述和考核的程序，也是党的十八大司法目标的量化要求。法院履行宪法法律义务与取得公众信任是一个问题的两个方面，党领导人民制定宪法法律，表明宪法法律本身就是党的意志和人民的意志的外化，政治意义上的人民经过社会化演变那就是公众，最大多数人的意思，因此二者是统一的。法院履行宪法法律义务的司法过程，本质上就是执行这种公众意志，而执行的情况如何，只有公众评判才算数。司法公信力评价及其体系化是宪法实施监督机制和程序的一个组成部分。作为人民当家作主的国家，尽管全社会对于宪法的实施和监督都负有义务，但其他社会主体都是间接的实施者和监督者，依照宪法和《立法法》，直接实施宪法和监督宪法实施的是人民代表大会及其常委会。人大及其常委会有多项职能，主要是立法权和监督权，但是监督权的职能还没有充分发挥，尤其是对于司法工作的监督发展不平衡。我国法制发展的第一个阶段可以说主要致力于解决“有法可依”问题，因此人大的立法权在人大权力格局中占据着主导方面。随着我国法律体系的形成，法制建设的重点也随之发生转移，这是法制发展的第二个阶段，即法制建设更多地置于动态的层面，将纸面上的法律文本切实落实到实践中，发挥出法制应有的功能。正如有学者指出，目前我国法制建设开始更多地考虑如何实现“有法必依、执法必严、违法必究”，其中“执法必严、违法必究”比起“有法必依”任务更为艰巨，因而人大职能重点应从立法转向监督法律的实施。①

### 三　加强法院司法公信建设的需求

党的十七届六中全会通过的《中共中央关于深化文化体制改革 推动社会主义文化大发展大繁荣若干重大问题的决定》首次提出“把诚信建设摆在突出位置，大力推进政务诚信、商务诚信、社会诚信和司法公信建设”；党的十八大报告进一步强调“深入开展道德领域突出问题专项教育和治理，加强政务诚信、商务诚信、社会诚信和司法公信建设”。这里对于政府（政务）、市场（商务）、公民法人（社会）的要求都是“诚信”，而司法是“公信”，一字之差内涵迥异。政府讲诚信，司法讲公信，区别就在于政府重大决策本身就是公众作出的，或者以代议程序，或者以专家论证、社会稳定风险评估、听证等前置程序作出的，通过公众集思广益程序获得意见再由行政机关集中形成决策，决策追求的最终效果不在于公信而在于诚信，严格执行公众决策，在服务公众方面不折不扣。但司法却与此不同，尽管司法也是人民立法的适用机关，任务也是把以法的形式体现的人民意志通过司法者的行为表现出来，但司法工作是对个案的裁判，在裁判上法官的单方意志性、法官个人品德修养和专业技能，都可能使法的适用出现个人意志强加于公众意志的情况发生。因而，除非建立一个相对庞大的陪审机制，否则专门法官审理案件始终避免不了这个问题。诚信可以外化为公信，只是生成公信的必要前提，公信是

---

①　汤维建：《人大职能应由立法向监督司法工作转移》，《检察日报》2013年3月29日。

比诚信更高层次的要求。司法是一个互动的过程，（法院）是一个强大的信息接受方，司法的任务就是接受公众的委托（尤其体现在民商事和行政案件中，接受公民个人或者法人组织的委托，在刑事案件中，则表现为接受检察机关的委托），将公众输入的信息进行处理，最后输出产品（裁判文书）。司法的被动地位决定了其合法存在、有所作为的来源就是公众的委托和依赖，其权威就来源于公众的信任，而不是其他。因此司法能力的建设以司法公信建设为理念，而司法公信力评价就是司法公信建设中的一环。对于司法机关来说，深化司法重点领域和关键环节改革，提高司法制度创新，是提高司法公信力的必然要求，而公众参与的司法公信力评价，则是司法公信建设的外部推进力量。

一般来说，评价有诊断、导向、激励、鉴定、引导这五大功能。司法公信力评价同样有这五大功能。司法公信力评价的诊断功能对法院决策者是至关重要的。进行司法公信力评价，势必要将影响司法公信力的因素加以整合、测量并得出综合的量化结果。因此，无论是对一个法院的整体评价，还是其中的子系统、子因素评价，都会对该法院某方面的工作或者整体工作提供一个诊断方案，从而帮助法院找出病灶所在。人民群众对人民法院有哪些期待，还缺乏一个需求确认机制，司法公信力评价的导向功能就提供这一机制。不仅如此，在评价指标设计上，如果能够把握住未来司法改革的方向，并且通过指标及其权重设计把这种方向固化，就为法院提供一个向什么方向改革的航标。激励功能会使公信力高的法院继续努力以保持优势的心理态势，较低的法院会产生自我检讨并纠正的心理态势。公众对法院信任程度的评价过程，实质上也是一个法治教育的过程，能够持续不断地引导公民学会像法律人一样用法治思维思考问题和用法治方式解决问题，推动法治国家的建设，公众法律素质的提高也是法治国家建设的应有之义，进行公信力评价可以发挥这种导向功能。

### 四 检验司法目标实现程度的需求

司法公信力是检验司法目标实现程度的衡量器，从表2—1、表2—2、表2—3、表2—4 可以看出，在全面建成小康社会的目标体系中，司法公信力不断提高是一个司法发展目标；在全面深化改革开放的目标体系中，政治体制改革中的司法体制机制改革是一个司法改革目标，它为司法公信力不断提高的司法发展目标服务，即改革为发展服务。因而由人民代表大会及其常务委员会组织建立司法公信力评价体系就成为一个符合逻辑的结论。同时可以知道，司法公信力不是一个有无的问题而是一定存在，也不是一个可不可测的问题而是一定可测。

司法目标的实现程度就是司法公信力是不是提高了以及提高了多少。如果司法公信力是不可测量的，无法测量司法公信力是否提高以及提高的幅度，那么党的十八大报告设定此目标就没有任何意义，就没有必要设定此目标。既然设定了此目标，就说明司法公信力是一个可以测量的目标。因为目标是个人、部门或整个组织设定的所期望达到的成果，目标是符合 SMART 规则的：第一，明确（Specific）；第二，可测量的（Measurable）；第三，行动导向（Action - oriented）；第四，务实（Realistic）；第五，有时间表（Time - related）。如果是不可测量的成果，那么它就不是目标，党的十八大报告就不会将其放到小康社会目标集中。这样一来，就有了本书研究的问题，司法公信力既然是可以测量的，那么自然而然就有由谁来测量、测量什么、怎么测量为主要内容的评价体系问题。构建起针对司法公信力明显提高与否为指向的评价体系，是评定党的十八大报告所设定的司法目标是否实现的一项基础性的工作；换言之，如果没有这个评价体系，就无法确定司法公信力是否提高了，这将成为总结全面小康社会建成目标时的司法漏项。①

当前，对于公信力评价还存在有无之争，人们对司法公信力是否能够评价存在截然相反的观点。否定说认为，反映司法公信力程度的相关因素太多，因此不存在评价的问题，因为无论怎样评价都会有误差，并会对评为差的司法机关产生不公。可以肯定地说，公众是否相信本身就是可以通过现代统计分析方法进行测量的，因此不存在评价不了的问题。我们认为，不能因为存在误差就不进行这项工作，也不能因为公信力以

---

①　参见李秀霞《司法公信力评价体系坐实司法改革目标》，《中国社会科学报》2014 年 3 月 12 日。

公众信任为主要指标并且能够通过科学统计分析方法进行测量就把这种评价仅限为公众评价。只有二者结合起来，才能相对客观地评价司法公信力。这种结合主要体现在两点。一是司法机关的工作过程和工作成果本身存在直接量化的部分，也就是可以进行评价。这种评价结果纵向上可以进行工作状况的比较，以测量自身是否进步；横向上同一司法辖区的同级司法机关也可以进行量化比较，从而测量哪个更进步。二是司法机关的工作过程和工作成果有些不可以进行量化，但同样可以使用统计分析技术解决可评性问题，只不过在误差控制上要体现出比较严格的特征。

## 第三节　司法公信力评价的技术理论依据

当然，司法公信力评价的理论依据也涉及管理学、传播学、法学、统计学等理论，它们是前者项下即哲学项下的理论分支，这些理论分支能够为司法公信力评价这一事物提供技术性理论支持。技术理论依据是从管理学的角度阐述评价的目的——评价构成任何管理不可或缺的一环。故技术依据是从事物本身的客观需求出发，即评价属于事物客观规定性的一部分。以下技术理论对于司法公信力评价的必要性、必然性及其存在的问题和解决，具有重要的借鉴意义。

### 一　线性理论

线性理论是描述各级各类组织内外关系运行的基础理论。对于任何公共系统来说，其被公众评价都是客观存在的，这种评价的好坏取决于符号传播的反馈和控制状况。在线性理论中，以拉斯韦尔和申农·韦弗为代表的传统线性模式理论中，传播被表述为一种直线型、单向型的过程，没有作用对象的反向传播机制；而以控制论为指导思想的新型线性传播模式理论中，单向直线性被双向循环性所取代，增添了反馈机制所形成的线性回路，使传统线性理论发展为以线圈为表现的新型线性理论。这个线性回路，就是对组织中的人的语言和行为的外部评价的反馈。传统的法院管理是以传统线性模式为表现的，立、审、执作为一个直线单向过程终结，但根据新型线性理论，实际上这个过程并未完结，除非未产生任何后续评价，对于有后续评价的案件没有对评价者给予回应，组织运行的线性回路就未结束。党的十八届四中全会《决定》中要求完善主审法官、合议庭、主任检察官、主办侦查员办案责任制就是在建立这个回路；要求法院成立吸收社会有关人员参与的法官选任委员会、法官惩戒委员会①也是要健全组织中的回路；而法院改革最为强调的司法公开特别是裁判文书公开和提高人民陪审员办案数量等，既为公众评价司法创造条件也为人民审判奠定基础，以上都是完善审判管理的各个环节。四中全会提出“司法机关要及时回应社会关切”，线性理论为司法公信力评价提供了技术理论依据，指导司法公信力评价流程，根据评价外部性原理，司法公信力评价就是要将线性回路的全过程数字化、标准化进而实现可测量、可比较，最终为政治发展目标的实现提供操作工具。

## 二　协作和维持理论

各级各类组织都是复杂的社会系统，美国管理学家巴纳德开创的社会系统学派认为，应从社会学角度出发，把各类组织作为社会系统的一部分来分析管理问题。② 其中的两大观点对于建构司法公信力评价体系有指导意义。其一，巴纳德指出，实现共同目的是组织作为一个协作系统包含的基本要素，组织作为由不同组织和个人组成的协作系统，只有在相互作用的社会关系下、同其他组织和他人协作才能在目标实现中发挥作用。国家是超大型组织，司法作为单一制国家的中央事权，其公信力不断提高是国家组织的政治发展目标。根据上述协作理论，这一目标的实现是由中国共产党领导下的人大、政协、一府两院这些国家机关和社会组织、企业公民等共同努力才能完成的。根据主体差异，这些组织及其功能可以分为两类：一类是司法机关自身要向着提高公信力方向努力；另一类是司法机关以外的组织在目标实现中的职能定位。根据现行政治

---

① 孟建柱：《深化司法改革》，《〈中共中央关于全面深化改革若干重大问题的决定〉辅导读本》，人民出版社 2013 年版，第 56 页。

② 参见［美］切斯特·I. 巴纳德《经理人员的职能》，王永贵译，机械工业出版社 2013 年版；邹治平《社会系统理论的创始人：切斯特·巴纳德》，河北大学出版社 2005 年版。

框架，执政党指明方向、制定政策；权力机关提供组织功能，组织实施司法公信力评价；其他组织和个人都应当提出具体的评价意见。此即国家司法发展目标中不同主体的协作定位。

其二，巴纳德认为，为使不同组织及其成员能为组织目标的实现作出贡献和进行有效协调，应该采用维持的方法，包括诱因方案的维持和威慑方案的维持。诱因方案的维持是指采用各种报酬奖励的方式来鼓励组织成员为组织目标的实现作出贡献，威慑方案的维持是指采用监督、控制、检验、教育和训练等方法来促使组织成员为组织目标的实现作出贡献。建立法官职业保障制度就是诱因方案的维持，从司法机关的职业特点和职业风险以及国际通例来看，给予较高的物质待遇是自然而然的，任何将公平正义的社会产品托付给一个中低收入者的法官来进行裁判的制度安排都是危险的。而建立办案责任制就是威慑方案维持的表现形式，但这种威慑仅仅是必要条件而非充要条件，因为无论多少个别的、具体的个人威慑永远不可能取代对组织体的威慑，司法机关公信力下降的否定式评价就是一种否定组织的威慑。这在人大审议法院工作报告中体现得最为明显，没有任何一个法院对否定票数无动于衷。司法公信力评价只不过将这种审议更加具体化了，一定意义上说，它同时还是对人大代表的投票权的限制和对法院的保护，如果法院做得好、公信度高的话，人大赞成票自然也高。

### 三　公共管理理论

法院以审判案件为天职，审判案件在某种意义上即是处理司法公共事务，故法院的管理也符合公共管理理论的一般要求。法院组织的公共管理是以公共管理学为依据，通过科学的组织、决策、沟通、协调、监控、评估等环节的制度安排，使法院能够提供公正廉洁高效司法产品和司法服务功能的过程。同时，由于拥有公共权力——审判权的法官是法院公共管理的对象，故法院系统管理的核心是对审判权的管理。科学管理之父泰勒 1911 年出版了《科学管理原理》一书，不仅掀起了企业管理革命，而且创设了管理科学，其管理理论和方法被命名为泰勒制，最初是以提高企业工作效率为出发点的，他所创设的计件工资制打破了计时工资制，成为今天还在普遍使用的基本激励措施；而企业生产的各个环节全部实现标准化，其中资方的劳动被他概括为管理，就是后来被法约尔、韦伯等管理学大师所发展的计划、组织、领导、协调、控制等管理职能。尽管科学管理及其衍生理论均侧重于经济管理领域，但在社会管理领域不断地被引入，尤其是社会控制领域。审判管理已经成为一项重要的研究领域，在司法部门如火如荼地开展，一般包括审判质效管理和案件流程管理。对于任何一个组织来说，其管理过程必然包含有为控制质量和效率而进行评价的在先程序，对于法院审判管理来说也是如此。评价和修正是社会控制的重要组成部分。改革开放以来，法院的司法改革尽管卓有成效，但司法质量和效率仍然不尽如人意，距离科学管理有较大差距，映射出法院过去以内部控制为导向的各项司法改革没有取得预期成效，而其外部环境的司法改革也没有得到地方政治资源的有效回应。评价包括内部评价和外部评价，有时外部评价对质量建设的倒逼作用更大，尤其是对掌握公共权力的公共组织来说，其对内部质量和效率的控制存在天然惰性，如法院内部职能组织不能承担起处理同事违法违纪的责任，这成为引进外部控制机制的主要理由。在三权分立国家，三权制约直接生成外部的司法控制机制，我国也建立了类似的控制体系，但合作重于制约，特别是没有相应的连带操作程序①，党的领导机关、国家权力机关对司法机关的外部控制是经验性的、原则性的，未能起到真正的控制作用。因而，发掘现行政治资源，为司法机关的外部控制寻找合适的载体，补足控制缺陷这一环就是由司法机关的产生机关——国家权力机关对法院进行精细化评价并将评价结果依法运用于人民权利之中，既无法之障碍又切实可行。

新一轮司法改革与以往司法改革的主要区别：一是改革本身是全面深化的，表2—4的各项改革特别是审判权运行机制改革，法院系统均曾经尝试过，现在又列入中央改革计划，证明以往的法院管理改革没有完

① 连带操作程序是笔者创设的一个概念，大体含义是，任一官员被越级组织查处后，对于该官员有直接监管权力（或义务）的负责人，也应查清是否在监管方面失职。从这个意义上说，边被举报边被升职是不可想象的，法官被查处而接到过举报的监察室未受处理也是不可想象的。

成。二是推动主体不同，中央全面深化改革领导小组专设司法改革领导小组，由执政党的最高权力主体直接推动，以往是由法院自行推动。以往改革除了推动主体权威性不强外，方法论方面的一个问题就是缺少微观量化的目标机制和改革进程与效果的科学评价机制，不符合管理学基本原理。审判流程改革没有实现便民目标而是以标准化为目标，增加了公众诉累，审判组织改革没有实现审理者裁判并对裁判结果负责反而强化了法院内部无处不在的审批权，皆因组织实施及考核流于形式，缺乏一般的管理常识。这些司法改革的方案措施尽管都来源于基层实践，但仍要付诸实践来作进一步的验证，而验证结果还需要借助权威性的载体公之于众，接受监督。这意味着对于各项改革的效果作出实事求是的评估，而不是只讲成就与辉煌，不谈问题与挫折。反观此前这方面的工作，尽管常常有所总结，却没有使之规范化、公开化，无论是司法效果还是社会效果自然都难尽人意。从某种程度上说，没有在先的改革评估机制，改革的结果也未在实践中验证并接受公众的评价和监督。因此，缺少了客观的改革评估机制，也就失去了一个很好的反思的机会，就无法对改革不成功的方面以及原因进行深入系统的研究，而这些研究的结论，很可能就是我们继续改革所必须的前车之鉴。没有对教训的警醒，又怎能有效地防止覆辙重蹈呢？党的十八大以来对各项改革均建立了科学的改革评估机制，增加了有效的改革监督机制，司法公信力评估也有望成为有效的司法改革监督机制。

# 第 三 章

## 司法公信力评价的指标体系

司法公信力评价什么，哪些内容能准确地揭示出司法公信力的高低，需要设计一系列相互联系的评价项目。正如有学者提出的疑问：司法公信力问题或者说要回答目前的司法公信力是提高还是下降了的问题，需要依靠科学的数据分析来解答，而不是只凭感觉来回答的问题。[①] 社会指标概念的首倡者彼得曼指出："随着社会向复杂化发展，直接经验在作为信息来源和判断之基础方面所发挥的作用越来越小了，与之相比，作为中介物的符号形式的信息所发挥的作用更大了。对于大量的信息必须加以整理，而且要重视其选择性、浓缩性、及时性和普遍性。大量的社会现象的指标就是专为满足这些要求而产生的。"[②] 司法公信力评估指标设计遵循一定逻辑规律，集中反映司法诚信行为的重要现象的同时，动态地反映司法工作状态。司法公信力评估指标是一种非常重要的信号，可以不断地向社会和公众发出告示，司法工作正常抑或异常，可以维持原状抑或必须采取及时措施补救，从而充分发挥监测司法工作的功能。从2009 年开始，中国社会科学院法学研究所发布了中国政府透明度年度报告。该报告对国务院各部门、省级政府、较大的市实施政府信息公开的情况进行了测评，分析了我国政府信息公开制度的实施状况。这是检测政府工作诚信状态、透明度的一个测评指标。以关联度为基础，选择能够评价司法公信力程度的指标，并将这些指标按照一定层级关系排列，

---

① 刘作翔:《对"司法公信力问题"的三点思考》,《人民法院报》2012 年 9 月 7 日。

② ［美］彼得曼:《社会指标与目标》，美国麻省理工学院出版社 1966 年版，第 97 页。

用科学计算方法得出司法机关各个侧面的发展状况以及整体发展水平，就是我们所说的司法公信力评价指标体系。这一体系是从司法公信力提高这个总指标为出发点依次细化具体而成的。

## 第一节 司法公信力评价的基础指标

公众对法院的信任程度评价区分为两种情况。一种是对客观状态的主观评价，指公众对法院办案情况、法院组织情况这些客观数据的评价；另一种是对主观状态的主观评价，也就是对于无法量化的情形比如服务、亲和力、居中性等的评价。正如体检中医生用一系列生理指标反映身体各部分的现状并评价整体健康水平一样，我们也能够用一系列的信任度指标反映司法各组成部分的状况并评价整个司法的公信力程度。

### 一 指标的基本分类与评价方式的分类

司法公信力评价指标相对于经济指标而言是一种社会指标，是统计指标的一种，由指标名称、计算内容、计算方法和指标数值组成。指标按不同标准有多种分类，基本分类是按照指标性质分为客观指标和主观指标两大类。

（一）客观指标与主观指标。客观指标与主观指标是统计学的两类基本社会指标，依据此方法司法公信力评价指标也可划分为客观指标与主观指标。客观指标是用来反映所研究的社会对象客观状态的数量指标，包括社会对象的自然属性和社会属性。客观指标作为对社会对象的客观反映，一般都有现成的统计资料，因此客观指标大多可以直接获得。在一个社会指标体系中，客观指标有些无须规定具体的计算方法，进行计数和简单汇总即可；但有些多指标测量由于计量单位不统一，需要用特定的统计技术进行数据归一化处理。对司法指标来说，其中的收案数、审结数、审结率、执结率、再审率、发改率等都是客观指标。

主观指标是用来反映人们对社会对象的感受、评价和态度等方面的数量指标，这种数量一般是通过问卷用满意度或评分方法测量出来的。主观指标取决于受访者的量表回答情况，同样需要使用统计技术进行处理，比如公众对公正的感受指标和所有关于满意度的指标都是主观指标。在社会测量中经常需要两种指标共用，尤其是涉及国家与公众的关系领域。

（二）评价方式的分类。理论界对于社会评价通过不同角度进行了分类，作为社会评价的一种，司法公信力评价也可以进行相同分类，从而产生了司法公信力评价指标的基本要求。第一是基于评价效力的分类，司法公信力评价可以分为正式评价与非正式评价，后者指对评价者、评价形式和内容无严格规定，评价结果运用无刚性，目前绝大多数对于司法公信力的评价均如此。本书指正式评价，也就是前述要件均有严格要求，以期形成权威评价体系，具有法定效力。第二是基于评价机构的分类，司法公信力评价可以分为内部评价和外部评价。内部评价指司法机关的自我评价，外部评价指公众对司法机关的评价。第三是基于评价阶段的分类，司法公信力评价可以分为事前评价、执行评价和事后评价，本书指的是事后评价，即确定一个司法周期，在周期截止日对前一周期的状况进行评价。

正式评价、外部评价和事后评价的分类特性，决定了司法公信力评价指标必须满足依法进行的基本要求。也就是说，这些指标必须来自现行法的规定。正式评价对应的法就是国家机关组织法，外部评价对应的法就是司法行为法，事后评价对应的主要是司法监督法，所有的指标都是来自于法律规定，依据法律规定的行为规范和义务要求等设立相应的指标，评价司法机关是否满足法律规范要求。最高法院制定的一系列司法统计指标即是依据诉讼法等相关法律，随着司法发展和公众要求，指标亦依据法律相应调整。

还需要指出的是，基于司法公信力评价的特殊性，评价还应当分为客观评价和主观评价，即依据上述客观指标形成的评价属于客观评价，依据主观指标形成的评价属于主观评价，经过量化分析，二者最终形成一个综合的主观评价指标——司法公信力高低的指标。

## 二　司法公信力评价基础指标的确定

司法公信力评价指标就是衡量和监测司法公信力程度的数量标尺，

是研究司法公信力构成要素的现状问题和发展趋势的量化手段。搭建司法公信力评价指标体系，首先要找到这个体系的逻辑原点。需要说明的是，司法公信力明显提高是一级指标，是我们要据以评价司法公信力的上位性指标，对司法公信力的评价就是按照司法公信力提高与否这一标准来最终确定的。显然，一级指标下还需要划分二级指标、三级指标、四级指标等，是一个有层次性的指标集。二级指标具有基础性，是指标集合束的枢纽，承接一级指标和下位性指标，二级指标的确定很关键，我们称之为基础性指标。三级、四级指标……称之为下位性指标。

### （一）基础指标的在先性

各种指标系统的构建过程，都是一个从宏观到中观再到微观的研究发现过程，也是一个搭建层次性指标集的过程。表2—1、表2—3、表2—4和表2—5直观地给读者提供了这一过程：党的十八大为全面建成小康社会的目标（结果性指标）安排了经济、政治、文化、社会、生态文明建设五个下位指标，每一下位指标又由若干子指标构成，形成了量化指标集；党的十八届三中全会和四中全会为了完成五个下位指标及其再下位指标[①]，安排了一系列下位、再下位的制度改革指标，形成了改革指标集。因而，指标构建过程是一个从概括的果倒推出一系列具体的因的过程。其中，距离这个概括的果（上述一级指标）最近的因（上述二级指标），将其定义为基础性指标，也就是“五位一体”量化指标和五位一体改革指标，比如表2—1中的“人民民主不断扩大”量化指标、表2—4中的“政治体制改革”改革指标和表2—5中的公正司法指标。这些基础指标的重要性在于，它们是基于因果关系证明上位指标的因素并推导出下位指标的前提，没有这个切入点就没有后续的指标，也就不可能形成一套指标体系。这就意味着，要构建司法公信力评价指标体系，须先构建一套基础指标体系。

### （二）基础指标的选定

那么，究竟以什么作为界定基础指标的切入点最为适宜呢？在公众

---

① 尽管党的十八大报告第三章《全面建成小康社会和全面深化改革开放的目标》将两个全面并列起来，形成了两类目标，但笔者认为，在二者的关系中，改革开放只是实现全面建成小康社会发展目标的手段，后者才是目的。

对司法机关及其人员的信任度评价中，笔者认为最高人民法院院长周强的定性分析可以借鉴，“司法公信力体现的是人民群众对司法制度、司法机关、司法权运行过程及结果的信任程度，反映的是人民群众对司法的认同状况。”① 即司法公信力体现的是人民群众对司法制度、司法机关、司法权运行过程及结果的信任度。以此判断为基础，对司法制度、司法机关、司法权运行、司法结果这四种对象的评价就能够符合逻辑地推导出司法公信力评价。结合前述主观指标和客观指标，也就会有八类综合性指标，构成司法公信力评价指标体系的基础性指标（见表3—1）。

**表3—1　　司法公信力评价基础指标体系**

| 对象<br>分类 | 司法制度 | 司法机关 | 司法行权 | 司法结果 |
|---|---|---|---|---|
| 主观 | 主观指标 | 主观指标 | 主观指标 | 主观指标 |
| 客观 | 客观指标 | 客观指标 | 客观指标 | 客观指标 |

第一，以司法制度为对象的评价指标。公众对于中国特色社会主义司法制度的信任，是司法公信的基础。无论认同与否、满意与否，人们都是生活在一个由各种制度形塑而成的错综复杂的社会系统之中，并且一般会经历对各种制度从信任到怀疑又到信任的循环过程，这里的司法制度是与司法机关、司法权运行和司法结果并列的概念，是狭义的，意即社会公众所知道的一套纠纷解决程序。当人们发现或感到生活于其中的司法制度是符合社会发展规律的公平合理正义的制度，制度执行也没有偏离这个价值取向时，尽管可能存在司法利益分配上的权利受损，也能够理解宽容并给予支持。公众是否存在不接受现有司法制度的合理合法性而体现出的怀疑乃至否定的行为，都应当用主客观指标表现出来。

第二，以司法机关为对象的评价指标。具体说就是对司法机关及其工作人员的整体评价。这种评价的实质是公众（政治上的人民）选举或

① 周强：《努力让人民群众在每一个司法案件中都感受到公平正义》，2013年7月4日周强院长在全国高级法院院长座谈会上的讲话，《人民法院报》2013年7月23日。

委任（即产生）的法院或者法官是否践行了在先履职承诺的一种外化。在信任关系中，它是司法机关及其人员讲究司法诚信的表现形式。这种司法诚信完全能够用客观指标反映其总体工作状况也就是践诺状况，人大代表对人民法院的工作报告的态度，用主观指标测量公众信任度。

第三，以司法权运行过程（简称司法行权）为对象的评价指标。司法权的运行是一个立案、审判、执行与调解相伴并以监督为终结的层层递进的过程，可以理解为一条生产公正的动态流水线，任何环节的缺失都难以完成这一任务。流水线中的每一环节都对公众信任产生影响，因而其标准化程度作为客观指标可以进行量化进而给予评价，如案件质效评估指标。同时，司法人员作为流水线的操作人员，其纪律和品行、工作态度如何也可以通过主观指标予以测量。

第四，以司法结果为对象的主观指标和客观指标。司法结果是一个统计基期内立审执调监等司法工作成果的累计，如案件质效评估指标，它集中展示在法院司法统计报表中，是一种客观存在。当然，它并不全面，我们对司法结果的认识可能是浅表的。现行司法统计报表记载的仅是上级对下级（如上级审结果）和法官对当事人（立审调执情况）的案件信息，缺少对人的监督信息，也就是没有反映办案责任制落实情况，这是影响司法公信力评价的统计漏项，一个没有完成的司法流程，不是一个完整的司法循环过程。法院查处本院人员的工作作风、廉洁自律等情况也没有纳入司法统计，同样是一个漏项。当司法体系的党风廉洁程度被公众广泛认可的时候，司法公信就会保持在恰当、稳定的水平；如果司法人员背叛公众的信任，那么信任资源就会被破坏殆尽，司法公信水平的下降将不可避免。司法人员是否符合公众信任的状态，也应当用主客观指标予以体现。

### （三）基础指标的度量

司法公信力评价的八类基础指标，分别以什么标准来进行测量，从而实现定性指标定量转化，并为下一步继续探因建集奠定基础，这就是基础指标的度量问题，它是确定下位指标的前提。首先采用德尔菲模型进行定性分析。[①] 在调研的过程中请法学专家就八个指标的度量标准进行集中概括。专家们在对这些基础指标的内涵、性质进行分析的基础上，结合公众信任的内在逻辑，绝大多数给定了衡量标准，从而形成了综合反映每一对象指标的唯一性结论。专家们认为，每一基础指标与给定的结论存在最紧密的因果关系，它们全部都是可以用高低来进行评价的，这八个指标就通过再次定性成为可以量化的基础指标。八个基础指标与司法公信力评价之间存在正相关关系，即每一基础指标量化结果高则司法公信力评价结果就高，反之则低。这个基础指标度量整理为表3—2，现分别对每个指标的内涵和性质分析如下。

**表3—2　　　　司法公信力评价基础指标的度量**

| 标准　对象<br>分类 | 司法制度 | 司法机关 | 司法行权 | 司法结果 |
| --- | --- | --- | --- | --- |
| 客观指标 | 选择度 | 赞成度 | 标准度 | 公正度 |
| 主观指标 | 认同度 | 满意度 | 满意度 | 满意度 |
| 评价标尺 | 司法公信力高低 | | | |

1. 公众对司法制度是否信任的主客观指标，分别用认同度和选择度作为数量标准。所谓认同度，是指群体内的每个成员对外界的一些重大事件与原则问题，通常能有共同的认识与评价的程度。社会认同就是公众对于自己所生活之下的司法制度在思想、情感、态度和行为上是否接受、认可、同意，接受、认可、同意程度越高，表示公众对司法制度的认同度越高，司法公信力也就越高。认同度数量指标很关键，因为它有传导性和榜样性。这主要是由于大至国家、小至区域乃至单位，其内部成员都有一个共同的目标，彼此间存在一致的利害关系。有时尽管群体

---

① 德尔菲法（Delphi Method）又被称作为专家会议预测法，是指依据系统的程序，专家们匿名发表意见，即专家之间不互相讨论，不横向联系，只与调查人员之间联系，多轮调查专家对问卷中问题的看法，然后反复进行征询、归纳、修改，最后汇总成一个基本一致的看法，作为预测的结果。这种方法目前广泛应用。参见田军、张朋柱等《基于德尔菲法的专家意见集成模型研究》，《系统工程理论与实践》2004年第1期。

认识不一定符合事物的本来面貌，但每个成员都能信以为真。认同感尤其在个人对外界事物信息不畅、情况不明、心理不安时会强烈地影响个人的认识。认同度本身是一个主观指标，可以通过调查问卷等方式获得。但是，这个主观指标也可以通过客观行为表现出来，在主体面临纠纷且满足归于制度管辖情境和主体存在选择空间两个条件的时候，主体的选择本身就是一类客观指标，即可以以选择度这个客观指标表达公众对司法制度的认同这个主观评价。

2. 公众对司法机关是否信任的主客观指标，分别用满意度和赞成度作为数量标准。满意是一种心理状态，是客户对产品或服务的事前期望与实际使用产品或服务后所得到实际感受的相对关系，用统计技术衡量这种心理状态得到的量值，就是满意度。因此是一种主观指标。赞成度则是指对他人的主张或者行为同意与否的一种意思表示，本来也应当是一种主观指标，但是经过法定标准和程序安排的法定投票进行的赞成度测量，由此带来的结果是客观指标，如人大对报告的通过率。还有收案数和选择诉讼的比例等都是客观指标。非法定投票进行的赞成度测量则是一种主观指标。二者都是主观的结果，但指标性质却截然不同，这是因为主观指标与客观指标的根本区别并不仅在于指标是否由人的主观而来，还在于结果是否具有检验性或修正性，只有具备这一条件的才是主观指标，反之就是客观指标。因此，赞成度作为一种量化指标指的是正式评价程序产生的结果，是一种客观指标。

3. 公众对司法行权是否信任的主客观指标，分别用满意度和标准度作为数量标准。标准度也就是标准化程度，包含管理标准度和技术标准度两种类型，此处指前者。管理标准是指为了达到工作质量目标而对重复出现的管理工作所规定的行动准则，在司法实践中，它是法院组织和管理司法活动的依据和手段，规定了立审调执监五大环节中每一环节的职能、主体、期限和责任等过程的一套司法权运行流程图，是确保案件从立案到结案顺畅推进的一套程序标准，也是定岗定责、分工协作、权责到人的司法人员绩效考核标准之一。司法机关有没有这套标准程序、这套标准程序是否涵盖了所有管理关键点，决定司法权运行的标准化程度，可以用客观指标来表示。而这套程序运行的效果则可以由参与者对司法效率、司法公开、司法公正的满意度表示出来，形成司法权运行的主观满意度指标。

4. 公众对司法结果是否信任的主客观指标，分别用满意度和公正度作为数量指标。公正是对司法的根本要求。司法公正的客观衡量标准来自于每一司法年度对于司法统计结果的分析判断，按照一定的标准和程序对公正程度进行测量就是公正度。公正度是司法权运行中的技术标准问题，与司法权运行中的管理标准相对应，共同构成全面完整的案件质量标准。公众对司法结果的主观性评价也可以通过满意度测评来完成，形成主观指标。

至此，一套司法公信力评价的基础指标体系建立起来了，接下来就是确定下位指标，下位指标应当能够度量基础指标，以基础指标为反映对象来确定问卷调查表的主观问题和选择下位指标的客观数据，将无关性、远因性问题或数据排除在调查之外。根据上述分析，司法公信力评价指标体系可以定义为：

司法公信力评价指标体系就是基于对最能反映司法公信力状况的司法制度、司法机关、司法权运行和司法结果的主客观基础指标的度量，而形成的由一系列下位多阶分层指标构成的系统。这一系统的基本结构是：司法公信力明显提高（一级指标）—司法公信力评价基础性指标（二级指标）—司法公信力评价下位性指标（三、四、五……级指标）。

## 第二节　司法公信力评价的下位性指标

下位性是用以反映基础性指标的一系列指标的集合，包括三级指标、四级指标等。科学合理地选择代表性强、信息量大的下位性指标组成司法公信力评价指标体系，是准确评价司法公信力提高水平的关键。因此，指标筛选与确定必须根据体系构建原则和评价层次要求分步实施。针对不同对象的不同类型的评价指标既有区别又有联系，区别主要体现在下位性指标的设计原则不同，联系则体现在指标的产生程序基本上一致，无论是主观指标还是客观指标。

## 一 下位性指标的设计原则

司法公信力下位性指标的设计原则是由司法公信力评价的正式性、外部性和事后性所决定的，或者说是由评价需求决定的。在司法公信力评价的政治诉求和主体体系两部分均已经阐明，建立一个正式的由人民代表大会组织的评价体系是本书的目标。因此下位性指标的设计要符合有效管用的基本方针，遵循以下四个基本原则。

第一，量度适中原则，指向核心业务。量度就是数量和难度。数量适中就是下位性指标层次和指标数量都不要过多或过少。过少，可能顾此失彼，无法充分表达社会公众对司法机关的信任评价意愿；过多，可能欲速不达，冲淡了现阶段所要推动改进的重点。难度适中就是指标不要过深或者过浅，前者可能造成操作不易，后者则可能失去客观公正，均不可取。

要实现数量适中，指标设定必须与资源配置联系在一起统筹考虑，紧紧围绕法院资源配置状况设计指标，也就是法院的资源配置是否体现了向核心业务即审判执行工作倾斜。因为这是对于司法的评价，偏离核心业务则评价目标落空。对核心业务的评价是偏重于短期业绩的评价，是一种结果评价，而不是发展潜力评价。后者是一种过程评价，社会公众不能容忍一个法院把主要精力放在诸如法律咨询、判后回访等社会事务或者学习理论、分析案例、各种会务等内部事务上，也不能容忍把很多法官放到非审判执行岗位上。这种繁杂的工作束缚了一线法官的手脚，使他们纠缠于细节之中，必然忽视更为重要的核心工作。总体上这些过程参数与核心业务的结果参数往往是负相关的——在这方面付出的精力多就必然在其他方面付出的精力少。因而，突出核心业务是确保指标数量不多，但又能够产生良好效果；非核心业务即使设定指标，其权重也要尽可能低调。应当指出的是，过分追求指标上的完美反而会陷入僵化，指标设定不能本末倒置，当一项指标约束条件过多时，其完成难度会大幅增加，导致组织者的管理成本急剧上升，管理者也会陷入疲于奔命之中。

要实现难度适中，就必须考虑操作性问题。这里的操作性不仅仅是指如何把设计的指标量化出来——这是可以通过技术解决的，完全可以购买公共服务，让专业的组织、专业的人士作为一项市场业务来完成；而且是指结果运用的可操作性，要一经公开一目了然，让人们一看就知道优劣高低。这在我国历次五年规划的目标体系中体现得非常好，比如我国十三五规划的主要指标只有25项；再如联合国开发计划署提出的人类发展指数（HDI）只有预期寿命、成人识字率和人均GDP的对数三个指标，分别反映人的长寿水平、知识水平和生活水平。①

坚持量度适中原则，意味着司法公信力下位性评价指标只能包括有限的变量，方便评价主体的计算和管理，也易于社会公众识别；尽可能选择综合指数而不是过多的独立指标，后者的复杂性往往会导致整个体系的难于推广和落实。

第二，制度优先原则，指向改革重点。司法改革在十八届三中全会《决定》中有很大权重，四中全会《决定》更是为司法改革建设良好的内外部环境。司法机关的内部改革与人大制度的外部改革两者共同推进才能实现改革目标。因此，将两个《决定》所明确的所有司法改革目标全部纳入下位性指标之中是人大与司法机关共同的改革需要。改革的本质是社会主义制度包括司法制度的自我完善和发展，这是以制度优先原则设计下位性指标的理论依据。

这里所说的制度是广义概念，与基础性指标所说的司法制度不是一个概念，后者是排除司法机关、司法权运行和司法结果的狭义制度概念，仅指社会公众所知道的一套纠纷解决程序。而此处的制度则涵盖一切司法体制、机制，强调的是标准化制度。这些制度的改革，诚如全面建成小康社会的司法目标所言，归根到底是为了提高司法公信力。所以这些制度状况如何，能够通过统计处理将所有司法制度改革目标作为结果转化为量化指标，纳入司法公信力评价的下位性指标体系。这些制度改革指标能体现司法公信力的状态如何，并且具有前瞻性。

第三，SMART原则，指向标准化。前文已经提到这一公式，要求指

---

① 《2020年国家公务员考试常识积累：你知道人类发展指数吗?》，国家公务员考试网，http：//www.chinagwy.org/html/ggjczs/csqt/201910/53_321136.html，于2021年2月1日访问。

标符合具体的、可衡量的、可实现的、具有合理挑战性的、有时间限制的这五个标准。可衡量的指标包括两层含义：一是它有充分可信的数据来源作保证；二是它能够测量出司法公信力的程度即可。对于前者，如果建立的评价体系能够纳入由人民代表大会常务委员会组织的平台，就不再是一个问题。对于后者，其实从人类发展指数（HDI）就可以判断出其科学性。无论理论界如何批判这个指数的不合理，但联合国开发计划署仍然长期（1990 年至今 30 余年）坚持三个指标不变，究其原因，本书认为 HDI 是一个综合性的比较指标，仅用于比较不同国家的人的年度发展状况，对不同国家使用同一标准进行比较的指标。比较性指标的最鲜明特点是所有被比较对象全部有这些指标，对于评价组织者来说这些指标仅用于对象排队。哪怕指标的内设数据标准真的不合理，但是它对所有被评价对象都是一视同仁的，因而可以说它是公正的。至于每个国家不同指标有优劣，HDI 存在此国家选优彼国家选劣的问题，也不是一个问题，因为一国的数据劣处恰恰是联合国开发计划署试图指导改善之处。HDI 的设计理念和经验告诉我们，设计司法公信力评价下位指标体系，只要找到核心的、少数的、重要的、可衡量的指标即可。

本书后续部分在评价体系运用上会给出一个答案，也就是评价结果将成为一个地市以上司法辖区对于同级不同法院的司法公信力状况的比较指标（指数）。因而，这个指标体系哪怕有漏项，但对于所有法院来说是具有等效价值。

第四，民主集中原则，指向程序化。司法公信力评价下位指标的设立过程，应当是一个民主集中过程，具有严格的程序性要求。指标来源的民主性要求组织者充分考虑公众需求和专业要求，通过一定程序把各方面的意见充分收集起来，得到一个指标初选集合，这是一个可能的综合性的全集。集中是指对初选集合的优化重组，组织者仍然通过一定的程序以重合度进行同类项合并、以因果关系剔除非核心因素、以可获得性检验可行性并剔除不可行因素，从而得到一个优化指标集合（体系）。这个过程可以是一个循环往复的过程，即可以对优化指标体系进行一个再民主、再集中的过程，直到公众需求（含专家需求）与组织者要求（含专家意见）实现最大限度的统一。

遵循司法公信力评价下位指标设计的四项原则，可以保证指标选择的科学性，是准确衡量司法公信力的前提。

## 二　下位性指标的设计程序

根据统计理论，无论对哪一社会对象进行评价，筛选与确定指标的程序大体上是一致的，包括对已有文献、资料的分析，对实践经验的总结，引入专家的理解、讨论等环节。本书对司法公信力评价下位性指标的确定过程，本身是一个遵循前述四原则的调查研究过程，使用了文献检索法、问卷调查法和专家测量法，这个过程参照其他社会科学研究方法，总体分为五个基本步骤。

### （一）经验预选

经验预选是指结合文献检索和实践经验，特别是国内外司法评价理论成果和司法统计实践，预选出符合体系建立原则和层次要求的较大数量的指标，作为下一步确定指标的选择项目。前已提到世界正义工程指标体系和荷兰司法质量评估体系，本部分对这两个体系所使用的指标进行列举，以为本书提出指标假设做参考。

“世界正义工程”经过与100多个国家的17个专业领域的领导、专家、学者、普通工作人员的长期考察研讨，规范了为各国普遍接受的“法治”工作定义的4项基本原则：原则1是政府及其官员均受法律约束；原则2是法律应当明确、公开、稳定、公正，并保护包括人身和财产安全在内的各项基本权利；原则3是法律的颁布、实施和执行程序应当开放、公平、高效；原则4是法官、律师和司法工作者应当称职、独立，具备职业道德，而且数量充足、装备精良并具有一定社会代表性。根据这4项原则并经过广泛调研与试点，总结出具有世界代表性的评估一国法治状况的“法治指数”体系，共分为4组，包括16个一级指数和68个二级指数。原则1有5个一级指数，分别是政府及其官员的权力通过宪法或其他基本法加以界定和限制；同时通过政府机构之间的制衡与非政府力量的制约受到限制；政府官员严格依法办事，承担相应的法律责任；军队、警察和监狱的工作人员严格依法办事，并承担相应的法律责任；政府受其缔结的国际协定与习惯国际法的约束。原则2有4个一级指数，分别为法律应明确、公开、稳定；法律是公正的，并保护人们的基本权利；法律保护人身安全；法律保护财产安全及从事私人经济活动之权利。原则 3 有 2 个一级指数，分别为法律的颁布、实施和执行程序应当对公众开放；法律的实施和执行应当公正、高效。在这一指标体系中，司法被安排在第 4 项原则下，分成针对司法者和司法制度的两个一级指数，前者项下有 3 个、后者项下有 8 个共计 11 个二级指数（见表 3—3）。[①] 这些指标有少部分是具体的，大多数是方向性的，需要转化为具体指标体现这些方向的要求。司法二级指标的标准在我国都是较高的，比如司法独立工作不受行政机关、社会团体和个人干涉是写进宪法的，并且规定执政党也必须在宪法法律范围内活动；司法保障体系、人员来源等都具有相对严格的条件；法律援助与翻译不仅仅在我国刑事诉讼法中有规定，在另两大诉讼法中也都有体现。因此说，这些规定属于最低标准。我们选取这 11 个司法二级指标并且将其中应当分开的指标进行重组，另外在原则 2 和原则 3 中选择了部分指标，从而形成了包含 70 多个具体指标的预选集。

**表 3—3　世界正义工程原则 4 的 5 个一级指数和 11 个司法二级指数**

<table>
<tr><td rowspan="8">世界正义工程各国通用法治指数</td><td>原则 4</td><td>一级指数</td><td>司法二级指数</td></tr>
<tr><td rowspan="7">法官、律师和司法工作者应当称职、独立，具备职业道德，而且数量充足、装备精良并具有一定社会代表性</td><td rowspan="3">1. 司法者中立、负责</td><td>1.1 司法程序和司法判决应当摒除偏见，排除不当影响</td></tr>
<tr><td>1.2 司法者应当严格遵守高标准的司法人员行为准则，如有不当行为应当受到惩戒</td></tr>
<tr><td>1.3 司法者的选任、晋升、派遣、薪酬、经费保障、免职、惩戒应当符合促进司法独立、培养司法责任的目的，而且这些人员应当具有广泛的社会代表性</td></tr>
<tr><td rowspan="4">2. 司法制度高效、开放、有效</td><td>2.1 司法者应当德才兼备、训练有素，并且数量充足、装备精良</td></tr>
<tr><td>2.2 不无故延误司法程序与判决执行</td></tr>
<tr><td>2.3 法律对违法行为造成的后果提供及时、有效的救济</td></tr>
<tr><td>2.4 法院具备良好的办公条件，并设置在交通便利、安全可靠的地区</td></tr>
</table>

① 赵昕编译：《法治指数：可以量化的正义》，《人民法院报》2010 年 6 月 18 日和 25 日第 5 版。表格根据该文整理。

续表

<table>
<tr><td rowspan="8">世界正义工程各国通用法治指数</td><td>原则 4</td><td>一级指数</td><td>司法二级指数</td></tr>
<tr><td rowspan="7">法官、律师和司法工作者应当称职、独立，具备职业道德，而且数量充足、装备精良并具有一定社会代表性</td><td rowspan="4">2. 司法制度高效、开放、有效</td><td>2. 5 司法者不向当事人收取过高费用或其他不当财物</td></tr>
<tr><td>2. 6 不应对司法救济的诉求设置不当障碍</td></tr>
<tr><td>2. 7 身体或智力有残障的刑事被告人应当获得必要的法律援助、辅导服务及其他帮助</td></tr>
<tr><td>2. 8 法庭应当为有需求的刑事被告人提供翻译服务</td></tr>
<tr><td colspan="2">3. 诉讼当事人应当由合格且独立律师或代理人提供法律咨询或代理服务</td></tr>
<tr><td colspan="2">4. 替代性纠纷解决机制提供独立、中立、公平、高效的救济</td></tr>
<tr><td colspan="2">5. 传统的、社区的及宗教的纠纷解决机制均应当提供独立、公平、公正的救济</td></tr>
</table>

在前述司法公信力评价实践中，截取了荷兰司法质量评估体系第四部分法律统一适用指标进行了说明。本部分为经验预选指标需要，用表 3—4 将该国司法质量评估的 5 大类共 58 个指标列举如下。这一司法质量评估体系所列指标与世界正义工程的法治指数指标相比，体现出介入司法运行过程的精细化特征。这是一个主客观指标相结合的系统，其中的满意度指标直接列出，其余为客观指标。将这些指标同样进行归纳重组，并与世界正义工程得到的 70 多个指标进行重合度测量，由此确定 56 个重合度超过 50% 的指标作为预选指标。

**表 3—4　　　荷兰司法质量评估体系的 5 类 58 个指标①**

| 第一部分：法官的公正和正直指标（8 个） |
|---|
| A. 法官第二职业登记 |
| B. 实现公正 |
| C. 分配案件的程序 |
| D. 投诉程序 |
| E. 荣誉替代法官的相关规定 |
| F. 荣誉替代法官占法官总数的比例 |

① 依据 Rechtspraa Q. 的《司法质量评估体系》（*A Quality System for the courts*）进行整理。

续表

| 第一部分：法官的公正和正直指标（8个） |
|---|
| G1. 感知公平当事人满意度百分比“满意”以及“非常满意” |
| G2. 感知公平法院工作人员满意度百分比“满意”以及“非常满意” |
| **第二部分：法官的专业素质指标（16个）** |
| A1. 对专业水准的评价：当事人满意度百分比“满意”以及“非常满意” |
| A2. 对专业水准的评价：法院工作人员满意度百分比“满意”以及“非常满意” |
| B1. 法院庭前准备：当事人满意度百分比“满意”以及“非常满意” |
| B2. 法院庭前准备：法院工作人员满意度百分比“满意”以及“非常满意” |
| C1. 行政案件上诉率 |
| C2. 商事案件上诉率 |
| C3. 家事案件上诉率 |
| C4. 刑事案件上诉率 |
| D. 因法官自身原因导致的裁判撤销 |
| E. 案件由独任法官审理或由合议庭审理的相关规定 |
| F1. 独任法官审理案件与合议庭审理案件的比率（行政案件） |
| F2. 独任法官审理案件与合议庭审理案件的比率（商事案件） |
| F3. 独任法官审理案件与合议庭审理案件的比率（家事案件） |
| F4. 独任法官审理案件与合议庭审理案件的比率（刑事案件） |
| G1. 关于独任法官专业性和经验的规定 |
| G2. 关于合议庭专业性和经验的规定 |
| **第三部分：法官与当事人的交流指标（17个）** |
| A1. 法官允许当事人表达其观点：当事人满意度百分比“满意”以及“非常满意” |
| A2. 法官允许当事人表达其观点：法院工作人员满意度百分比“满意”以及“非常满意” |
| B1. 法官倾听各种不同意见：当事人满意度百分比“满意”以及“非常满意” |
| B2. 法官倾听各种不同意见：法院工作人员满意度百分比“满意”以及“非常满意” |
| C1. 法官将自身置于当事人的位置：当事人满意度百分比“满意”以及“非常满意” |
| C2. 法官将自身置于当事人的位置：法院工作人员满意度百分比“满意”以及“非常满意” |
| D1. 对案件的说明：当事人满意度百分比“满意”以及“非常满意” |
| D2. 对案件深刻洞察：法院工作人员满意度百分比“满意”以及“非常满意” |
| E. 说明案件审理程序：当事人满意度百分比“满意”以及“非常满意” |

续表

| 第三部分：法官与当事人的交流指标（17 个） |
| --- |
| F1. 说明案件进展情况：当事人满意度百分比“满意”以及“非常满意” |
| F2. 说明案件进展情况：法院工作人员满意度百分比“满意”以及“非常满意” |
| G1. 说明案件裁判结果：当事人满意度百分比“满意”以及“非常满意” |
| G2. 说明案件裁判结果：法院工作人员满意度百分比“满意”以及“非常满意” |
| H1. 裁判的易理解程度：当事人满意度百分比“满意”以及“非常满意” |
| H2. 裁判的易理解程度：法院工作人员满意度百分比“满意”以及“非常满意” |
| I1. 采用同行审查协议 |
| I2. 法官参与绩效会议的比率 |
| **第四部分：法律的统一适用性指标（3 个）** |
| A. 法官促进法律统一适用的满意度百分比“满意”以及“非常满意” |
| B. 采取措施促进法律统一适用 |
| C. 对促进法律统一适用的相关规定的执行情况 |
| **第五部分：审理速度及裁判的及时性指标（14 个）** |
| A1. 在存在辩护的商事案件中，从要求裁判到裁判完成的平均时间 |
| A2. 商事案件从决定双方当事人必须参加开庭到进行开庭的平均时间 |
| B1. 重要行政案件从开庭到作出裁判的平均时间 |
| B2. 行政案件从准备开庭到开庭列入法院时间表的平均时间 |
| C1. 从当事人提出上诉到法院将材料移送至上诉法院的平均时间 |
| C2. 程序的中止率（合议审理的刑事案件） |
| D1. 民事辩护案件从作出裁判到裁判履行的平均时间 |
| D2. 民事辩护案件从第一次查明争议的开庭到作出裁判的平均时间 |
| E1. 离婚案件从计划作出裁判到最终裁判的平均时间 |
| E2. 离婚案件从案件准备开庭到确定开庭时间的平均时间 |
| F. 各部门法官的工作量 |
| G1. 按时开庭与超过十分钟以上开庭的比率 |
| G2. 按时开庭当事人满意度百分比“满意”以及“非常满意” |
| G3. 按时开庭法院工作人员满意度百分比“满意”以及“非常满意” |

我国的司法质量评估作为一个独立的体系存在，直到 2002 年，最高人民法院提出建立审判质量与效率综合评估体系并于 2008 年发布了《关于开展案件质量评估工作的指导意见（试行）》（简称《意见》）。2010 年

9月最高人民法院启动案件质量评估指标体系的修订工作，共增加新指标10个，取消旧指标12个，并对9个指标的计算标准做了调整。修订后共有三级指标31个，其中公正指标11个，效率指标10个，效果指标10个。2011年3月，最高人民法院下发了《印发〈关于开展案件质量评估工作的指导意见〉的通知》，2013年6月22日，最高人民法院印发《人民法院案件质量评估指数编制办法（试行）》，对评价标准指数化进行了规定。本书将最高法院的31个质量指标与前述56个指标再次进行了重合度测量，形成了由64个指标构成的预选指标集合。

（二）初级指标确定

对指标的确定有个从初级到最终的选择和优化过程，初级指标也就是初步指标，是指标的初步确定。在确定初级指标体系之前，通过了问卷调查、指标分层分类和专家测量三个阶段。首先，根据64个预选指标提出问题设计了司法公信力调查问卷，对100名法官、学者、律师和100名当事人以及500名以上一般公民发放了问卷。通过对回收有效问卷的统计分析，确定了最能影响司法公信力的因素排名，并将社会公众关心的没有纳入上一预选指标集合的6个指标纳入了指标集合，从而形成了有70个指标组成的预选指标集。其次，根据指标的性质和特点，对70个指标进行了分类，共分为12大类，从而形成了司法平等、司法独立等12个上一位次的指标。接下来，根据这12个指标的性质特点继续进行归纳总结，将其分为公民主观性指标、司法规范性指标和社会信赖性指标3大类，形成了再上一位次的3个指标，这3个指标直接对应司法公信力提高这个一级指标。同时，根据经验预选国内外和最高法院的指标排名情况以及社会调查中调查受众的关注度等情况，对12个指标项下的70个指标进行了权重初次排序，即按由重到轻排序，以方便下一步对指标体系中各个指标的不同赋分。再次，将70个预选指标按照12大类整理成册，并且将每一类中的具体指标进行排序，提交由法学副教授以上专家、具有法学硕士学位以上的资深法官、10年以上从业经历的知名律师和统计局的高级统计师共计30人组成的专家组，从70个指标中按照司法公信力关联度，选择一半的指标，并在12大类中对所选中的指标重新进行排序。最后，专家的差额筛选和权重排序完成后，对收回的专家意见进行了汇总分析，结合建立评价体系原则，最终确定了34个终端指标作为直接评价司法公信力的具体指标。这样一来，就构建了由1个一级指标、3个二级指标、12个三级指标和34个四级指标构成的司法公信力评价初级指标集合而成的体系（见表3—5）。

**表3—5　　司法公信力评价初级指标体系**

| 二级指标（3个） | 三级指标（12个） | 四级指标（34个） |
|---|---|---|
| 公民主观性指标（公） | 1. 司法平等 | 法律地位得重视：态度 |
| | | 法律人格受尊重：平等 |
| | | 诉讼权利有保障：依法 |
| | 2. 司法独立 | 办案人答复有效性 |
| | | 不受其他法官干扰性 |
| | | 办案失误受惩罚性 |
| | 3. 司法公开 | 审判过程公开 |
| | | 裁判结果公开 |
| | | 司法资讯公开 |
| | 4. 司法廉洁 | 司法人员廉洁 |
| | | 司法机关廉洁 |
| | | 自查腐败案程度 |
| 法院规范性指标（力） | 5. 司法程序 | 便利 |
| | | 简洁 |
| | | 快捷 |
| | 6. 司法机制 | 科学 |
| | | 明确 |
| | | 便民 |
| | 7. 司法工作流程 | 立案与查询系统流程 |
| | | 独任制、合议制、审委会制度流程 |
| | | 执行流程 |
| | 8. 司法考核目标 | 审结率 |
| | | 执行率 |
| | | 调解率 |
| | | 改判率 |

续表

| 二级指标（3个） | 三级指标（12个） | 四级指标（34个） |
|---|---|---|
| 社会信赖性指标（信） | 9. 司法的合法性 | 程序合法 |
| | | 实体合法 |
| | 10. 司法的责任性 | 裁判改变对原审人的追究程度 |
| | | 裁判撤销对原审人的追究程度 |
| | 11. 司法的终局性 | 上访信访率 |
| | | 人大个案监督率 |
| | | 党委批示率 |
| | 12. 司法的威严性 | 自执率 |
| | | 强制措施率 |

## 三 初级指标的设计依据

司法公信力指标是与对司法公信力内涵的理解和认知相关的，用何种方法设置指标主要取决于评估目的、评估层次、评估对象等多方面内容。这个依前述程序建立的四级指标集合，是在对司法公信力相关因素的分析（包括实体法方面的因素、程序法方面的因素以及司法行为、司法环境方面的因素），参考已有文献和资料，比如徐显明教授认为，确立司法公信力的最终标志应当是司法权威的树立，有四个根据：宪制及其政治安排、独立性、结果公正和专业性。[①] 借鉴国际上对法院和司法评估内容[②]，结合法院工作经验，在实地调查的基础上，通过与相关专家学者及调查机构人士探讨而完成，有较好的代表性和专业性。综合接受访问的专家们的意见，二级以下下位指标的设计依据和作用分述如下。

---

① 徐显明：《确立司法公信力的四个根据》，《人民法院报》2013年5月6日。

② 由欧洲、亚洲、澳大利亚及美国的一些法院和研究机构共同组成的“卓越法院框架标准联合会”于2008年制定的《卓越法院国际框架标准》，是目前在世界各国司法领域中衡量和检验法院工作水平、司法正义质量、公众满意度的一套比较完整、客观的法院工作评价体系。其中确立了以下10项司法核心价值：1. 法律面前人人平等；2. 公平；3. 中立；4. 独立审判；5. 胜任职责；6. 清正廉洁；7. 公开透明；8. 便捷亲民；9. 及时快捷；10. 司法的确定性以及卓越法院的七大标准，具有参考意义。参见林娜编译《“卓越法院”国际评价标准》，《人民法院报》2013年3月1日。

第一，二级（基础性）指标设计依据和作用。三个二级指标的设立，是基于对司法公信力的宏观解释得出的基本判断，也就是说，公民主观性指标、司法规范性指标和社会信赖性指标，从内涵到外延，能够科学地评估司法公信力水平。其中，公民主观性指标，侧重于司法公信力的“公”，是用公民的价值判断来衡量司法的公信程度；司法规范性指标，侧重于司法公信力的“力”，是用司法机关履职情况来衡量司法的公信程度，公正是司法的生命线，权力的基石和生命不在于权力本身，而在于权力的正确行使，也就是符合既定规范，这是对权力者的最起码的要求；社会信赖性指标，侧重于司法公信力的“信”，是用获得公民信任的关键符号来衡量司法公信程度，这些关键符号既有司法机关自身建设层面的，也有现行政治框架下的正式制度，都是从结果层面来考量的。将司法公信力分为三个二级指标，主要应用对象是法定领导机关即党委和产生机关即人大，也就是说它应当成为司法机关汇报工作和领导机关、产生机关询问、质询、弹劾、评价的主要方面，有利于从政治层面、宏观角度为司法机关确定一个发展方向，这个方向是由人民群众、司法机关、领导机关三个主体决定的，反映了党的领导与人民当家作主和依法治国的统一性，确保司法机关不偏离正确的政治方向。

第二，三级指标设计依据和作用。三级指标是对二级指标的细化，也就是对反映二级指标的各个方面的固化，侧重于回答“公”、“信”和“力”从哪些方面体现出来。如果说二级指标是宏观和方向层面的，那么三级指标就是微观和具体层面的，是实现战略目标的战术安排。它的主要应用对象是业务领导和指导机关，也就是政法委员会和上级司法机关，是安排部署司法机关具体工作的指针，在这个范畴内而不是别的范畴内开展业务领导和指导工作。这个安排有利于为业务领导和指导确定一个标准，为领导指导与独立司法划定一个边界，防止二者冲突影响司法公信力的生成；这个安排同时也有利于司法机关查摆自身存在问题的主要方面，为采取措施切实改正作准备。

第三，四级指标设计依据和作用。四级指标是对三级指标的细化。战略战术都有了，具体落实还要靠各类相关主体和司法机关自身的具体工作，因而它主要是工作层面的安排。具体说，人民群众如何在司法工作中当家作主（公民主观性）、司法机关如何独立行使职权（司法规范性）、司法结论如何被政党和社会所认同（社会信赖性），均通过四级指标反映出来。四级指标除公民主观性指标中确定的公民基本关注点之外，其他指标主要指向司法机关内设部门和司法人员的责任。这些指标不仅反映三级、二级指标的状况，而且反映具体司法主体的整体工作状况，因而也成为司法人员行政和业务级别晋升的主要依据。这一安排将使司法机关内设部门和工作人员的主要职责、利益得失确定化，为部门和人员评价确定一个标准。

## 第三节 司法公信力评价指标体系的确定

司法公信力评价的初级指标体系是一个民主程序的结果，是进行社会调查的结果。它的优越性在指标设计依据和作用中已经阐述过，但它仍然存在问题，需要予以修正和进一步优化，对初级指标体系进行修正，以确定最终的指标体系。

### 一 对初级指标体系的检验

初级指标体系需要经过相关理论的检验，并根据检验结果确定初级下位指标体系存在的问题以进行调整优化。一个完整决策过程一般可以概括为：定义问题—建立模型—搜集数据—求解—检验解—分析结果—实施，检验解是一个必不可少的阶段。

（一）主观指标的检验。司法公信力的核心是公众信任问题，因此能否定义这一问题是指标选择的前提条件，越过被定义问题的表面现象确定真正的原因，这个原因才能表现为下位性指标。在第一章的理论综述中，分析了公众信任的结构和影响过程，在指标分类理论中也已指明，所有评价对象都存在主观性指标，因而主观指标不应当分立为一个部分而应当贯穿所有的下位性指标。

（二）基础指标的检验。基础指标及其度量是基于因果关系对下位指标提出的基本限制条件。以基础指标为二级指标，根据其度量标准寻找联系最紧密的下位性指标。依此检验，初级指标体系中二级指标的设计需要调整，同时三、四级指标需要根据新设二级指标进行优化，查漏补缺。

（三）设计原则的检验。下位指标设计的四项原则也是检验修正初级指标体系的依据。按照量度适中原则，三级指标过多，有的很不具体，有的操作困难；依照制度优先原则，下位指标涉及两大《决定》规定的改革指标过少，这与调查于会议召开之前有关；依据SMART原则，初级指标存在重复、错位、远因等问题，有些在可测性上不易操作。

以上检验表明，司法公信力评价初级指标体系的设计需要在民主的基础上进行集中，同时，指标与指数转化也是初级指标体系的一个问题，尽可能减少层级。

## 二　对二级指标体系的修正

根据检验结果，对二级指标作如下修正：二级指标确定为八个基础性指标。这八个指标即：司法制度的选择度和认同度、司法机关的赞成度和满意度、司法行权的标准度和满意度、司法结果的公正度和满意度，其中前四个为客观指标，后四个为主观指标，以此取代原初级指标体系中的三个二级指标。新设二级指标的含义和度量尺度以前述为准。二级指标中的四个主观指标的下位指标，全部要通过问卷调查才能够确定。下文中会提供问卷设计的内容、方法和量化技术。

（一）对司法制度选择度指标的修正。四个二级客观指标中，司法制度的选择度只用两个指标来概括，一个是在统计期内本辖区法院外解决案件的数量，其占法院结案数的比率即为选择度指数。法院外指替代性纠纷解决机制的结案数，包括民商事或涉外仲裁、人民调解等，以及上级法院主动提审案件数和指令别院管辖案件数（不包括管辖争议的），以上数据之和占年度法院结案数的比率，能够反映选择程度。另一个是院外上访信访率，这些选择能反映社会公众对司法制度的信赖与否。

（二）对司法机关赞成度指标的修正。司法机关的赞成度也用一个指标来概括，即每年人大代表对人民法院工作报告的赞成票数，其占全部有效票数的比率为赞成度指数，系反映政治信任程度的指标。

（三）对司法行权标准度指标的修正。司法行权标准度指标设计是最难的，这是考察法院管理标准化问题，实质是资源配置问题。考察法院组织法、法官法、预算法和诉讼法的规定，以资源配置合法性为目标，将初选指标系统中的司法公开、司法工作流程的全部和社会信赖性指标的大部分可量化的指标全部吸收，并与党的十八届三中全会和四中全会中的司法体制机制改革即表2—4、表2—5的措施、规定与人民法院案件质量评估指数中的指标未重合的部分结合起来，重新进行重点设计。因司法行权标准度指标是以法律、《决定》为主要依据的，故对其度量可以设定一个三级指标即管理标准度，以衡量法律、政策的落实程度，在此项下再安排下位指标。参照相关组织理论，管理标准是指为了达到办案质量效率目标，而组织中重复出现的管理工作所规定的行动准则是具体组织和管理司法人员进行立审执监等司法活动的依据、手段和条件。管理标准一般包括办案活动标准、业务管理标准、技术管理标准和经济管理标准四项内容，能够反映这些方面的具体客观指标如下：

1. 办案活动标准。此标准是对办案活动中具体的工作程序、办事守则、职责范围、控制方法的具体规定。主要涉及诉讼法期间问题，诉讼法的执行评价主要在办案质量指标中规定，属于技术标准，不是管理标准。是否包含具体到人的所有程序公开的工作流程是判断管理标准度的主要方面，包括立案流程、审判流程、执行流程、监督流程。其中监督流程与前三个流程衔接在一起，监督也是办案，是以办案人为对象的办案，如果法院监察室怠于履行职责，应承担责任。有没有这些流程、这些流程是否具体到人、流程是否得到切实执行，是办案活动的基本评价标准。但是用流程制度有无来反映办案活动标准最大的问题是在评价实施中可能流于形式，因此需要找到尽量客观的数据来对流程进行标准化度量。可以用三个指数来度量这些流程标准：（1）超期率，诉讼法定时间内未完成立案、审判、执行工作的次数占全部审执案件总数的比率。这个指数可以用来判断法官是否有效履行职责，是负指标。（2）审批率，指法律文书经过非法定的审判组织或者个人签批的数量占全部案件的比率。我国三大诉讼法都规定，合议庭评议案件的时候，如果存在不同意见，按多数人的意见作出决定，对于合议庭难以作出决定的疑难、复杂、重大案件，合议庭可以提请院长决定提交审判委员会讨论决定，审判委员会作出的决定，由合议庭执行。这是基本的审判权运行流程，任何阻断此流程的行为均系非法。而在人民法院的合议庭规则、案件集体研究规则、法律文书签发规则中涉及不办案的上位阶法官介入办案法官的程序性规范，均属违反三大诉讼法、法院组织法和法官法直至宪法的非法规范，不具有规范效力。评价调查要审查是否存在内部审批权，只要存在一律按违反基本法律给予否定性评价，只有形成系统性的反对合力，才能够对抗高位阶法官利益集团，敦促法院系统废止任何自创审批权的规范性文件，并加快推进法官独立审判的司法改革进程。（3）监督率，也就是监督结案数占超期率中的次数与审批率的件数之和的比率。通过这一指标，把院内监督与超期办案和非法审批绑定，推动法院依法行权。以上三个指数的设立将迫使法院建立上述四类工作流程，同时使司法人员尽职尽责，依法司法。

2. 管理业务标准。它是对司法机关各种管理业务工作要求的具体规定，主要包括人的标准和内设机构的标准。人的标准上，一是布局标准，用一线率来表示，就是办案人员占全部人员的比率；二是工作量标准，用人均结案率来表示，就是人均结案数占全部结案数的比率。内设机构标准上，用决定率这个负指标来表示，就是审委会决定案件占全部案件的比率。

3. 技术管理标准。它是有效进行技术管理活动、推动司法技术进步必须遵守的准则，主要是信息化技术在司法机关的运用，包括两个方面的公开性指标。一是生效裁判文书公开率，网上公开的生效裁判文书数量占全部生效裁判文书数量的比率，为社会评价奠定基础。二是监督文书公开率，指错案责任文书，即任何改变原裁判结果事由均应提起内部程序，并形成监督文书在网上予以公开，此文书数量占全部改判、发回、再审改判等案件的数量的比率，是正指标，能够加强和规范对司法活动的社会监督。

4. 经济管理标准。指司法机关的各种经济管理活动协调处理所应遵循的各种工作准则或要求，用消耗率指标表示，也就是人员工资以外的经费支出占全部案件数的比率，是案均支出比值，反映办案耗费情况。

（四）对司法结果公正度指标的修正。司法结果公正度指标可以直接用人民法院每年的办案质量评估指数来表示。不过出于分类需要，要剔除2013年版的满意度指标，如上所言，这个指标不能放在此处。同时还要根据一定的标准将部分指标分类析出。2008年《最高人民法院关于开展案件质量评估工作的指导意见（试行）》将评估指标体系划分为审判公正、审判效率、审判效果3个二级指标，33个三级指标。审判公正指标11个，由立案变更率、一审陪审率、一审上诉改判率、一审上诉发回重审率、生效案件改判率、生效案件发回重审率、二审开庭率、执行中止终结率、违法审判率、违法执行率、裁判文书质量指标组成。审判效率指标11个，由法定期限内立案率、法院年人均结案数、法官年人均结案数、结案率、结案均衡度、一审简易程序适用率、当庭裁判率、平均审理时间与审限比、平均执行时间与执行期限比、平均未审结持续时间与审限比、平均未执结持续时间与执行期限比指标组成。审判效果指标11个，由上诉率、申诉率、调解率、撤诉率、信访投诉率、重复信访率、实际执行率、执行标的到位率、裁判主动履行率、一审裁判息诉率、公众满意度指标组成。在修订中提高效果指标的权重为35%；取消了上诉率指标，合并了信访投诉率和重复投诉率两项指标；新增了调解案件申请执行率指标；调整了一审裁判息诉率、调解率、实际执行率、执行到位率、裁判自动履行率、申诉率等指标的名称或计算标准。[①]

该指标体系进行如下调整：一是取消审判公正中的立案变更率指标；二是取消所有审判效率指标。这两个方面均由司法行权指标替代。审判效果指标中的满意度指标析出独列。对初级指标体系进行如上检验、修正后，得到如表3—6的司法公信力评价指标框架体系。

① 参见佟季、黄彩相《案件质量评估效果指标“三问”》，《求索》2013年第3期。

**表3—6　　司法公信力评价指标（数）框架体系**

| 一级指标 | 二级指标 | 指标指数化 | 指标含义 |
| --- | --- | --- | --- |
| 司法公信力提高度 | 司法制度选择度 | 1.1 辖区居民非本院结案率 | 反映制度信任程度 |
| | | 1.2 院外信访率 | |
| | 司法机关赞成度 | 2. 年度人代会报告赞成度 | 反映政治信任程度 |
| | 司法行权标准度 | 3. 管理标准度 | 反映资源配置情况 |
| | 司法结果公正度 | 4. 年度办案质量评估指数 | 反映办案质量状况 |
| | 司法制度认同度 | 5. 满意度指数 | 反映全社会满意度 |
| | 司法机关满意度 | 6. 满意度指数 | |
| | 司法行权满意度 | 7. 满意度指数 | |
| | 司法结果满意度 | 8. 满意度指数 | |

在该指标体系中，司法制度选择度有两个指标，司法机关赞成度只有一个指标，司法行权标准度指标和司法结果公正度指标是由多参数构成的综合指标（参见表3—7），操作便利、计算容易。

**表3—7　　两类多参数二级指标**

| 二级指数 | 指数集合 |
| --- | --- |
| 3. 管理标准度（9个指标） | 超期率、审批率、自行监督率、一线率、人均结案率、审委会决定率、生效文书公开率、错案监督文书公开率、消耗率 |
| 4. 法院年度办案质量评估指数（14个指标） | 一审陪审率、一审判决错误率（上级法院正指标）、二审开庭率、执行中止终结率、违法审判执行率、申诉率、调解率、撤诉率、信访投诉率、实际执行率、强制措施率、裁判主动履行率、一审裁判息诉率、司法人员违法犯罪率 |

当然，这个指标体系有时代性。从总体上看，中华人民共和国成立以来的司法遵循这样一个基本逻辑进路：群众司法—群专结合司法—专门机关司法。我们正处于群专结合司法的特定历史时期，是为司法拥有最高公信力作准备的时期。因而这个指标体系必然反映这个时代的特点，未来当司法被公众普遍认可的时候，或许除了司法规范性指标之外，其他指标就没有存在意义了。当前另两类指标的价值并不小于并且在某种

程度上还大于规范性指标，因为它是人的发展进步达到高度水平之前的重要的政治保证。

**表3—8　　　　　司法公信力评价指标体系**

| 一级指标（1个，$I$） | 二级指标（8个，$I_1-I_8$） | 三级指数（单位:%）（26个，$I_{101}-I_{414}$） | 方向 | |
|---|---|---|---|---|
| 司法公信力不断提高 | 1 司法制度选择度 | 101 辖区居民非本院结案率 | - | $I_5$ $I_6$ $I_7$ $I_8$ 主观指标后述 |
| | | 102 院外信访投诉率 | - | |
| | 2 司法机关赞成度 | 201 年度人代会报告赞成度 | + | |
| | 3 司法行权标准度 | 301 超期率 | - | |
| | | 302 审批率 | - | |
| | | 303 自行监督率 | + | |
| | | 304 一线办案人员率 | + | |
| | | 305 人均结案率 | + | |
| | | 306 审委会办案率 | - | |
| | | 307 生效裁判文书公开率 | + | |
| | | 308 错案责任文书公开率 | + | |
| | | 309 消耗率（案均支出率） | - | |
| | 4 司法结果公正度 | 401 一审陪审率 | + | |
| | | 402 一审判决案件错误率 | - | |
| | | 403 公开审判旁听率 | - | |
| | | 404 执行中止终结率 | - | |
| | | 405 违法审判执行率 | - | |
| | | 406 申诉率 | - | |
| | | 407 调解、撤诉率 | + | |
| | | 408 本院信访投诉率 | + | |
| | | 409 信访投诉转化率 | - | |
| | | 410 实际执行率 | + | |
| | | 411 人身强制措施率 | - | |
| | | 412 裁判主动履行率 | + | |
| | | 413 一审裁判息诉率 | + | |
| | | 414 司法人员违法犯罪率 | - | |

## 三　司法公信力评价指数释义

司法公信力评价指标体系中，二级指标释义前已有述，根据指标设立过程中的调查研究，对三级指标的内涵和设立意义归纳如下。

1. $I_{101}$指数即辖区居民非本院结案率，体现辖区居民选择本院还是别的机制解决纠纷，以及上级院对本院管辖的态度，反映本院受信任也就是司法制度受信任的程度，这是制度竞争力指标。计算公式为：（民商事仲裁案件数＋上级院提审提执和指令他院管辖审执案件数）/本院年度审执结案数之和×100%。这是一个负指数，即数值越大反映本院受信任程度越低。

2. $I_{102}$指数即院外信访率，是涉法信访上访案件数占全部审结案件数的比率，是负指标，集中反映当事人对司法制度的不信任，而选择其他救济渠道。

3. $I_{201}$指数即年度人代会报告赞成度，是指每年人代会法院报告通过率，反映人大代表对法院的政治信任程度。计算公式为：赞成票数/总票数×100%。这是正指数，即数值越大反映本院信任程度越高。

4. $I_{301}$指数即超期率，指在立审执监各环节，所有诉讼法规定的时间节点内完成工作的情况，反映法院运行状况和人的工作态度。计算公式为：全部超期次数/（年立案数＋结案数＋执案数）×100%。这是负指数，即数值越大反映本院受信任程度越低。全部超期次数有可能高于年立审执案件总和从而大于1，因为一个案件有多个法定期间的环节，如超1则取1为指数值。

5. $I_{302}$指数即审批率，指在立案、审判、执行过程中，非办案组织或个人违反组织法或诉讼法规定，主动或被动听取办案责任人的汇报并审查批准法律文书的次数，其所占全部案件数的比率。计算公式为：立审执签批法律文书数/（立案数＋结案数＋执行案数）×100%。这也是负指数，是打破高位阶法官利益集团、重构司法运行机制的关键。如比率超过1则取1为指数值。

6. $I_{303}$指数即自行监督率，是对超期率、审批率中的超期者、审批者等责任人，院内纪检监察机构的查处状况指数。计算公式为：纪检监察结案数（专指对上述责任人）/（全部超期次数 + 立审执签批法律文书数）×100%。这是正指标，就是要加强内部监控，将纪检监察人员明确定位为“监工”，实现院内监督常态化。

7. $I_{304}$指数即一线办案人员率，指立审执、业务监督、研究室、审委会办公室岗位人员占全部法院工作人员的比率，是正指标。它反映业务倾斜度，检验法院是否受人民所托把主要力量集中到办案和监督上来。

8. $I_{305}$指数即人均结案率，是本院人均审执结案数占全部审执结案数的比率，是正指标。计算公式为：年度审执结案总数/法院工作人员数/年度审执结案总数×100%，也就是人均结案数的倒数的百分比。它反映工作强度，是正指标。

9. $I_{306}$指数即审委会办案率，指审判委员会研究决定的审执案件数量占全部审执结案数量的比率。这是负指标，反映司法统一的程度和承办人的业务水平。意义在于推动审判委员会制度改革，建立审委会研究过滤机制以反制承办人的不作为和矛盾上交，建立审委会结案判例制度，类似情况类似处理，以统一司法裁判。

10. $I_{307}$指数即生效裁判文书公开率，就是公开的审执裁判文书占全部审执裁判文书的比率。这是正指标，就是要晒司法权力行使结果，让公众评判，也有利于全社会法律思维的建立。

11. $I_{308}$指数即错案责任文书公开率，是对所有改变了原裁判文书的原承办人的出错性质认定和责任处理的监督文书，它占全部错案数的比例。其中的性质认定是前置条件。这是正指标，公开率越高受信任程度越高。

12. $I_{309}$指数即消耗率，也就是案均支出率，计算公式为审判执行结案总数/工资总额以外的所有年度支出 = 件/元×100%。这是一个投入产出比的负指标，在同级法院横向比较中具有重要意义。

13. $I_{401}$指数即一审陪审率，陪审案件数占全部审判案件数的比率。这是正指标，反映人民司法程度。

14. $I_{402}$指数即一审判决案件错误率，是改判、发回、再审改变原判决的案件数占全部一审结案数的比率。这是负指标，集中反映办案质量的指标。

15. $I_{403}$指数即公开审判案件旁听率，是年度公开审判案件中包括人民陪审员在内出庭法官人数之和与所有案件旁听人数的比率。这是负指标，旁听人数越多、数值越小，公信力越高，反映社会监督状况。该指标推动法院从单向司法公开向双向司法公开转变，使更多百姓走进法庭接受法治教育并监督法官出庭。

16. $I_{404}$指数即执行中止终结率，是全部未落实判决的执行中止、终结案件数量占全部执结案件的比率，是负指标，反映执行力度。

17. $I_{405}$指数即违法审判执行率，指被确定为违反期间以外的诉讼法定程序和实体法定标准进行审判执行的案件数量占全部审执结案数的比率，是负指标，反映依法司法水平。

18. $I_{406}$指数即申诉率，是对生效裁判文书申请再审、抗诉再审的案件数占全部结案数的比率，也是负指标，反映当事人和检察院对法院的信任程度。

19. $I_{407}$指数即调解、撤诉率，是审判执行案件调解结案数和撤回起诉案件数占全部年度审执结案数的比率，这是正指标，反映当事人和诉讼参与人的信任程度和法官释明程度及责任心。

20. $I_{408}$指数即本院信访投诉率，是当事人和诉讼参与人到本院信访反映立审执办案违法或态度不好的投诉占全部立审执案件数的比率。这个指标不能确定为负指标，而应当是正指标，反映这些主体对本院自行解决存在或可能存在问题的信任程度，也会促进法院尽可能不要矛盾上交。

21. $I_{409}$指数即信访投诉转化率，是当事人和诉讼参与人到本院信访反映立审执办案违法或态度不好的投诉中，转为院外信访的数量占本院投诉总数量的比率。这是负指标，反映法院的信访息诉能力，防止多次访、重复访。

22. $I_{410}$指数即实际执行率，指年度实际执行案件数占全部申请（含上年转来）执行案件数的比率，反映执行到位情况，是正指标。

23. $I_{411}$指数即人身强制措施率，指年度为执行案件对被执行人采取人身强制措施的数量占全部申请执行案件的比率，反映被执行人对抗程度，是负指标，比率越高反映对抗性越强。

24. $I_{412}$指数即裁判主动履行率，是年度审结案件总数减去申请执行案件数占全部审结案件数量的比率，是正指标，反映当事人对法院裁判的尊重信任程度。

25. $I_{413}$指数即一审裁判息诉率，指一审生效裁判数占全部结案数的比率，是正指标，反映一次审判息争率，体现信任度和办案质量。

26. $I_{414}$指数即司法人员违法犯罪率，指一年内本院工作人员因违法犯罪被查处的立案数占全体人员数的比率，是负指标，反映渎职腐败程度。

## 第四节　司法公信力评价指标的量化方法

司法公信力评价指标体系中的各项指标，由于单位不同、测量方法不同而不能直接加总，须采用综合评价方法对各指标加以量化，使不同单位、不同测量方法得出的指标能够相加。

### 一　主观指标的抽样调查方法

司法公信力评价指标体系存在四个满意度指标，即司法制度认同度、司法机关满意度、司法行权满意度、司法结果满意度。这四个指标作为感受性指标，只有通过大样本量问卷调查方法才能测量出来。从调查对象总体中随机抽取部分对象作为总体代表的样本，以样本指标数值推算总体指标数值，就是抽样调查方法。

#### （一）大样本量问卷调查方法的程序

大样本量问卷调查方法是社会科学研究常用的统计技术，一般要经过设计问卷、确定抽样方式和样本量、发放问卷、回收问卷等程序。

1. 问卷设计。调查内容是调查的中心，像一些简单的调查问题如“你觉得司法判决怎么样?”“你对法官满意吗?”等，本身就带有强烈的主观色彩导向，这样的调查问卷得出的结论是不可靠的或者说根本得不出科学结论。因此必须根据指标体系的具体问题科学设计能够反映样本对这些问题的态度的问卷，问题的提出必须以与确定指标的关联度为准绳。满意程度问卷有通用格式，有四分法或五分法，表3—9是四分法设计格式。问卷内容设计如下：（1）对司法制度认同度（$I_5$）的问卷内容。根据$I_{101}$和$I_{102}$指标，用“选与不选”反映公众对司法制度的认同度。问题可以表述为，“如果遇到纠纷除法院还有仲裁或上访都可以解决，请问您选择哪个途径解决”，这是必备问题。如果只选法院的，认同度最高；选哪个都行的，认同度次之；不选法院的，认同度极差；哪个都不选的，基本是对现行司法制度失望的。选没想过的问卷排除在计算之外。（2）对司法机关满意度（$I_6$）的问卷内容。根据$I_{201}$指标，只有一个就是人大代表赞成率，因此问卷内容设计应当考虑跟进验证，测量出政治信任与被代表人的信任度之间的偏差。具体问卷内容也可以多设，但必须考虑如下问题：你对人大代表投票通过了法院工作报告满意吗？这个问题的要害是使代表联系选民常态化，真正代表选民意志，对以后的人大代表选举中选民和候选人都产生心理影响。其中选不了解的排除在计算之外。（3）对司法行权满意度（$I_7$）的问卷内容。这个问题不宜过细，最好采取模糊语言，用你对法院人的态度和行为是否满意来代表所有行权标准度问题。当然，其中要增加一个选项，就是没有接触过，选此项的问卷应当排除在有效问卷之外。（4）对司法结果满意度（$I_8$）的问卷内容。与$I_7$指标一样，也仅设计一个问题，就是对法院办案公正是否满意，其中也要增加一个不了解选项作为问卷排除的依据。表3—9是司法公信力评价四个主观指标的问卷格式和问卷内容。

**表3—9　　I5 I6 I7 I8 指标问卷格式及内容**

| 选项<br>内容 | 1 | 2 | 3 | 4 | 5 |
|---|---|---|---|---|---|
| $I_5$法院仲裁信访解决纠纷选择 | 只选法院 | 哪个都行 | 不选法院 | 一个不选 | 没想过 |
| $I_6$对人大代表通过法院工作报告的态度 | 很满意 | 满意 | 不满意 | 很不满意 | 不了解 |
| $I_7$对法院人的态度和行为是否满意 | 很满意 | 满意 | 不满意 | 很不满意 | 没接触过 |
| $I_8$对法院办案公正是否满意 | 很满意 | 满意 | 不满意 | 很不满意 | 不了解 |

2. 抽样方式和样本量确定。抽取什么样的样本、由什么人来回答问

题，直接关系评价科学性，因此必须慎重选择抽样方式。在系统抽样、简单随机抽样、整群抽样等五种抽样方式中，考虑到司法辖区最小为县级，总体范围大、人数多又很分散，最适合的抽样方式为多段抽样与随机号码法相结合的方式。首先，在县级司法辖区抽取1/5—1/10比例的乡镇或街道（二者各占半）；其次，确定不少于1000人或全部人口一定比例的成年公民（如百万分之一）为样本量；再次，将抽中的乡镇和街道的全部成年村居民进行编号；最后，使用随机号码表抽取编号后两位的村居民作为样本。

3. 发放、回收问卷。发放、回收问卷是一项烦琐重复劳动，基本要求就是必须真正发到样本人群手中，也就是要确保态度真实。除了直接收发外，目前最多的是采用互联网问卷。这种方式对样本比较难以把握，但样本量不必受上述确定方式的限制，量可以极大。但需注意的是，一方面要有辖区观念，抓住这些最可能了解对象的人群；另一方面要有随机观念，也就是在辖区回复问卷中用随机号码表抽取问卷作为有效依据，份数亦以千份为宜。

（二）调查问卷的分析方法

对某一具体事务的意见评价要进行科学的分析研究，必须把以品质标志表现的不同分组和等级变换成用数量标志表现的分组和等级，再进行加权算术平均数计算，从而才能测量出研究对象的等级水平。这里的分组是比较概念，即一个司法辖区所有同类职能的司法机关的比较指标。因此测量分组只有三种情况：第一种情况是对全国司法机关公信力的评价，所分组就是所有高级法院；第二种情况是省级司法辖区，所分组就是所有中级法院；第三种情况是地市级司法辖区，所分组就是所有基层法院。通过回收问卷得出不同司法机关某一指标的评价分布表：以 $I_7$ 指标为例，设某中级法院管辖区域有ABC三个基层法院，则三个基层法院法官对当事人态度的评价可以形成表3—10。[①]

① 此表格参照朱庆芳、吴寒光《社会指标体系》，中国社会科学出版社2001年版，其中第五章“社会测量与社会分析”。

**表 3—10　　　　某地市居民对基层法院法官态度的评价分布**

| $I_7$ | 评分（x） | 调查人数 | | | (f) 合计 | 评分 x 调查人数 =（xf） | | | 合计 |
|---|---|---|---|---|---|---|---|---|---|
| | | A 院 | B 院 | C 院 | | A 院 | B 院 | C 院 | |
| 很满意 | 100 | 40 | 120 | 200 | 360 | 4000 | 12000 | 20000 | 36000 |
| 满意 | 75 | 170 | 400 | 260 | 830 | 12750 | 30000 | 19500 | 62250 |
| 不满意 | 50 | 360 | 280 | 240 | 880 | 18000 | 14000 | 12000 | 44000 |
| 很不满意 | 25 | 270 | 190 | 150 | 610 | 6750 | 4750 | 3750 | 15250 |
| 合计 | — | 840 | 990 | 850 | 2680 | 41500 | 60750 | 55250 | 157500 |

由此可以分别计算出评分平均数：

A 法院辖区抽样 840 名居民对法官态度的评价为：

评分平均数 $\bar{x} = \sum xf/\sum f = 41500/840 = 49.4$ 分

B 法院辖区抽样 990 名居民对法官态度的评价为：

评分平均数 $\bar{x} = \sum xf/\sum f = 60750/990 = 61.4$ 分

C 法院辖区抽样 850 名居民对法官态度的评价为：

评分平均数 $\bar{x} = \sum xf/\sum f = 55250/850 = 65$ 分

该地市抽样总体居民对基层法院法官态度的评价为：

评分平均数 $\bar{x} = \sum xf/\sum f = 157500/2680 = 58.8$ 分

## 二　客观指标的测量方法

司法规范性指标中的后两类四级指标和社会信赖性指标中所有四级指标，都是可以直接量化的指标。这些指标的量化，采用综合评分法比较适宜，其基本操作过程如下。

（一）数据收集和确定评分标准

对 26 个指标存留部门进行收集，司法机关研究室、信访局、检察院、仲裁委等均有统计数据。按如下程序确定评分标准：（1）选出评分标准的极端值。所谓极端值也就是同一层次的多个司法机关在某一可量化指标上的最高值和最低值，将其对应为 1 分和 10 分。比如，上述三个基层法院 $I_{413}$ 指标（一审裁判息诉率），设 A 法院该指标为 92%，B 法院为85%，C法院为78%，则最高值92%对应10分和最低值78%对应1分。(2) 确定评分标准中间值。也就是平均数。上述结案率平均数为85%，应当赋分在5分下限。(3) 按照组距赋分。以中间值为基准向两边按比例定出上下组距的具体评分标准并赋分，其中6—10分间距为上组距，1—5分间距为下组距；分别按照下组距 = (平均数 - 最低值) /4 和上组距 = (最高值 - 平均数) /4 公式计算组距并赋分（本文为方便仅列了三个基层法院，一般都超过这个数据，其他基层院要分别按组距算出得分）。

（二）数据的标准分转化

标准分转化是指将问卷调查数据与统计测量数据，按照评分标准表要求转化为相应分数。这就涉及表示指标重要程度的系数——权数问题。

1. 关于评价指标权数的设置标准。司法公信力可以从多方面来理解，所以司法公信力评价指标体系通常是由多个向度的指标围成的一个指标群。不同指标对于评估对象的贡献是不同的，必须通过权重区分不同指标的重要性。评价指标赋分本着以下基本原则：(1) 公信关联度原则，按照最紧密—紧密—相关—有关由高到低梯次赋分；(2) 主体差异性原则，按照与法院是否存在纠纷解决、其他利益关系差异赋分，其中不存在诉讼关系、没有其他利益关系的社会评价主体的评价赋分高；(3) 难易区别化原则，按照程序、实体、行为和监督等指标的难易程度反向赋分体现差别，其中程序性和法官行为指标标准明确易操作，赋高分；实体指标和内部监督指标较难操作，赋低分。

2. 关于评价指标权数设计构想。根据经验预选和专家意见，权数确定方案为：司法制度选择度和司法机关赞成度分别赋分10分，前者两指数在总分中各占比5%，后一指标只有一个指数占比10%，人大赞成度权数在本指标体系中最高。司法行权标准度和司法结果公正度分别赋分35分，根据其中24个指数的重要程度分别赋1%—7%的权数。5、6、7、8四个主观指标测量得分合计占总分的10%，从而得到表3—11。

**表 3—11　　　　司法公信力评价指标体系评分表和权数表**

| 一级指标（1 个，$I$） | 二级指标（8 个，$I_1$—$I_8$） | 三级指数（单位:%）（26 个，$I_{101}$—$I_{414}$） | 权数 % | |
|---|---|---|---|---|
| 司法公信力不断提高（100 分） | 1 司法制度选择度（10 分） | 101 辖区居民非本院结案率 | 5 | 依科学确定评分标准的比较分转化为相对分 |
| | | 102 院外信访投诉率 | 5 | |
| | 2 司法机关赞成度（10 分） | 201 年度人代会报告赞成度 | 10 | |
| | 3 司法行权标准度（35 分） | 301 超期率 | 5 | |
| | | 302 审批率 | 7 | |
| | | 303 自行监督率 | 5 | |
| | | 304 一线办案人员率 | 5 | |
| | | 305 人均结案率 | 2 | |
| | | 306 审委会办案率 | 2 | |
| | | 307 生效裁判文书公开率 | 2 | |
| | | 308 错案责任文书公开率 | 5 | |
| | | 309 消耗率（案均支出率） | 2 | |
| | 4 司法结果公正度（35 分） | 401 一审陪审率 | 5 | |
| | | 402 一审判决案件错误率 | 2 | |
| | | 403 公开审判旁听率 | 2 | |
| | | 404 执行中止终结率 | 1 | |
| | | 405 违法审判执行率 | 5 | |
| | | 406 申诉率 | 1 | |
| | | 407 调解、撤诉率 | 1 | |
| | | 408 本院信访投诉率 | 2 | |
| | | 409 信访投诉转化率 | 3 | |
| | | 410 实际执行率 | 2 | |
| | | 411 人身强制措施率 | 2 | |
| | | 412 裁判主动履行率 | 2 | |
| | | 413 一审裁判息诉率 | 2 | |
| | | 414 司法人员违法犯罪率 | 5 | |
| | 5 +6 +7 +8 =10 分 | 四个主观指数加权平均 | 10 | |

3. 关于标准分转化方法。全部 26 项指标（数）按同级别法院进行排名，并按照组距理论和平均值理论在 1—10 分之间分别赋分，乘以权数

（%）就得到该项指标的标准得分，这些客观指标得分简单相加可以得到该院评价分。四个主观指数同样按上述标准计算得分，再求加权平均数乘以 10% 权数为主观评价得分。得分计算公式为：

$$X = I_i / \sum I_i . w$$

X——某指标得分

$I_i$——某指标抽样调查或统计量化测评分，$i = 1$，2，3…

$\sum I_i$——某指标群众满意度测评分之加总

W——某四级指标的权数

4. 标准分转化中应当注意的问题。（1）区分正相关和负相关指标。数值越高反映公信力水平越高的指标为正指标，数值越低反映公信力水平越高的指标称为负指标。因此，在确定评分标准时，负指标要反向赋分，即表3—8 中所有方向为“ - ”的指标，全部按公式“1 = %”转为正指标，最终转化得分才可能是科学的。（2）区分否决与非否决指标。一般来说，各级指标转化得分直接加总就得到了司法公信力评价得分。但是，考虑负指标对公信力的损害程度和当前考核办法，可以考虑将指标体系客观指标的 $I_{201}$、$I_{302}$、$I_{101}$、$I_{102}$、$I_{414}$ 等 11 个权数在 5% 以上的指标列为公信力一票否决项，即该领域出现问题时排分最后的法院，不再在 1—10 分组距之间赋分，直接将该指标按归零处理。这也与党的十八届四中全会提出的“对司法领域的腐败零容忍”要求相契合。

# 第四章

# 司法公信力评价的操作体系

## 第一节　司法公信力评价的组织者

### 一　实在法中评价组织者梳理及其评价

在前述国内外有关司法评价的文献和实践中，有关司法、法院或者法官的评价组织者在国外基本有以下几种：（1）独立的司法行政机关如荷兰的司法委员会、美国加州司法委员会法院行政办公室。再比如，由美国联邦法院国家中心主导、赫斯特公司出资赞助的印第安大学公共舆论实验室，具体实施关于美国法院（州法院和联邦法院）印象的调查。（2）中立的社会中介机构，如美国商会的法律改革研究所（U. S. Chamber Institute for Legal Reform），由律师、法官、普通公民、政府各部门人员组成一个志愿委员会，实施“美国联邦司法绩效评估程序（JPE 计划）”。

一般来说，由权力部门主导的调查都是采取向专业评估机构购买服务的方式评价司法，美国旧金山大学受聘评价法院说明了这一方法的运用，问卷由加州司法委员会法院行政办公室和旧金山大学公共研究所等机构完成，并由旧金山大学公共研究所具体实施调查，将调查数据提交给加州司法委员会法院行政办公室。评价组织者并非被评价者。

而国内对司法或者相关工作如案件质效的评价皆是由被评价者法院自身主导实施。对于司法公信力的评价，天津二中院的课题中建议由科学中立的机构如高等院校和研究院与法院一起实施，但仍然没有摆脱自评的局限。有学者指出：“要形成对法官的评估机构、评估程序和责任机制，这就是所谓法官审判案件的质量评估体系。比如可以由司法部牵头组成评估机构，专门给法官评分。这种评估机构的建立是非常必要的。法官的铁饭碗和金饭碗要打破。”[①] 该建议已经向外部评价迈出了一大步。

## 二 人大评价的历史考察

### （一）人大是评价司法机关和司法者的法定机构

依法院组织法、人大议事规则和人大常委会议事规则规定，法院要向人大及其常委会负责并报告工作[②]，代表们用赞成、反对或弃权投票来反映对于法院工作的态度。我国的人大评价法院也是多种手段的结合。只不过在中西方国家存在宏观与微观的不同，西方国家议会并不审议法院总体工作的报告，而是针对具体案件具体的法官进行监督，建立有明确的信任案投票制度，管微观。“我们得意了一段时间，可是好景不长。两个月以后，也就是1977年5月，来了一个案件，即《西斯基纳号案》。在此案中我们使用了玛利瓦禁制令，结果我们的判决遭到了上议院的否决。我曾遭到过多次挫折，但从未像这次这样失望过。”[③] 显然，在英国是通过议会否决法院判决的方式实现人民司法，当然作为法官造法国家判决实际上也是一种立法行为。我国人大审议的是法院总体工作报告，而且用的是通过报告还是未通过报告进行表述，但究其实质仍然可以认为是一种对法院工作的信任投票，对人则有质询罢免等信任程序安排。

人民当家作主包括选举、罢免、质询干部以及审议产生出的国家机关的工作。审议具体实施过程分为三个环节：首先是提出列入会议议程的议案和报告；其次是由人民代表进行阅读、讨论、研究和审查；最后是给予肯定、否定的意思表示或提出修改意见。审议是人民代表行使表

---

① 汤维建：《论司法公正的保障机制及其改革》，《河南省政法管理干部学院学报》2004年第6期。

② 需要说明的是，宪法只规定政府向人大负责并报告工作，法院向人大负责但没有报告工作的规定。有观点认为下位法的规定违宪。笔者对此不能赞同。因为负责有失职、担负责任、应到应尽的责任等意思，负责必须有实现形式，否则就是假规定。法院向人大报告工作不过是负责的一种实现形式，不存在与宪法抵触问题。

③ ［英］丹宁·勋爵：《法律的正当程序》，李克强、杨百揆、刘庸安译，法律出版社2003年版，第154页。

决权的前提，不经过审议的表决是无效的；审议也是一种重要监督形式，是对政府、法院等国家机关工作的审查，如对他们的工作不满意，有不同意见，有自己的建议，可以在审议时提出建议、批评和意见；审议也是人民代表反映人民群众意见、发表自己政见的一种重要形式。对于一个问题、一种方案、一项工作可以在审议中讲明自己的看法以及解决这些问题的方案。根据代表法的规定，审议是人民代表的一项重要工作，也是代表的一项重要权利。人大审议法院工作报告制度和质询法官制度，就是一种由人民代表通过表决进行的评价，并形成了体系。这一体系中，评价主体是各级人大代表，评价对象是司法机关工作，评价方法是赞成度投票，结果运用是根据代表意见改进法院工作和追究法官责任。因此说，人民代表大会是法定法院评价机关，人民代表是法定的法院评价人。

最高人民法院历年所作的工作报告有一个基本的功能：向全国人大（1954 年之前是全国政协）报告工作。虽然历次工作报告都毫无例外地得到了最高国家权力机关的批准，但是并不能因此而低估甚至忽视这种报告的政治功能。通过这种报告，不仅实践了最高国家权力机关对最高法院进行监督的宪法制度，一个更重要的功能还在于从一个相对独特的角度上，促进了国家与社会的组织化。从文化与符号的观点来看，法律也是人类创造的一种符号，法律机构的行为也是一种符号化的行为。全国人大每年都要举行一次会议，这种会议本身不仅是一种程序严格的仪式，而且还包含了很多含义丰富的符号，其中的一些符号几乎已成定式。比如，最高人民法院院长与最高检察院检察长总是并列坐在一起；国务院的报告在前，“两高”的报告在后；对这些报告进行分组讨论之后，大会总是要批准这几个报告，等等。也就是说，最高人民法院每年向全国人大作工作报告本身就是一个具体而生动的仪式。这个仪式表明：最高人民法院与最高人民检察院、国务院、全国人大常委会一起，在向全国人大报告工作，在接受全国人大的监督。同时，这种仪式还以通俗的、直观的方式注释了宪法中规定的国家政权的组织形式：每一个作报告的机构都是国家政权的一个组成部分，它们职责不同，但都要向全国人大负责，都要执行全国人大确立的政治目标。因此，最高人民法院院长在北京人民大会堂的发言席上宣读工作报告时，其实已经承担了促进国家与社会组织化的政治功能，因为它强化了这样一个观念与现实：国家是一个整体，最高人民法院就是国家政权组织结构中的一个“局部”，它与其他国家机构之间，尽管各司其职，但却形成了一种结构性的组织关系。正是这种关系构成了国家与社会得以组织起来的基础。没有这样组织化的关系作为基础，国家政权将四分五裂，就像一堆四散无序的马铃薯；整个社会将趋于解体，成为一盘散沙。① 不仅最高人民法院工作报告的仪式作用大于实质作用，而且地方各级人民法院的报告也是如此。这种程序大于实体的宪政安排本身就存在严肃的政治意义，是一个个具体体现人民当家作主的过程。

### （二）人大评价法院、法官的历程

无论怎样，“体现”人民当家作主还不是真正意义上的人民当家作主，还需要去虚务实。作为政治体制改革的最重要方面，人大体制改革是一个渐进的过程。“自 20 世纪 80 年代以来，中国的政治过程逐渐发生了变化，人大改变了对政府提案不进行修正、只是简单表示承认的局面，而逐步扩大在中国政治过程中的作用，积极对国务院的提案进行审议和修正，改变了被人称为橡皮图章和党委挥手、政府动手、人大举手的尴尬角色。”② 20 世纪 80 年代整体上是我国改革探索期，经济体制改革从家庭联产承包制的突破，到建立有计划的商品经济，直到邓小平南方谈话开始明确建立社会主义市场经济体制。相应地政治领域的改革也广泛深入进行，1986 年的六届全国人大四次会议上，对最高人民法院和最高人民检察院的工作报告和人事任免进行投票时，第一次出现了少量的否决票和弃权票。1991 年 4 月，福建省连江县人大常委会在对 43 名政府组成人员述职评议中引入信任投票，这是首次将人民代表评议干部的性质界

---

① 参见喻中《论最高人民法院实际承担的政治功能——以最高人民法院历年“工作报告”为依据》，《清华法学》第七辑。喻中研究了中华人民共和国成立以来到 2004 年之间共计 35 份最高人民法院工作报告，分析了中华人民共和国成立 55 年来最高人民法院工作重心的变迁及其根源，得出了最高人民法院承担的三大政治功能即为国家中心工作服务、实现全国法官的组织化、促进国家与社会的组织化。

② ［日］加茂具树：《人民代表大会的职能改革及其与中国共产党的关系》，载吕增奎主编《民主的长征：海外学者论中国政治发展》，中央编译出版社 2011 年版，第 103 页。

定为信任投票。1991 年中共山西省委支持全省推行代表评议政法机关。1994 年 30 个省、市、自治区绝大部分县级人大开展评议。1995 年，宁夏各级人大常委会组织人大代表评议同级公检法机关。进入 21 世纪以来，人大“两评”不断向广度和深度迈进，这种突破不仅体现在广泛性上，而且体现在责任实质上。

2001 年 2 月 14 日，沈阳市十二届人大四次会议表决市中级人民法院工作报告，因许多代表不满以中院副院长焦玫瑰为代表的腐败窝案，电子屏幕上的投票结果为人大代表应到会 509 人，实到 474 人，赞成 218 人，反对 162 人，弃权 82 人，未按表决器 9 人。赞成票没有过半，市中级法院报告未获得人大代表通过。赞成票未过半数，成为人大监督史上首例被否决的法院工作报告。[①] 2001 年陕西省在全省范围内开展大规模民意调查，5500 多名代表分别对四级政府和三级法院、检察院的工作进行评议。2001 年下半年，湖南郴州市人大代表评议市中级人民法院，列出 61 件个案，其中有 39 名群众通过人大代表批评法官，反映办金钱案、执法不廉、索拿卡要等问题。2002 年 3 月，九届全国人大五次会议的决议指出，继续支持地方人大就“开展代表评议、述职评议等方面进行的探索和实践”。2003 年，河南郑州市二七区人大常委会对“两院”127 名工作人员集中进行述职评议、民主测评，3 名法官和 1 名检察官所得称职票未过半数被撤职，1 名法官和检察官所得称职票未达到三分之二，给予黄牌警告。票决制植入评议产生了“边际效应”，如杠杆撑起人大评议的效力。2013 年 3 月 8 日，吴邦国向全国人大所作常委会工作报告指出，“询问和质询是人大对一府两院实施监督的法定形式”，“加强对司法工作的监督，督促审判机关、检察机关完善工作机制，强化队伍建设，规范司法行为，提高司法水平，维护社会公平正义”。

## 三　人大作为评价组织者的必要性

长期以来，由于人大立法任务繁重，宪法实施监督事实上是不作为

---

① 参见王沭明《全国人大民主进程的 20 个历史标点》，http：//blog. sina. com. cn/cbslx. 另见田必耀《面对面监督：中国地方人大“两评”演练与展望——谨以此文纪念人民代表大会成立 50 周年》，人民网、中国人大新闻评论理论，2005 年 1 月 6 日。

或者鲜有作为的。现在中国特色社会主义法律体系已经形成，人大职能由立法向监督转移，而法院正是重要的监督对象。上文已述，人大的重要职能就是评价司法，其通过审议法院工作报告和选举罢免质询司法干部的形式自产生以来就行使着评价和监督司法的职责。但年度报告工作远远不够，正如有学者在文章中指出，人大习惯采用的是“一听一看”，“一听”就是听报告，听取年度“一府两院”工作报告和人代会闭会期间听取年度专项工作报告；“一看”就是走访考察，开座谈会。座谈会上也大多缺乏针对性和具体性，之后也不一定有反馈和跟踪监督。在人事任免上，鲜见有委员或代表对被任免者提出监督意见。人大监督司法的力度一向较为薄弱，有待强化，强化人大监督可以完善我国的司法监督制度体系，提升司法的公正性和权威性。充分发挥人大监督司法的职能，既是人大及其常委会职能之强化和充实的需要，也是司法机关通过人大监督来强化其公信力、权威性和正当性的需要，还是人民对司法公正的价值期待以及保障其他各种司法监督力量发挥作用的需要。综上，人大审议法院工作报告体系的具体运作及在运作过程中的缺陷，人大监督司法的价值所在，正是补强司法公信力评价体系的理由，也是人大担当评价组织者的理由。①

人大监督既要有“抓手”，也要有“腿脚”。在理论依据中亦已论述，在人大与国家机关的这种产生与被产生、负责与被负责、监督与被监督主体之间缺乏关系操作机制。人大监督的“抓手”是人大监督司法工作的常设机构，比如内务司法委员会；这个“腿脚”就是普通民众对于司法监督的参与，公众参与司法工作，可以起到监督司法的作用。从另一个角度，本书认为，这个“抓手”可为司法公信力评价，“腿脚”仍然是普通民众。人大主导对司法公信力进行评价，不但可以实现监督工作的常态化和实质化，通过组织司法公信力评价，还可以“对既成的司法状态进行矫正性或纠错性监督，而且可以提前进行司法决策，引导司法机关有重点地、有针对性地开展司法工作”。正是引导性监督，佐证了人大

---

① 此段内容参见汤维建《论人大监督司法的价值及其重点转向》，《政治与法律》2013 年第 5 期。

监督司法的独特性和不可替代性。为此，应当做到：一是构建司法监督的信息平台，使人大及其常委会能够最大限度地和及时地掌握司法机关的各种信息。二是将人大的立法权与对司法的监督权有机结合起来，在决策中监督，在监督中决策。[①] 这个平台和结合点可以是司法公信力评价体系。[②]

把司法公信力评价体系放到中国特色社会主义制度完善和发展的高度来看，司法公信力评价体系就是国家治理体系和治理能力现代化的一个组成部分。地市以上各级人民代表大会转型为与民共治公共事务的组织者，比如司法公信力评价组织者，依照法律规定行使对于司法机关评价权。因为按照现行政治框架，这个组织者只能是司法机关的产生机关。我国宪法明确规定，司法机关由人民代表大会产生，对它负责，受它监督。党的十八大报告明确指出，使党的政策通过法定程序成为国家意志，就要支持人大及其常委会发挥国家权力机关的作用，充分依法行使立法、监督、决定、任免等职权，加强对“一府两院”的监督工作。无论从党中央要求说，还是从监督可行性来看，各司法区司法公信力的评价应明确为人民代表大会及其常委会的职责。

提高公信力是党提出的全面建成小康社会重要指标之一。这里每一政权机关的角色感很重要，在提高司法公信力的共同努力之中，人大涉及六个问题：这项工作中人大的角色是什么、人大所要满足的社会及政治需求是什么、人大应如何行动去满足这种需求、人大应如何回应作为利害关系人的司法机关、人大的主要价值取向应当是什么、人大评价司法的条件如何；同样，司法机关回答好这六大问题：这项工作中法院的角色是什么、法院所要满足的社会及政治需求是什么、法院能否自己行动去满足这种需求、法院应如何认识和回应人大代表人民的介入、法院的主要价值取向应当是什么、如果作为被评价对象法院应当怎么办。两个机关对这些问题的回答，实际上就是解决人大与司法的政治关系（见

---

① 参见汤维建《人大监督司法应把握好五个关系》，《检察日报》2013 年 12 月 17 日。

② 需要指出的是，我们也考虑了另一种选择：成立司法委员会。由政法委组织建立该委员会，行使司法公信力评价组织职能，这对于政法委的职能转变有益处，但性质就完全不同了。

表4—1）问题。国家司法权的所有权人是人民，司法所有权行使者是人大及其常委会，司法所有权的实现方式需增加精细评价，改变以往处于较低水平的针对法院和法官的评价，向着司法公信力精细组织者的角色转变；而法院作为国家司法权的产权人地位，明晰自我评价不具有对外效力，将其定位为被人民评价的地位。

**表4—1　　　　国家司法所有权与产权的关系**

| 国家司法权 | |
|---|---|
| 国家司法所有权人 | 人民 |
| 国家司法所有权行使者 | 各级人大及其常委会 |
| 国家司法产权人 | 各级人民法院 |
| 国家司法所有权实现方式 | 人大评价产权人公信力（新增） |

建立司法公信力评价体系的过程是为人大更加全面深入履行宪法职责探索经验。可以预见的是，在中国特色社会主义民主政治推进过程中，人民代表大会作为法定最高权力机关，必将在党的推动下承担起对其产生的所有机关进行履职精细评价的功能，也就是从政府到政府部门、人民法院、人民检察院都纳入这种评价之中。同时可以考虑的是，参照英国议会享有终结司法权的经验，将十八届三中全会提出的建立涉法涉诉信访依法终结制度等一并纳入人大管辖。

## 四　具体组织方案和程序

（一）战略规划。司法公信力评价的组织，首先是一个战略规划过程。所谓战略规划，就是人大决策者在环境分析的基础上，将组织司法公信力评价的战略意图转化为战略决策的过程。战略规划是在行动之前进行的统一思想、确定目标、部署力量的过程。这一过程主要有六方面的任务。第一，展现愿景和确认、陈述任务。法和中央政策是开展这项工作的主要依据，以促进司法公信力的提高为根本愿景，确认人民代表大会常务委员会为评价司法公信力的唯一组织者，形成有法律效力的决议，以完成建立司法公信力评价体系的政治任务。

第二，确认重要的环境变化及趋势。进行内外优劣势分析，对于内部主要分析现有资源状况，能否满足完成任务的需要。根据这种分析，对于组织机构、内部制度加以调整以适应新增工作；对于外部主要分析完成这项任务的环境制约因素，特别是信息的可获得性。

第三，明确所要强调的主要价值。人民民主、人民司法是当前需要强调的最主要的价值，它必须能够在司法公信力评价体系中得到体现。人大及其常委会必须成为这种价值的忠实捍卫者，以敢啃硬骨头、敢涉险区的担当精神排除一切阻力和干扰，切实推动这项工作。

第四，选择重大关切议题。人大决策者们应当明确，推动这项工作是一项重大改革，必须坚持问题导向和解决问题的改革导向，坚持这种改革是中国特色社会主义根本政治制度和司法制度的自我完善和发展的性质定位，坚持改革没有完成时、只有进行时的思想指导，循序渐进切实推进。

第五，设定并选择恰当的策略。这个策略就是民主集中制，人大及其常委会本身就是这样一个平台。《决定》明确指出，“坚决纠正唯票取人、唯分取人等现象”，尽管这是针对干部选拔任用而言的，但同样对评价组织工作有指导意义。在现行体制下，我们既不能以当代西式民主模式将司法公信力评价全部放给社会，从而使公众感性完全凌驾于司法理性之上，造成司法机关无所适从和社会失序；也不能（以党执政前的传统集中模式）将这种评价完全变成人大及其常委会的内部评价，从而使权力机关的代议制民主演变成自议制民主，背离人民当家作主的崇高追求和时代潮流。因此，在人民民主与人大集中之间把握好一个“度”，是最根本的策略，即民主集中制的策略。

第六，创设行动议程。规定好在司法公信力评价体系构建的过程中，前述五个方面所要解决的总目标、路线图、时间表，特别是哪些方面是需要集中的，哪些方面是需要民主的，各个不同的参与主体包括评价主体、被评价主体分别在这一过程中担任什么角色，都在行动议程中体现出来。

（二）战略实施。要把战略规划所思所想转化为现实绩效，须切实推进战略实施，也就是建立和发展实践行动的能力和机制，它是人大常委会少数决策者的思维性战略规划转化为行动的过程。战略实施的主要步骤有五个。第一，明确实际目标与进展指标。这个实际目标是建立人大常委会组织的排他性的司法公信力评价体系，这是一项宪法权力，也是人大实施宪法的具体体现。这个进展的指标就是，必须在某个时间节点完成体系建立任务，以回应中央提出的全面小康社会司法指标完成度的政治诉求；并且这个时间节点越早越好，要拿出司法公信力提高与否的评价数据。

第二，建立专门组织机构。这个组织机构既可以参照荷兰做法单独设立司法委员会，也可以增加人大内务司法委员会或法制工作委员会的评价司法公信力这项职能，前者重视程度更高、权威性更足，后者做起来由于不涉及组织机构调整因而相对容易。人大法工委目前主要职责是负责同本级人民法院、人民检察院和人民政府内务司法部门的联系；检查督促对口部门认真实施法律、法规及上级和本级国家权力机关的决议、决定，提出执法检查方案，总结执法检查的经验，对存在的问题督促落实，为常委会开展执法检查提供情况和依据；参与调查研究活动，为常委会决策提供资料，组织法律、法规知识培训；接待人大代表和人民群众来信来访，督促办理人民群众的申诉控告案件；完成上级交办的法律、法规草案征求意见任务，增加一项司法公信力评价组织职能没有大的问题。总之，要通过建立或者完善有效的组织机构，明确人大新职责，使战略规划得以实施和推进，使司法公信力评价成为人大常委会的一项常态化的工作。

第三，合理配置资源。司法公信力评价体系的建立是一项系统工程，相应地必须合理配置人力资源使之得以保证。其中最重要的是，坚持办事不养人、但求所用不求所有的取向，构建起四个重要的数据库，即人大代表数据库、法学专家数据库、评价服务者数据库和公民数据库。这"四库"在司法公信力评价体系中分别发挥作用，人大代表在赞成度评价中起决定作用，法学专家在指标体系设计中起重要作用，评价服务提供者实际承担测量实施工作，公民在主观性指标测量中是随机抽取对象和心理感受表达者。同时，作为一项长期复杂的专门工作，司法公信力评价经费应当纳入政府预算，由组织者人大常委会支配。

第四，建立沟通协调机制。重点加强组织者与关联者的沟通协调。与同级党委沟通协调，批准建立司法公信力评价体系战略规划；与政府沟通协调，将司法公信力评价经费纳入年度预算；与司法机关沟通协调，明确其被评价对象地位并指令其配合工作；与仲裁、信访等部门沟通协调，要求其提供关联信息；与人大代表沟通协调，参与和动员人民参与工作。

第五，营造战略实施社会环境。通过各种传媒广泛宣传建立司法公信力评价体系工作，动员全社会参与实施评价，形成良好舆论导向，汇聚推进工作强大正能量。

综上，对司法机关的评价就内容来分存在信任评价、质量评价等多种分法，但其往往是交织在一起的，质量一般就是信任的基础；就性质来分，也有正式评价和非正式评价之别，也可以称为法定评价和非法定评价。法定评价是在各国的政治体制下，由政治法律明确安排的或符合逻辑地推理出的正式组织完成的对司法机关有约束力的评价，典型如荷兰是由议会组织的司法委员会对法院进行的质量评价，根据评价结果委员会对法院的修正指示必须得到执行，是权威的评价；非正式即非法定评价就是有关研究机构或企业对司法机关的评价，它或者成为研究机构的科研成果或者成为对司法机关的柔性建议，没有法定约束力，典型如加州大学问卷调查。本书的司法公信力评价体系是正式评价，是根据现行宪法的政治安排推断出国家权力机关有义务开展对法院的公信力评价，属于法定评价，具有权威性，司法机关的公信力状态由产生机关予以评价进而控制。当然，两类不同性质的评价并不必然分开，上述评价流程就体现这一结合特征：由人大作为组织者保证评价的合法性和权威性，由非正式评价主体作为技术拥有人提供服务产品，保证评价的技术科学性和中立性，虽然评价过程中有正式机关和非正式的中立组织共同参与，但归根到底是一种正式的、法定的评价。

## 第二节　司法公信力评价的参与主体

参与司法公信力评价的主体主要包括司法机关、技术服务提供者和被调查对象。

## 一 司法公信力评价中的法院主体地位

司法机关是司法公信力的评价对象，其参与性主要体现在提供完整的司法运行文件、法律统计数据和案件质量评估报告（上级法院）上。为保证评价信息可获得性，人大应当按照中央关于推进审务公开等决定，将司法信息列入强制公开范畴和人大监督范畴，以利于人大组织的评价机构分析并验证其准确性，同时方便公众评价主体获得并给予相对客观的评价。具体说，评价指标体系中可以由司法机关自行量化的指标数据应当一体列入公开范畴，由司法机关主动向社会公开。

## 二 司法公信力评价技术服务提供者

司法公信力评价涉及专业比较综合，技术含量高，对于评价者的要求也比较高，涉及法律专业技术和评价专业技术两类服务提供者。

法律专业技术提供者是指拥有法律专业技术、能够承担法律检索解读职责的专兼职法律教育工作者和法律运用实践者，提供评价指标。前者主要指高校的专家学者，后者主要指律师。宪法学专家、诉讼法学专家、实体法学专家和资深或影响力大的律师是评价的重要主体，其在司法公信力评价体系建立上提供法律顾问服务，在司法公信力评价内容设计完善上提供法律技术服务，在重大指标定性问题上提供技术服务。这里的重大指标定性是指，客观指标中的 $I_{302}$、$I_{101}$、$I_{102}$、$I_{414}$ 等 10 个权数在 5% 以上的指标（$I_{201}$ 指标除外）定性问题，以及需要定性的指标如 $I_{402}$（一审错案率）等的定性问题，什么是错案不应由法院定性，而应由吸收专家在内的专门司法委员会定性。

评价专业技术服务提供者是指拥有实施评价经验、能够承担大型社会调查、具体从事调查、获取数据等基础性调研工作的组织或机构。按照我国国民经济行业分类 GB/T4754－2011 分类标准，评价某一社会现象是统计调查类咨询服务公司的职能范围。尽管我国评价专业技术公司发展较晚，但各种商务调查公司、市场调查公司等已经有所发展，国家统计局的城乡调查队就是专业性极强的调查队伍，承担着确保国家基础性数据准确的职责。因此，可以确定一定的市场准入资格标准，依据这些社会公司的从业经历、资历、能力，购买其调查评估专业技术服务。

### 三　司法公信力评价的其他参与者

司法公信力评价的其他参与者主要是关联机构、当事人、问卷对象这三类主体。

关联机构是拥有与司法机关相关统计数据和信息的机构。在司法公信力评价过程中，评价信息来源是多方面的，在每一指标体系中都可以追溯到这些信息持有者。特别是仲裁、信访和其他政府部门如拘留所（统计人身强制执行）等，将这些机构列入向评价机构强制公开信息的名录中，并明确其拒绝提供信息的问责程序。

当事人和诉讼代理人是直接参与司法程序者，是主要的评价主体。对于当事人及其诉讼代理人，可能会就一些定性问题将其纳入某些调查程序，使之成为被调查对象。评价组织者和实施者应当确立一定的标准，并且采取一些相对隐蔽的方法，来获得这种主观性调查结果，以确保这种调查尽可能准确客观。

其他广泛的公众就成为司法公信力评价的调查对象，也即评价者。以群众满意度为评分标准的指标，涉及参与群众的经历和态度问题，人大代表应当联系选民，通过不同媒体教育动员群众，使之尽可能客观评价各司法指标。当然，也可采取分类抽样法，通过有司法经历与无司法经历、有职业背景与无职业背景等多种分类法，区分样本，调整权数，差别对待。

## 第三节　司法公信力评价流程

评价司法公信力的提高程度，须有确定性的评价流程，指标化或指数化是一种可观测的、标准化的审视司法的方法，包括指标、标准、数据、评估主体、数据分析、指数计算等。① 因而，该确定性的评价流程包

① 钱弘道、戈含锋、王朝霞、刘大伟：《法治评估及其中国应用》，《中国社会科学》2012年第4期。

括：评价主体—数据收集—数据处理—成果使用四个环节。司法公信力评价是以评价报告为指向的评价过程，可以认为是公共服务产品的生产过程。服务产品的生产与物质产品的生产在以下几个环节有高度重合性：确定生产周期、明确组织管理者、采购生产者（评价实施者）、建立评价流程。按次序分析如下。

## 一　明确评价频率

评价频率是指多长时间、什么时间进行一次评价，也就是“生产周期”。根据参与调研的法律专家的意见，评价频率可以分为两种情况。一是任期评价。任期评价是指以新任院长就职年为起点，由人大组织评价实施者连续跟踪五年，到期后将评价结果与院长任职时的进行比较，得出司法公信力是否提高和提高幅度。这是一种以五年为频率的评价。这种评价的优点在于，能够客观评价一届院长的工作，尽管这并非评价的目的。缺点也显而易见，它不能最大限度地激发法院尤其是所有工作人员共同加强司法公信建设的活力。何况，任满评价对院长施加的压力也不明显，因为这是一种事后评价。二是年度评价。年度评价是指以一年为评价频率，每年都要进行一次司法公信力评价，都要与上年度的数据进行比对，从而得出年度司法公信力是否提高及提高幅度的结论。其优点是始终保持一种压力，会持续促进司法机关推进公信建设；缺点主要是工作量比较大。

根据指标设定的分析，建议司法公信力评价应当结合司法机关年度述职报告来确定，即每年年终至次年人代会之间进行一次，大约一个季度的时间，这足够完成所有指标数据的收集和技术处理，而其评价结果可以作为司法机关述职报告的重要参考乃至组成部分。

## 二　找准评价组织起点

司法公信力评价组织起点，指从哪一级人大开始建立司法公信力评价体系。涉及司法公信力评价的具体组织者和被评价者的对偶安排问题，调研中法律专家有两种不同意见。

一是县级人大常委会 & 基层人民法院模式。这是一种由直接产生机关来组织评价的程序安排，依据地方各级人大组织法规定的调查委员会机制，组建针对司法公信力状况的特别事务调查委员会，由调查委员会每年提交一个报告来评价本级法院的司法公信程度。这种安排的好处是不涉及人大体制改革，完全符合现行宪法规定。其弊病在于，一方面，在司法公信力评价指标体系的评价方法中已经明确，很多时候组织者和实施者要通过同级多个司法机关进行指数比对才能完成测量，否则有些指标测不出来。因此，由于同级有多个法院（比如全国基层法院就有3000多个），也就会有多个人大常委会组织司法公信力评价工作，既受技术约束不利于评价标准统一，也会严重浪费资源；另一方面，也要考虑同级人大与法院的利益纠葛问题，导致客观公正性受到影响。

二是上级人大常委会 & 下级人民法院模式。这是一种组织提级评价，由上级人大对下级法院进行错位评价。全国以地市以上人大为评价组织起点，基层人大不行使公信力评价权。这样一来，全国一共300多个地级市（含州和自治单位）的人大组织评价3000多个基层法院、30个省区直辖市人大组织评价300多个中级法院，由全国人大组织评价30个高级法院，可以确保尺度统一、节省资源，并能有效提高评价的客观公正性；尤其有利于完善人大体制，形成基层人大重做事（审议、批准、监督、调查、质询等宪法和地方人大组织法定权力）、上级人大重监督的人大格局。这种模式的弊端是缺少人大体制资源支持，改革的难度可能要大一些。

组织提级错位评价模式相对科学一些。尽管在现行人大体制中难以寻找到支持依据（也不能说完全没有，比如上级人大代表是由下级人大代表选出来的，因此也可以说下级法院是由上级人大间接选出来的），但情况正在发生变化。十八届三中全会《决定》提出，“改革司法管理体制，推动省以下地方法院、检察院人财物统一管理，探索建立与行政区划适当分离的司法管辖制度，保证国家法律统一正确实施”。省以下司法统一管理和司法辖区与行政辖区分离两项改革，实质是要改革人大、司法体制问题，调整人大、司法结构。可以推测的是，在修改宪法、人大组织法、法院组织法和法官法的基础上，将法院院长、庭长和法官的任命权统一上收到省级人大。如果这一理解成立，那么不仅第二种模式有体制资源的支持从而可以实施，而且应当转变为由省级人大统一组织实施，地市级人大不过是执行省人大指令对下级法院开展司法公信力评价工作而已。

### 三 采购评价实施者

根据国家招投标法，将司法公信力评价实施工作纳入政府采购程序，每年组织一次招投标，以确定两类专业技术服务提供者，并组织二者共同工作。包括采购基本文件、投标邀请函和用户需求书。用户需求书是由评价组织者人大提供的，主要阐述项目背景、项目建设内容、项目建设要求、项目技术要求以及项目的组织与实施等，实质上是司法公信力评价体系主要内容的缩略版。其中投标邀请函包含以下内容：1. 采购项目编号。2. 采购项目名称：对 X 省中级人民法院（X 市基层人民法院）司法公信力评价项目。3. 最高限价，其中法律专业技术服务费和评价专业技术服务费规定占比。4. 采购项目技术规格、参数及要求。（1）采购内容：评价方案，包括对需方提供的评价指标体系的修正、测量技术选择的修正；评价实施；评价报告。（2）用途：人民代表大会评价司法公信力升降程度。（3）简要技术要求：与需求说明书一致。（4）交货期，年度人民代表大会召开之前三个月内完成。（5）交货地点：X 政府采购中心（转交 X 人大法律委员会）。5. 投标供应商资格。（1）投标人应符合《中华人民共和国政府采购法》第二十二条之规定。（2）已报名获取本招标文件的在我国注册的企业法人，需提供营业执照副本复印件。（3）投标人应能够提供拥有 A 类律师资格证且连续从业 5 年以上的律师不少于 2 人，法律副高以上职称且受聘从事法律教育工作 5 年以上的兼职律师的教师不少于 2 人；投标人应能够提供具有高级统计师资格且连续从业 5 年以上的统计师不少于 4 人。6. 符合资格的投标供应商领取招标文件的时间和地点。7. 投标截止时间。8. 提交投标文件地点。9. 开标时间。10. 开标地点。11. 投标保证金。采购评价实施者涉及太多的技术性和操作性知识，超出法学研究范畴，具体不再论述。

## 四　建立评价工作流程

司法公信力评价流程是按照司法公信力评价指标体系要求，完成确定评价主体、收集分析处理数据、提交评价报告等具体环节的全过程。这一过程如图4—1。

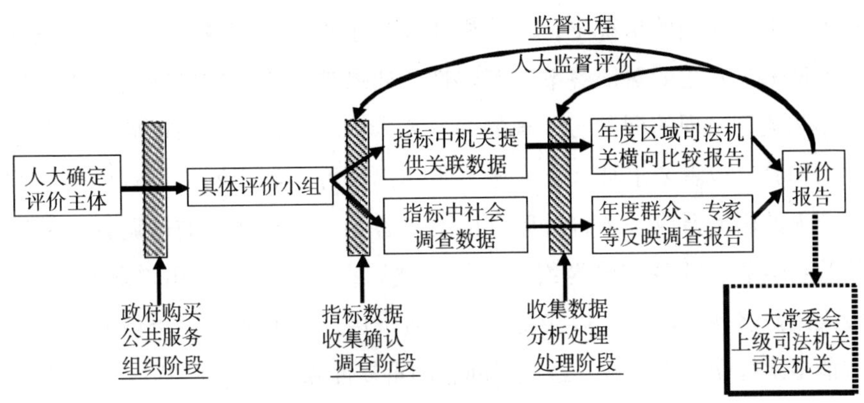


**图4—1　司法公信力评价流程**

在招标采购技术服务提供者后，由人大法律委员会成员与两类技术服务人员共同组成评价小组，围绕修正后的评价指标体系，收集法院、政府部门等人大强制公开的客观数据并进行真伪检验和测量；按照主观指标大样本量问卷调查方法完成抽样调查工作。其中，为确保评价公正性，可以在随机抽查以外采取以下更加精细的调查方式：（1）目标群体分别抽查。受调查的目标群体可以是随机抽取的，也可以针对专门的人群。如世界正义工程法治指数中采取的两种调查方式：一是选择几个城市，确定固定数目的受访者进行抽样调查，被称作“普通人口抽查（GPP）”方式；二是分领域或者采用其他分类并在其中随机抽取一定数量的受访者进行调查，被称作“专家型受访者问卷（QRQ）”方式。[①]（2）法律共同体间调查。法院法官不但可以通过检察官和律师进行评价，

① 钱弘道、戈含锋、王朝霞、刘大伟：《法治评估及其中国应用》，《中国社会科学》2012年第4期。

后两者也可以通过法官进行评价，法官、检察官和律师之间的相互评价机制是一种法律共同体之间的同质监督方式。美国就存在由律师协会组织律师评价法官和由法官评价律师的做法。（3）电话调查和在线调查。信息技术已经在社会调查中得到了非常普遍的应用。既可以通过电话调查，也可以通过网络在线调查。计算机可以辅助电话进行调查，调查人与被调查人的通话直接输入计算机终端，答案显示在计算机终端，只有回答完上一问题的情况下，计算机才能显示出下一问题，因而能保证问题不遗漏。它还能保证答案的有效性，如果被调查人的答案与调查问题毫不相关，出现的词汇与调查的问题差异太大，系统会自动响应，要求重新回答，或者要求被调查人进一步作出解释。利用网络调查就是通过调查人的服务器或一个自我管理的终端答卷，所有在线的被调查人的网络答卷会通过软件传输至终端。每个被调查人只有一个用户名和密码，输入用户名和密码就可以接受网上调查，由于有密码，一个被调查人不可能多次提交调查问卷，避免了问卷的重复性和不真实性。①

在客观指标和主观指标调查完成后，实施者利用计算机软件处理问卷，并对分析结果进行误差修正后得出正式结论，形成评价报告。评价报告提交后由组织者依在先质量标准进行验收，合格后结项，组织者将评价报告分别交下级人大和被评价法院。

---

① 参见蒋惠岭、柴靖静编译《美国商事诉讼环境评价机制》，中国法院网，于2013年6月19日访问，http://www.chinacourt.org/article/detail/2013/04/id/951013.shtml.

# 第五章

# 司法公信力评价的可能影响

由司法公信力评价政策体系（为何评）、主体体系（谁来评）、指标体系（评什么）、操作体系（怎么评）四个子体系共同组成的司法公信力评价体系如何作用于理论和实践是关键问题。这一体系应当在国家权力机关、司法机关、法学理论界和社会公众这四个领域得到运用或者产生影响。

## 第一节　可用来提升国家权力机关的四大意识

各级人大常委会组织实施司法公信力评价体系的实践可以推动人大发挥国家权力机关的作用，司法公信力的四个子体系分别促进人大的政治意识、主体意识、法治度量意识和民主实践意识。

### 一　政策体系与人大政治意识

依法治国是党领导人民治理国家的基本方略。作为我国社会主义根本政治制度的人大制度，与时俱进深化改革、贯彻执行党的最新政策体系是其具有强烈政治意识的标杆。人大不断增强国家权力机关在国家治理体系中的民主职能，不断提高国家权力机关的国家治理能力是其根本任务。

司法公信力评价政策体系为人大增强国家权力机关的国家治理能力和民主职能提供了理论范本。人大是人民意志的承载者，也是人民意志的落实者，国家政策必将通过人大组织实施并落实到各级国家机关的治理实践中。因此，各级人民代表大会及其常委会增强权利义务意识，从人民根本利益角度思考问题，才能把包括司法公信力评价政策体系在内的政治精神落实到工作中。人民代表大会及其常委会能否在国家治理现代化过程中提升治理能力，取决于能否把人民更广泛地团结起来，能否保证产生的国家机关正确履行职责，能否实施宪法监督。司法公信力评价政策体系提出了人大及其常委会把司法公信力评价体系建设纳入宪法实施的问题，这是对人大原有宪法实施体制机制的创新，需要人大对执政党政策给予有效回应。

## 二 主体体系与人大主体意识

主体意识是指主体的自我意识，它是人或组织对于自身的主体地位、主体能力和主体价值的一种自觉意识，是具有主观能动性的重要根据。自主意识和自由意识是主体意识的重要内容。自主意识是指意识到自己是世界的主人，在同客观世界的关系中，居于主导和主动方面；同时，意识到自己是自己命运的主人，有独立自主的人格。自由意识是指主体的最高理想和最终目的就是要克服主客体的对立，实现主体的自由。主体意识是随着社会实践的发展而发展的，对于司法公信力评价主体体系的运用来说，人大及其常委会要树立好机遇意识、进取意识和责任意识。

第一，人大评价司法公信力的主体机遇意识。构建司法公信力评价体系、组织司法公信力评价实施，正是对中央要求“健全‘一府两院’由人大产生、对人大负责、受人大监督制度”的贯彻落实，也是人大及其常委会捍卫其国家权力机关主体地位的重大机遇。宪法规定的人大及其常委会的每一项职责，都能体现人大及其常委会的主体地位。但是，如果不能把职责具体化，人大及其常委会除了举手选举之外，就是可有可无的，受其产生机关的轻视将不可避免。长此以往，人民将失去当家作主的权威，因为在代议制民主的政治意义上说，人大及其常委会权威等同于人民权威，人大失去权威也就等同于人民失去权威。如果人大将司法公信力评价与审议法院工作报告、检查法律法规实施情况、询问和质询以及特定问题调查等联系起来，就能很好地落实人大在该权力实践中的主体地位，牢牢树立人大的权威，维护以宪法权威为表现的政治秩序。

第二，人大评价司法公信力的主体进取意识。进取是一种工作态度，决定了主体的主观能动性大小。司法公信力评价主体体系，是一个由组织协调、联络沟通、检验评价等多方主体构成的统一体，这些主体的选择和之间的配合既是对人大及其常委会社会动员能力的一种考验，也是对业务能力的一种考验。有了强烈的进取意识，才能面对考验不退缩，并且焕发出敢于拼搏、敢于担当的青春。与进取意识相对的是平庸懒散，是习惯于平淡和惯例，常见表现是代议不作为、不敢作为。很长一段时间人大评议存在诸多困惑：人大代表做好好先生，评议的基调是肯定成绩，评议意见充塞着“不够”“进一步”等浮皮蹭痒的评价，实质性问题绕着走，述职、工作报告自我表扬，避问题，诿责任。存在这些问题的根本原因还是评价体制机制存在问题。评议可以监督政府官员，而政府官员在资源配置、干部升迁、工作安排、经费拨付等方面却统摄评议者。超越利益关系对评议者来说近乎苛求，于是“近亲评议”“一团和气”成为一个很难攻破的“堡垒”，逆耳、率真的“最强音”往往从那些非官员型“布衣代表”发出，担任领导职务的代表唱“黑脸”实为鲜见。还有，评价组织者是否要推进阳光评价、开放评价？除要求参加评议的代表走访选民外，是否在其余的环节请选民参与或旁听？在人民民主面前，选民评议公开价值要远远超过“会议成本”“简化程序”，因而人大从制度层面保障主体意志的实现而深化改革，是评判人大及其常委会具有进取精神的关键衡量。

第三，人大评价司法公信力的主体责任意识。党的十八大以来，党内国内政治实践体现出明显的自我加压特征，就是对官员的监督问责党走在了前面。纪检监察、检察机关密集行动，而与此形成鲜明对照的是，作为法定权力监督机关的人大总体上还是按兵不动。对权力监督负责，是人大及其常委会紧迫的责任意识。深入发掘现有政治资源和法律资源的作用，是在包括构建司法公信力评价体系在内的工作中展示人大的主体责任意识。

第四，人大评价司法公信力的主体监督意识。实施国家机关权力监督是夯实人大主体地位的根本途径，而构建司法公信力评价体系则是实施监督的基础。宪法和有关法律已经赋予人大常委会对“一府两院”工作的监督权，监督法着重将人大常委会对“一府两院”工作的监督进一步予以规范化、程序化。人大常委会的监督重点是关系改革发展稳定大局和群众切身利益、社会普遍关注的问题。比如政府工作中的“三农”问题、义务教育、环境保护、医疗卫生、安全生产、社会保障、拆迁补偿等，“两院”工作中的执行难、告状难、赔偿难、刑讯逼供、超期羁押、错案不纠、司法不公等，这些都是人民群众普遍关注、反映强烈的，又带有共性的问题，都是人大常委会的监督重点。人大常委会每年都要选择若干带有普遍性的重大问题听取和审议专项工作报告以及开展执法检查。如果人大常委会在执法检查中，或者在人大代表对“一府两院”工作提出的建议、批评和意见集中反映的问题中，或者在调查研究中，再或者在人民来信来访集中反映的问题中发现民诉法适用错误以及其他法律适用错误的问题，那么就具体的个案人大应依法移送人民检察院，建议提起民事抗诉监督程序。

人大在审议专项报告之前，是否应当有一个“一府两院”以外的主体提供一个权威的报告而不是让他们自说自话？执法检查能否在突出重点的同时兼顾一般，比如法的总体实施情况而不仅仅是哪部具体法的实施检查？这就是监督法实施中人大常委会面临的两个尖锐问题。简言之，上述两个方面都需要一个联结点，这就是司法公信力评价报告（作为监督对象“一府两院”都应当存在这种报告）。这是代表们审议报告的基础，也是法治中国建设进展情况的区域度量，更是现有法律资源内的人大监督制度创新。

## 三 指标体系与人大法治度量意识

“建立科学的法治建设指标体系和考核标准”，它标志着执政党对法治建设的认识提升到了一个新阶段，也就是法治状况是可以度量的阶段。人大常委会应顺势改变思维方式，在坚持大局意识的同时，增强微观度量意识，实质就是为党的国家治理体系补强技术要素，向着国家治理体系和治理能力现代化前进。具体来说，有以下两个思维转变。

第一，从宏观到微观的思维转变。注重逻辑和分析是西方文化思维模式的显著特点，而东方文化思维模式表现出直觉整体性，注重直觉也就是注重认识过程中的经验和感觉，并且用这种经验和感觉在各种社会关系的建构和解构过程中予以度量。与精细化思维模式相比，直觉思维的劣势是模糊性和笼统性，现实表现就是以粗线条的识别来简化对外界事物的分类过程。在西式思维中，“绝大多数人（干部）是好的”是一句逻辑错误的话，因为它难以符合数学证明，即使用违法犯罪数量与人口数相比而言较低也不能推理出这一结论，二者没有因果关系，这是逻辑的力量；科学的说法是，（由于有部分人或干部犯罪）有部分人（干部）是坏的，因为它能够用数字证明。同样，在西式思维中，自我评价当且仅当成为外部主体的评价对象时——譬如求职考官要求考生自我评价，此时的自我评价本身是一个被评价的客体——才是有用的；而当它被放到其他任何地方时，就将不仅是荒唐的，而且是一种压迫和专横。本质上说，宏观性的直觉式的思维定式往往忽视个体事物的差别，感性色彩强于理性色彩，使我们对很多错误的东西都信以为真，是一种思维领域的先入为主，而不是基于事实的结论，更不愿意花心思精力去做度量的事情。一个经典故事是，对于掉在地上的一根针，中国老太太会朝地上一眼扫过，找不到就算了，省事；德国老太太会在地上画方格，一块一块地寻觅，直到确认有或者没有，真麻烦，但这种麻烦成就了德国在精密制造业领域的全球领先地位。人大及其常委会对其产生机关的监督不仅通过直觉相信其产生的国家机关的所言所行，而且通过正当程序夸大了对其监督对象的正面认识。当然，这不是说为了微观思维而放弃宏观思维，宏观思维在把握战略方向上是有益的，只不过在安排战术上存在不足而已，战术安排的思维是一种微观思维。司法公信力评价指标体系的建立，就是这种微观思维的结果，就是把司法这个事物作为一个整体（宏观）放在显微镜（微观）下进行的细节观察，而不是由司法自我评价。

第二，从民主到科学的思维转变。最广泛的民主是中国根本政治制度的最大特色和优势，但是民主和民主的实现方式不一样。民主的实现方式与科学相关联，科学是从最广泛民主到最真民主的转化机制，只有采取科学方式实现的广泛民主才是真民主。而我们正在行使权力的干部没有普遍的科学教育背景。“罗素认为，中国教育造就了稳定和艺术，却不能产生精神和科学，而没有科学就没有民主。所习非所用、所用非所习，权力专制、学术专制是对中国科技的最大摧残。在一个权力社会，做官成为所有人的梦想，而科举考试是唯一的道路。一万年来谁著史、三千里外觅封侯，权力垄断知识的结果比垄断面包具有更大的破坏性；垄断面包毁坏的是身体，垄断知识则毁坏人的智慧和头脑。”① 通过司法公信力评价指标体系，为司法权力确定一个科学的边界，正是民主成真的实现和表现，也是一个通过数目字管理实现民主的科学化的过程。

### 四　操作体系与人大民主实践意识

最广泛的民主既不会是代表们坐在会议室里开会所能产生的，更不会是人大常委们的视察所能出现的，它只能产生发展在实践中，最广泛的民主就是最大多数人参与的实践过程。民主过程是一个持续过程，不是一次选举就完成，而是选举产生国家机关之后对其履职实践的监督过程中所体现出来的。这一点，与《决定》中政府与市场的关系相似，政府的主要职责不是在市场准入方面限制市场主体，而是在市场监管上发挥作用。人大也不是把全部精力都放在选举上，因为党的提名（无论等额还是差额）绝大多数时候与人民的意志是完全一致的，不一致只是例外，所以人大的选举大多也是形式审查，这相当于一种公职准入，选举也是一种形式审查为主的公职准入；人大的工作重心应当放在选后官员的监管上，主要是扩张民主平台和实践，“只有让人民来监督政府，政府才不敢松懈；只有人人起来负责，才不会人亡政息”。② 司法公信力评价操作体系应当成为扩大人民民主的实践平台，在民主监督中使民主实践日常化。

因而人大的民主实践意识就尤为重要。十八届三中全会要求人大常

---

① 杜君立：《历史的细节：马镫、轮子和机器如何重构中国与世界》，上海三联书店 2013 年版，第 265 页。

② 中央纪委宣传教育室、中央组织部干部教育局、中央宣传部宣传教育局编：《领导干部从政道德启示录》，中国方正出版社 2013 年版，第 73 页。这是 1947 年毛泽东回答黄炎培先生提出的历史周期率问题时的回答。

委会加强与代表的联系、代表要加强与选民的联系，实际上都是扩大民主实践的要求。那么，这些联系的目的是什么呢？就是为监督国家机关工作，就是为了体现人民主权原则。对于人大常委会来说，联系代表也好、代表联系选民也好，需要有明确的经常性的工作主题。人大的民主实践意识就体现在为人民民主创造平台上，司法公信力评价操作体系就是可以年年抓的一个突破口，在这一操作中把人民民主监督作用发挥出来。特别是，司法公信力评价结果，完全可成为人大年度审议法院报告的参考，改变过去只举手的尴尬境地；这是一个多法院比较的报告，能够对同级法院进行比较鉴别；同时，这个报告还可成为人大常委会开展专项调查、执法检查、个案监督乃至质询问责法官和免去审判员资格的依据。

总之，人大的主体意识代表人民的主体意识，人大的主体意识觉醒就是人民主体意识的觉醒，准确把握和正确运用司法公信力评价体系的每一个子系统，都是这种觉醒的表现形式。在体系建立和运用初期，可能会给人大、代表们、人民、法院等带来一些不适应，但干部善于在监督下开展工作，人大及其常委会、人大代表和人民习惯于开展监督工作，两个方面都不可或缺。

## 第二节　可用作司法公信建设的倒逼机制

“为深入贯彻落实党的十八大关于加快建设社会主义法治国家的重大部署和习近平总书记关于法治建设的重要论述，积极回应人民群众对于新时期人民法院工作的新要求和新期待，切实践行司法为民，大力加强公正司法，不断提高司法公信力，充分发挥人民法院的职能作用”①，最高人民法院于2013年9月6日发布《最高人民法院关于切实践行司法为民大力加强公正司法不断提高司法公信力的若干意见》。最高人民法院院长周强多次指示“勇于改革创新，不断提高司法公信力”“以提高司法公

① 参见最高人民法院于2013年9月6日发布的《最高人民法院关于切实践行司法为民大力加强公正司法不断提高司法公信力的若干意见》。

信力为根本尺度推进司改”“深化司法改革、提升司法公信力”“深入推进案件繁简分流机制改革，全面提高审判质效和司法公信力”“提升司法公信力，让人民群众有更多获得感”等，2019 年 4 月周强院长在政法领导干部学习贯彻习近平总书记重要讲话精神专题研讨班辅导报告会上指出“全面落实司法责任制，切实提升审判质效和司法公信力”，中央政法委书记郭声琨在 2020 年 8 月政法领域全面深化改革推进视频会上强调“深入学习贯彻党的十九大和十九届二中、三中、四中全会精神，加快推进执法司法制约监督体系改革和建设，全面提升执法司法公信力”。“当今世界正经历百年未有之大变局，我国正处于实现中华民族伟大复兴关键时期，维护国家主权、安全和发展利益，推进国家治理体系和治理能力现代化，服务保障经济高质量发展，切实满足人民群众日益增长的司法需求，都对人民法院工作提出了更高要求。要准确把握新形势新情况，认清机遇挑战，找准主攻方向，切实履职尽责”①。“人民法院司法改革之所以能取得明显成效，根本在于坚持了以下几方面经验：一是坚持党的领导，坚持以习近平新时代中国特色社会主义思想为指导，坚决维护以习近平同志为核心的党中央权威和集中统一领导，坚定不移走中国特色社会主义法治道路，始终保持司法改革的正确政治方向。二是坚持以人民为中心，牢记司法改革必须为了人民、依靠人民、造福人民，把解决了多少问题、人民群众对解决问题的满意度作为评判改革成效的标准，努力让人民群众在改革中有更多获得感。三是坚持问题导向，奔着问题去、迎着困难上，以提升司法公信力为根本尺度，扭住关键、精准发力，敢于啃‘硬骨头’，敢于动自己的‘奶酪’，当好改革的促进派和实干家”。② 法院系统自觉的十八大以来，将深化司法改革、提高司法公信力作为主要工作目标，不断加强司法公信建设。提升司法公信力，需要法院系统内生力量的自觉，更需要系统外部力量的推动。本书试图建立的人大及其常委会组织的司法公信力评价体系就是这样一种外生力量。那

① 2020 年 1 月 18 日最高人民法院院长周强在全国高级人民法院院长座谈会上的讲话。

② 2017 年 11 月 1 日十二届全国人大常委会第三十次会议第三次全体会议，周强院长报告人民法院全面深化司法改革情况。

么，人民法院在推进司法公信建设的过程中，应当如何运用好这个外部力量呢？正视、回应和依靠司法公信力评价体系，就是人民法院应当给予的回答。

所谓正视，就是严肃认真地对待。人民才是历史的创造者。中国的执政党、最高和地方各级权力机关、行政机关、司法机关都是人民当家作主的工具。通俗地说，人民和法院的关系就是主人和公仆的关系，公仆工作做得如何，主人有权检查、评判和据以任免公仆。司法公信力评价体系的建立，不过是使人民的评判更加精准而已。

所谓回应，对于司法机关特别是其中的党组织来说，就是主动为人民监督创造条件、争取更广泛的人民支持。鲁迅先生曾说，“多数的力量是伟大的、要紧的，有志于改革者倘不深知民众的心，设法利导、改进，则无论怎样的高文宏议、浪漫古典，都和他们无干，仅止于几个人在书房中互相叹赏”①。我们党在革命战争年代如此，在社会主义建设时期如此，甚至出现重大政治失误和错误都能屹立不倒也是因为如此，而在改革开放以来取得了举世瞩目的成就，还是如此，即抓住了大多数人民的心，取得了最广泛的人民支持。法院能否走出“书房”，能否不仅仅在“会堂”，能否主动将自己融入最广大的人民，能否主动将自己纳入一个外在的精细评价体系，是对法院人政治勇气大不大、政治智慧高不高的一个检验。

所谓依靠，就是法院利用司法公信力评价进行司法公信建设。人大搭台、法院和人民唱戏，最终能够把各种涉法纠纷框在一定的筐子里。在整个司法公信力评价体系中，政策体系是执政党与国家权力机关、司法机关的关系框定，主体体系是国家权力机关与司法机关的关系框定，操作体系是权力机关、人民群众和司法机关的关系框定。这些体系的建立，关键是厘清各方面的关系，明确相关的权利义务。而对被评价对象司法机关最具有行动指示意义的，是评价指标体系，它规定人们对司法机关最为关注的领域和环节，这些方面也就成为提高司法公信力的主要

① 转引自人民日报评论员《紧紧依靠人民推动改革——七论认真贯彻落实十八届三中全会精神》，载《人民日报》2013 年 11 月 22 日。

方面，也是司法机关加强公信建设的着重点。司法机关在全面回应司法公信力评价四个子体系要求的同时，依靠外部评价指标的测评情况，大力提高法院内部管理和案件质量这两个方面。

## 一 根据评价指标修正法院管理改革方向①

我国在1999年最高人民法院颁布的《人民法院五年改革纲要》中，第一次以文件形式正式提出了审判管理制度改革的基本任务，使得“管理”一词不再是行政专有名词，法院工作中植入对于司法权的管理也渐渐被人们所接受。经过10多年的探索，尽管尚未形成全国统一的审判管理制度体系，但各地根据具体情况业已取得了一定的成果。比如山东省法院系统，在行使审判管理的主体方面，成立了编制独立的审判管理办公室，审判管理机构的负责人为审委会委员。在审判管理的内容方面，建立了关于“五个体系”的规章制度。一是审判流程管理，主要加强对关键环节的节点控制和对审限管理的时点控制；二是审判质量管理，通过案件评查、改发案件逐案评议、法律文书评比、典型案例指导等方式，对案件质量进行控制，加之庭审观摩评查、文书评查等工作，强化了对审判权运行的事中监督和结案反映的事后监督；三是审判质效评估，设定了一整套质效评估指标体系，一方面最高人民法院颁布了《人民法院质量评估指标体系》、《审判质效管理办法》和《2011年度中级法院考核办法》，另一方面各法院结合审判执行工作实际情况确定了具体的指标，同时加强了对审判运行态势的分析研判和质效评估结果的运用；四是层级管理，既包括上下级法院之间关系的理顺，也包括对院领导、部门负责人以及普通干警的管理考核，将以往考核到庭转变为考核到人，进一步强化庭室管理、法官自主管理的二、三级管理体系；五是审判信息管理，包括庭审录音录像和建立电子卷宗。

目前，对法院的管理主要以各种考核指标的形式进行，各省级法院对下级法院都有考核指标，各级法院对内设部门及其人员也都有绩效考核体系。这些考核体系的主要依据有两个，一个是前述引用的最高人民

① 参见李秀霞《三权分离：完善司法权运行机制的途径》，《法学》2014年第4期。

法院《关于开展案件质量评估工作的指导意见》，另一个是最高人民法院《关于当前进一步加强人民法院队伍建设的意见》，第一个规定针对的是案件和审判，第二个规定针对的是人。本节分两部分分别研究案件质量和队伍建设的问题。此部分研究队伍建设，即法院的人员管理，主要依据是表3—11的指标3，即司法行权指标。在表3—11的指标中，体现出的一个重要要求就是“把人放到合适的位置上”，把权力分配和定位得清清楚楚，把法院各工作流程完善起来。一般认为，法院管理分为审判管理、政务管理和人事管理三大部分①，“审判管理是那些与审判案件直接相关的事务的管理，如案件流程管理、案件质量和效率管理（绩效评估）等。司法政务管理包括为审理案件和法院的运转提供支持和服务的活动，如办公设施、经费保障、后勤事务等。司法人事管理包括法官管理、辅助人员管理、行政人员管理等”②，政务管理和人事管理实质是法院的行政管理。这样，从行政管理角度和组织结构学分析，与审判管理和行政管理相对应，法院内部职权运行分为两部分，即审判权和行政权。

### （一）法院管理中的结构性矛盾

综观整个法院系统管理现状，最为突出的问题就是权力划分不清楚。这涉及法院内部权力理论的突破，以及如何配置权力资源。在公共管理的概念中，监控是一个必不可少的要素。在法院管理中，监控是关于审判前、中、后不同环节的禁止性规范和程序，监控的职权运行我们称之为监督权，监督权也属于法院内部职权运行的独立权力。这样，法院内部实际存在着行政权、审判权和监督权，这三项权力本书统一称之为司法权。法院管理就涉及对该三项权力的配置。根据组织结构决定行为效果理论，法院内部三权配置状况如何是影响司法公信力的关键因素。行政权是由法律对其范围加以规定的管理职能，主要见于宪法、法院组织法和法官法。具体而言，它规定法院系统的组织结构、人员分类、编制等及其执行，承担通过机构分类和人员配置来创建行政组织、审判组织、

① 2005年最高人民法院公布的《人民法院第二个五年改革纲要（2004—2008）》将法院管理分为“审判管理、司法政务管理、司法人事管理”三大部分，统称“司法管理”。

② 蒋惠岭：《关于二五改革纲要的几个问题》，《法律适用》2006年第8期。

监督组织及其工作流程的职能。审判权是由法律规定的审判组织行使的裁判案件的权力，除组织类法之外，主要见于部门实体法和三大程序法。监督权是由法律规定的监督组织行使的对办结案件及其承办法官调查处理的权力，除组织类法之外，主要见于各诉讼法，基本内容包括对案件的监督、对承办人的监督、对干涉人的监督三大类，具体由审监庭和纪检组行使。

法院管理中的结构性矛盾主要表现为审行合一。所谓审行合一，是指法官与行政管理对象的合一和审判权与行政权的合一。前者中，法官既是一个案件的审理者，也是系统内部的被管理者，享有独立审判权的法官同时也是行政管理的对象，这本来没有什么，但是由于后者，即行政管理者同时又是审判者，也就是说被管理者的应然的独立审判权实际上并不存在，由于后者的存在，法官失却了独立审判权。法官只成为一个案件的调查员，而不是裁判员，裁判结果由他的若干行政长官决定。其基本表现就是合议庭功能的萎缩和庭长、院长权力的扩张，庭长、院长不但行使着案件审批权，也直接参与合议庭案件评议过程，另一方面，审委会审理案件的程序启动权由院长扩大至副院长乃至庭长，一言以蔽之，过去的法官组织和审判组织实践中，普遍存在着行政权大于司法权的违法现象，也就是理论界批判多年的“审者不判、判者不审”。

审行合一不仅削弱和分离了审判权从而影响审判质量和效率，还使法院系统内监督机制成为摆设。监督组织的监督针对的是一位法官的审判及其衍生行为，其审判及其衍生行为却受上位法官的控制和调节，而上位法官大多同时是监督者或监督组织的领导者——事实上的监督关系的控制者和调节者。这就是说，在审判者、领导者和监督者的三者关系中，出现了权力集中于领导者一身的现象，笔者将这种结构性矛盾称为权力主体错位和对权力运行的扭曲。基本表现就是，监督主体无法监督审理案件的审判组织或审判法官，因为案件实际不是他们的意见；而又无法监督审批法官，因为其不敢监督。

（二）法院管理体系的转型重构

法院系统行政权、审判权和监督权，应当按照“三权分离、各司其职、各负其责”的总体要求（可概括为“三权三性”），设定行政权、审判权和监督权的地位和职责。

第一，行政权具有服务性，取消法院内部行政权对法官的控制。改革侧重点为，首先构建法院内部的三类组织并固定，然后建立法院工作人员的分类规则，当务之急是将行政组织人员和审判组织人员明显分开，二者地位不同，其他管理方式亦不同，互不兼任，行政组织的人员不得具有法官资格，已经是法官的应免去法官资格，而法官不走行政人员晋升的路子。其次，对于审判组织的人员应确定法官级别和科学的晋升机制。《法官法》和《法官等级暂行规定》将法官分为12级，从立法上确定了法官不同于行政官员的晋升机制，就要建立以业绩为主的法官正常晋升机制，立案庭依据法官库存案件数随机分配案件，法官在完成基本的工作量、达到一定的业绩、无违法乱纪现象等情况下，就应当正常晋升，级别、待遇、地位随着工作年限而自动升高，不与行政职务挂钩。再次，组织依法依职权开展活动。法院系统工作人员比例必须严控，确保审判执行一线法官占法院所有人员的最低比例，比如行政、审判（含执行）、监督三大权力行使者确定为2：7：1①，即建立核心业务倾斜规则。

第二，审判权具有独立性，取消审批权并建立制裁性的后果规则。审判组织具有独立行使审判权的权利和义务，依据库存案件随机分案，具有独立办案能力，不得向上请示或寻求其他审判组织意见，如果寻求不必要的审委会意见或其他外部帮助应因无能而让位。法院系统只有独任庭、合议庭和审委会三个审判组织，其他研究案件或决定案件意见的组织或形式都是违法的，如果行政权介入审判权，不但成为案件发回重审的理由，也应当追究相关人员的责任。法官应独立承担结案后责任，因种种原因引起监督程序时，法官得接受调查。

第三，监督权具有主动性，建立一个追究与否的责任链条。对于改判、发回、再审、信访案件，监督组织应主动介入，这些都应成为启动监督程序的法定情形。生效案件出现变化，就应当对案件承办人启动纪检监察程序。对于应当启动审监程序或纪检监察程序而未启动者，上级主管部门应当对此进行调查，即成为启动上级纪检部门监督下级纪检部

---

① 参照高等院校行政人员与教职人员的比例3：7。

门的法定情形，院长不启动再审程序、纪检不启动监督程序、下级纪检组不启动监督程序等分别由同级人大、上级党的纪委启动问责程序。这样一来，一个环环相扣的责任链条就建立起来了。

需要指出的是，作为至关重要的质量保障和监督机制，法院系统的纪检监察体制改革可以参照即将推行的党的纪检体制改革展开。党的十八届三中全会《决定》建设制度化和程序化的党的纪律检查工作双重领导体制，查办地方腐败案件以上级纪委领导为主，具体事项地方纪委在向同级党委报告的同时，还必须向上级纪委报告。人事方面也是以上级纪委会同组织部门提名和考察纪委书记和副书记为主。为此，纪委也应当加强对法院纪检组的领导，即查办本院干警违法违纪案件以纪委领导为主而不是以本院党组领导为主，线索处置和案件查办在向本院党组报告的同时，必须向上级纪委报告；法院纪检组长提名和考察以上级纪委会同组织部门为主。

### （三）司法责任制改革下法院管理体制重构的实践

上述法院管理体系中的痼疾，法院系统乃至中央早就意识到，并下定决心革除，于是有了司法责任制改革的国家顶层设计。至2013年十八届三中全会《中共中央关于全面深化改革若干重大问题的决定》提出完善司法人员分类管理制度；完善主审法官、合议庭办案责任制，让审理者裁判、由裁判者负责；要求明确各级法院职能定位，规范上下级法院审级监督关系。2014年十八届四中全会《中共中央关于全面推进依法治国若干重大问题的决定》提出将“推进法治专门队伍正规化、专业化、职业化，提高职业素养和专业水平”作为司法改革的一项重要目标。为落实决定精神，2014年最高人民法院《人民法院第四个五年改革纲要（2014—2018）》明确要“建立法官员额制度”，“根据法院辖区经济社会发展状况、人口数量（含暂住人口）、案件数量、案件类型等基础数据，结合法院审级职能、法官工作量、审判辅助人员配置、办案保障条件等因素，科学确定四级法院的法官员额”。要“推动法院人员分类管理制度改革”，将法院人员分为法官、司法辅助人员、司法行政人员三类。2016年开始试点员额法官选任工作，2017年7月3日，最高人民法院举行了首批员额法官宣誓仪式。最高法院首批员额法官选任工作完成，标志着法官员额制改革在全国法院已经全面落实。全国法院共遴选产生首批12万余名员额法官，法官员额比例控制在中央要求的中央政法专项编制39%以内。各地法院普遍建立新型审判权运行机制，取消案件审批，确立法官、合议庭办案主体地位，落实院、庭长办案制度。

党的十九大报告指出，深化司法体制综合配套改革，全面落实司法责任制，努力让人民群众在每一个司法案件中感受到公平正义。随着司法责任制改革的深入，与之对应的综合配套体制改革也有序推进。最高人民法院出台了《关于加强各级人民法院院、庭长办理案件工作的意见（试行）》，要求院、庭长领导带头办案，院、庭长办案数量按阶梯比例方式有数量要求，基层、中级人民法院的庭长每年办案量应当达到本部门法官平均办案量的50%—70%，基层人民法院院长办案量应当达到本院法官平均办案量的5%—10%，其他入额院领导应当达到本院法官平均办案量的30%—40%，并带头办理重大疑难复杂案件，办案情况接受干警监督，纳入绩效考核。目前，员额制改革已经取得了阶段性的成果，员额制改革的许多目标也都得到了较好地实现。不过还存在进一步完善的空间，比如解决案多人少的矛盾、审判团队的建设等方面，许多法院还在改革和完善中。以下以山东省临沭县人民法院的改革为样本，探究司法责任制改革下法院管理体制重构的实践。

1. 审判组织由层级管理到扁平化运作

最高人民法院2015年制定的《关于完善人民法院司法责任制的若干意见》在改革审判权力运行机制方面，提出基层、中级人民法院可以组建由一名法官与法官助理、书记员以及其他必要的辅助人员组成的审判团队，依法独任审理适用简易程序的案件和法律规定的其他案件。案件数量较多的基层人民法院，可以组建相对固定的审判团队，实行扁平化的管理模式。之后，伴随着员额制的落实，全国各地法院均不同程度地组建起了审判团队，成为最小的审执工作单元和审判管理单元。

审判团队作为审判权运行机制改革中的新生事物，其效能发挥的优劣在一定程度上反映了司法责任制改革的成败。打破过去司法权力运行的“行政化”“层级化”状况，改变“审者不判、判者不审”的问题，各地法院普遍建立了扁平化的审判团队，目的是改变过去法院内以庭为基本审判单元，院长、副院长、庭长、副庭长对案件层层把关，管案、管人、管事的行政化机制。不过，这套行政化机制已在法院运行了几十年，有着强大的惯性，形成了固化的生态，也让其中的人们对它产生了很强的依赖。因而目前的扁平化管理很多不到位：有的地方在庭下设团队，有的地方是大团队管着小团队，改革只是改了个名字，“换汤不换药”，没有实行团队的平行化。院、庭长虽然不再过问和管理具体案件，但仍然掌握审判资源分配权等，实际上在继续发挥着传统的管理职能。平行化团队运行不畅，扁平化后，如何进行方案？法官与专业怎么实现最优匹配？如何进行业绩评价，如果继续靠民主测评或者单纯考核办案数量，就导致评价结果不客观不准确，与法官实际司法能力、办案质效不匹配。还存在案件裁判标准不统一的问题、管理难的问题等。

临沭法院扁平化一步到位就是“院下直接设团队”。按照“院——审判团队”的管理模式，建立以员额法官为核心的平行化团队，不任命团队长，员额法官自然就是团队负责人。庭长、副庭长和其他员额法官在团队组建、办案数量、考核评价等方面适用统一规则，公平竞争，不受行政管理层级干预，强化审判团队作为办案单元和自我管理单元的功能（见图 5—1）。

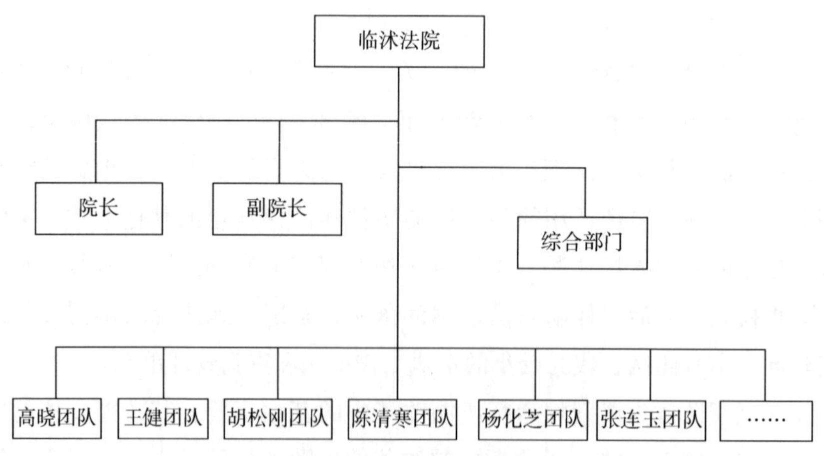


**图 5—1 临沭法院平行化团队管理模式**

法官专业自选。不给团队定专业，法官根据自己的知识结构、专业特长自主选择审判专业，选择刑事专业的即为刑事团队，选择民事专业的即为民事团队。每名员额法官可以选择两个大专业、每个大专业项下限选两个小专业。临沭法院的大专业包括刑事、民事、商事、速裁、行政、破产和执行七个，刑事专业以一级案由确定小专业，民商事专业以二级案由确定小专业，执行专业分为快执、流程、精执、监督执行、终本维护五个流程段。法官还可以根据办案情况、考核导向等随时调整专业选择，以法官的专业选择实现审判专业化。

团队人员互选，不给团队定人员。在团队组建上，员额法官与法官助理、书记员实行双向自由互选，对那些选不上的，党组不搞“拉郎配”。团队组建以后，如果认为不合适可以随时改变选择，法官可以申请法官助理、书记员待岗，法官助理、书记员也可以申请退出所在团队，重新选择。最终形成强强联合、优胜劣汰的局面。

在法官选择专业，干警选择岗位时，如果出现配比失衡的情形，通过审判资源和管理要素的调整进行合理引导，不使用行政命令的方式直接进行调整或干预。如选择刑事专业的法官太多，而选择执行专业的法官太少，则下调刑事案件权重值，上调执行案件权重值；针对干警不愿意到基层法庭工作的问题，对基层法庭团队每月上浮案件基础币值的3%作为奖励，法官助理入额原则上要有基层法庭工作经历等。还可以对评先树优名额、年终考核优秀比例等予以适当倾斜，以此引导法官专业选择和干警岗位选择，均衡配置审判资源。

分管制改为统筹制。院领导不再分管固定的庭室、部门或团队，而是统筹审判业务，案件分配到哪个团队就要统筹到哪个团队。如一个团队选择民事审判作为第一专业、刑事审判作为第二专业，该团队在审理民事案件时由统筹民事审判的院领导管理，在审理刑事案件时则由统筹刑事审判的院领导管理。院领导除程序性事项审批外，不再对统筹专业的案件质量、效率层层把关，而是被动接受法官的办案咨询，通过“四类案件”监督、召开专业法官会议等形式促进类案裁判尺度统一。

2. 由“案等人”到“人等案”的审判全流程体系

《最高人民法院关于完善人民法院司法责任制的若干意见》中提出，

推进审判责任制改革，人民法院应当坚持遵循司法权运行规律，体现审判权的判断权和裁决权属性，突出法官办案主体地位。临沭法院去行政化、去层级化，以专业自选、人员互选的方式组建了平行化的审判团队，这就好比一列火车有了车厢，下一步的问题就是建设轨道，让车厢快速安全地运行在上面。既要保障独任法官或合议庭不受非法干预而作出裁判，又要使裁判公正高效。因而临沭法院建立与平行化团队相适应的审执流程制度，规范从立案到结案归档各个节点的责任团队、完成时限和完成标准，实现流程管控统筹化、程序衔接有序化、节点责任清晰化，确保案件流转顺畅，促进全流程提速。

第一，速裁前置。设置速裁案件前置甄别程序，组建 3 个速裁团队专门办理民商事速裁案件。在立案后的第一时间由速裁团队对案件进行繁简甄别，便捷送达，集约开庭，快速审结简易案件。这是落实习近平总书记关于“繁简分流，快慢分道，轻重分离”指示的普遍做法。（1）速裁案件的案由、标的。原则上不限制速裁团队选择案件的案由和标的额，只要速裁团队认为法律关系简单、事实清楚、争议不大的简易案件就可以速裁。实践中，以民间借贷、金融借款、机动车交通事故、离婚、劳务合同等案由为主。（2）速裁案件甄别方法。立案当日下午，在智能分案前由速裁团队自主对案件进行人工甄别，初步了解案由、诉讼请求、纠纷发生过程、争议大小、送达条件等，对适宜速裁的案件直接分流至速裁团队审理。改变了很多法院让别人给速裁团队选案子，或者干脆设置适用案由、标的等硬杠杠，让办案平台机械甄别的方法。（3）速裁团队组成及办案方法。速裁团队由 1 名员额法官、1 名法官助理、3 名书记员组成，法官助理负责甄选案件，团队自行送达排期，全面简化审理程序，当事人同时到庭的即时调解，对批量案件进行集约化审理，员额法官和法官助理可同时对多起案件进行交叉调处，提高审判效率。（4）办案期限和转出程序。速裁审理期限为 30 日，立案后 30 日内无法结案的，一律退回立案庭通过智能分案系统重新分案。速裁团队退回案件不设比例限制、不需院领导审批，避免个别疑难复杂案件滞留速裁团队造成程序梗阻。目标只有一个：让简单案件快速审结。如此一来，临沭法院每个速裁团队年审结案件 1000 余件，占全院民商事案件的 15% 左右，平均办案天数 11 天，调解撤诉率 65.62%，服判息诉率 98.54%。

第二，智能分案。科学的方案制度要有利于审判流程的顺畅运行，提高审判效率；要体现审判的专业化，让擅长类案的法官审理专业案件。如何实现？（1）库存定量，结出递补。针对不同专业的团队，设置了不同的库存上限，比如民事团队每月库存的案子不能超过 20 个，如果超过了这个上限，系统就不给你分案了。在不满库存上限的情况下，谁的库存最少分给谁。通俗一点讲，就是团队结出一个案子，就给你补上一个案子，库存数相同情况下，优先方案给首先进入这一库存数、等待时间长的团队。（2）专业优先、辖区优先。在库存数不满上限这一大前提下，按照“专业优先、辖区优先”的原则，分案系统会自动甄别法官所选大小专业名称，优先匹配小专业方向，小专业不匹配的情况下，自动跳转到大专业匹配。人民法庭辖区的案件优先分案给法庭团队。比如一件遗产纠纷案立案后，分案系统自动排除案件饱和的团队，流向申报了遗产纠纷小专业的团队，如果分案失败，会流向申报了民事审判大专业的团队。（3）溢出案件挂牌拍卖，重大疑难案件，领导托底。当第一专业匹配的审判团队未结案件均达到库存上限时，由第二专业匹配的审判团队自主选择办理，如无人办理，则进入挂牌增值程序，每挂牌一天增加原案币值的 15% 作为奖励，5 个工作日仍无人选择的，作为疑难复杂案件由入额院领导办理。发回重审、再审案件不经智能分案直接由院领导办理。

智能分案系统一键就可完成，分案是几分钟的事情。在立案当日下午，速裁团队甄别完简易案件后，立案庭通过智能分案系统自动按照分案规则批量分配案件，自动回写。审判团队当日即可在办案平台查阅分案信息，即时安排送达和排期开庭。智能分案制度打破了由业务庭带来的分案割据，尊重了法官的专业选择、办案意愿和效率差异，办案快的就多分案，业绩考核多得分。办案慢的就少分案，办的慢也没有积案，心里不慌。实现了案件在全院所有团队之间的合理流动，均衡匹配，平衡了法官的工作量，提高了审判效率，鼓励了竞争，并且机器分案屏蔽了分“关系案”的主观因素。2016 年普通民事法官年审结案件量的最大差值是 393 件，2017 年降至 294 件，2019 年降至 188 件。2019 年案件平均审理周期 38 天，而同期全省平均值为 80 天，缩短了一半多的时间；全院40名员额法官的年人均结案数近400件；2019年年底40个审判团队法官人均存案数仅为6.4件，约为改革前的1/8，大部分团队处于案件不饱和状态，有的审判团队甚至申请办理执行案件；法官审理案件的专业匹配度平均达到89.4%。

第三，分段式执行全流程。打破一人包案到底的传统执行模式，将执行实施案件划分为速执、流程、精执、监执、终本维护五个流程段，由不同的团队分工负责。上一流程限期无法执结的，自动流转到下一流程，每经过一个流程段就执结一批案件。对符合条件的被执行人按照法律规定，一律纳入失信名单、一律进行财产查控、一律拘留、一律罚款、涉嫌拒执罪的一律移送。所有案件进入执行程序后，首先在指挥中心按照“五个一律”的要求进行流程作业，纳信、财产查控、人身拘留、罚款、拒执移送分别在对应窗口依次完成，其中纳信在执行立案后3日内完成，财产查控、执行拘留分别在20日内完成，罚款追缴在10日内完成，拒执移送在7日内完成，在执行指挥中心的总体时间为2个月。“五个一律”以采取为原则，不采取为例外。

对于在中心运行2个月，按照“五个一律”不能结案的案件，在期限届满后移交到精执团队。精执阶段时间为3个月，3个月内实现所有案件扎口结案，具体包括4个口：实际执结口、终本结案口、拒执移送口和横向移交口。案件在精执阶段3个月内不能实现实际结案、终本结案、拒执移送结案的，横向移交其他精执团队执行，期限为1个月。横向移交后1个月仍不能结案的，逐级上提至团队长、执行局长和分管院长，期限分别是1个月。所有执行案件动态流转，期满执结不了的，立即横向移交或提级执行。

所有案件随卷制作一份案件流程节点表，包括纸质、视频、音频和图片留痕等进行全程留痕，上下流程之间形成前后连续的纸质背书，以实现节点管控，增加执行工作透明度。根据执行要素和案件难易程度，对案件设置不同的权重分值。执结案件的团队相应加分，执结不了导致流转的相应减分，每流转一次增加一倍分值，流转次数越多，最后执结的团队得分越高，既避免上一流程不作为造成的工作下灌，又对下一流程结案形成正向激励。经层层过滤，有财产案件实际执结、无财产案件终本规范。上下流程监督制约，减少执行权运行弹性，促进执行公开，降低执行队伍风险。

3. 绩效评价由外在驱动到内在驱动

司法人员业绩考核制度是司法责任制配套改革的重要内容。科学的考核制度既是对法官工作的客观量化，又是改革激发活力、释放潜力的重要手段。业绩评价不单是一项技术性工作，更体现人民法院的价值追求，考核办法、考核内容体现的是价值导向。《最高人民法院关于进一步全面落实司法责任制的实施意见》提出，坚持客观量化和主观评价相结合，以量化考核为主。充分考虑地域审级专业部门之间的差异，注重采用权重测算等科学计算方法，合理设置权重比例。

虽然各法院在对团队及团队成员是整体考核，还是个别考核的考核模式不同，但是考核内容基本都集中于结案数、发改率等审判质效指标，加上对宣传调研、信访案件化解等工作的考核。用于评价各审判团队业绩的指标基本同上级法院对下级法院的考核指标一致，且注重压缩办案时间，追求结案数、结案率等审判数据。在办案质量考核部分，直接使用被发回重审、改判、再审案件数量或比例作为标准，不同类型案件审判团队之间的考核指标设置上不具备差异性；在办案效率方面，将结案率作为唯一考核标准严重挫伤了审判团队办案积极性；在办案效果方面，适用上诉率、服判息诉率等指标尚嫌僵化，未根据不同案件类型作适当调整。

根据司法公信力评价指标，业绩考核一般包括以下内容：一是办案数量。办案数量是衡量法官业绩的重要指标。但由于案件案由、难易程度千差万别，单纯考核办案数量又有失偏颇，不能全面反映法官工作量、质、效和司法能力。二是案件难度。疑难复杂案件和简单案件所消耗的法官时间和精力、体现的司法能力截然不同。然而，案件的难易程度是以案由定，还是以庭审时长、文书长短、卷宗厚薄定？繁简之间如何换算才科学合理？三是公正与效率。公正与效率都是司法追求的价值，但审判质量指标和审判效率指标怎么均衡？四是非案工作。审判执行团队除考核案件外，要不要考核队伍建设、宣传调研、文明创建？办公室、政治部、法警队等非办案部门如何考核？怎么与审判执行工作放在一起量化打分？

传统的百分制、千分制考核实行结构化打分，固定考核项目，各考核项目在整个考核制度中的比重相互制约、此消彼长，造成考核制度开放性不足，受制于结构化的分值配比，难以拉开考核差距，很难发挥考核制度的指引和激励作用。

临沭县人民法院创新了一种量化考核方法——沭法币。“沭法币”是称重和量化不同案件、工作事项的度量单位，它可以用来衡量、换算审判、执行、行政保障、诉讼服务以及调研宣传等一切工作，在临沭法院内部流通使用。为什么用沭法币而不是直接按分值计算？这里取的是“币”的市场主属性，也就是突出交换价值和可流通、可兑换性。临沭法院各项工作、各类案件值多少币值，不是领导决定的，也不是管理部门决定的，而是“市场交换”产生的。比如在法官选择专业时，普通民事案件的权重值是 3 币值，如果很少有法官选择这一审判专业，说明币值定低了，需要上调。适当上调以后再选一轮，如果这时选择这一专业的法官和案件数量实现了匹配，说明“定价”基本合理。就是用这种调整币值的市场手法，临沭法院在不使用行政命令调整任何一个人的情况下，实现了审判力量和工作量的均衡配比和干警双向自由互选。审判团队、执行团队、综合部门的考核结果统一使用沭法币进行量化，不同岗位、不同部门考核结果可比较、可换算，内部通兑。比如，李法官审结了 20 起案件得 90 沭法币，和张法官执结 10 起案件得的 90 沭法币，和王法官获得全国法院系统论文评比二等奖得的 90 沭法币，是等价的。如果某一市级荣誉价值 90 沭法币，那么，三名法官都可以用手中的 90 沭法币“兑换”这个荣誉。这就是可比较、可流通、可兑换。那么 1 沭法币是怎么计算出来的？也就是定价的基准单位，绩效考核的量化基准，必须简便易行，容易理解，而速裁案件难易程度、工作耗时相对固定，是确定考核币值的最佳参照。于是，该院以速裁案件作为一般等价物，规定，1 个速裁案件 =1 标准工作量 =1 沭法币。其他案件参照速裁案件的难易程度、工作量、工作耗时等设定初始权重值。如普通民事案件是 3.5 币值，执行异议之诉、与公司有关的纠纷是 5.5 币值，一般刑事案件 7.5 币值。然后案件权重值随“市场”浮动变化。如今年临沭法院速裁团队从 2 个增加至3个，每年多分流1000起简易案件，也就意味着约1000起案件的权重值从之前的4.5币值，下调至1币值，使案件总币值大幅度缩水，所以在今年团队组建过程中，普通民事案件的权重值调整至3.5币值。

上述是业绩考核的第一步，第二步是积分制评价。把干警的所有行为分为对法院工作有积极贡献的正向行为和有消极贡献的负向行为，正向行为加分，负向行为减分，加减分不设上下限，增加了考核结果的客观性，评价结果直接以得分多少排名，不再划分优秀、良好、称职等固定档次，拉开了考核差距。以审结1起普通民事案件得3.5币值计算，一个月审结10起案件的团队和月审结40起案件的团队，仅在基础工作量的考核中就相差105币值。2020年4月，审判团队最高得260.65币值，最低得99.12币值，执行团队最高得273.71币值，最低得67.85币值，两者均相差3倍左右。

第三步是根据考核对象的工作性质、特点，分类制定审判团队、执行团队和综合部门考评办法。审判执行团队多维考核，全面反映审判质效。除由办案数量×案件权重值带来的基础币值外，还要对个案难易程度、审判质量、效率、效果等进行综合考核。如案件多案由、多当事人、多犯罪起数、重大疑难、民事案件结案方式、审判效率、审判质量、审判效果、司法公开等均计入团队考核得分。比如，刑事案件每多一个罪名就增加原案币值的20%，民事案件以调解方式结案的，每案增加1币值，结案率、平均审理周期、一审服判息诉率、上诉案件被发改率、调解撤诉率等指标，优于平均值的予以适当加分，劣于平均值的，予以适当减分。有典型性案例、优秀法律文书的加分，发回重审、重大改判、再审改判、听证责任案件、审委会改变承办人意见案件，适当减分。综合部门的业绩考评是在厘清工作职责的基础上，设定基础币值，完成基本工作就获得这项币值，同时每月召开一次业绩考评会议，集中听取部门负责人述职，由考评委员会进行量化打分，确定评议币值。对于有上级排名的单位，根据排名情况给予加减币值。和团队一样，也设有固定加减币值项和申请加减币值项，评价结果与审判团队、执行团队实现可比较、可换算。

第四步是将业绩评价结果与干警职级、绩效工资、考勤管理、荣誉表彰、培训学习、经费保障实行“六挂钩”，每月一考核、一公示、一兑现。与干警职级挂钩体现在法官助理入额业绩分直接适用日常业绩考核得分、员额法官连续两年业绩考核排名后两位的启动退出程序、业绩考核排名靠前的干警优先晋级晋职；与绩效工资挂钩体现在按绩效考核得分精确分配奖励性绩效工资，员额法官、法官助理、司法行政和聘任制人员，分类以当月可分配奖励性绩效工资总额为分子、以当月业绩考核得分之和为分母，计算出每一币值所对应的奖励性工资数额，再按照个人所得分值计算出当月奖励性绩效工资数额。与考勤管理挂钩体现在每月考核排名前 30% 的团队免考勤，中间 50% 的团队每个工作日 2 考勤，最后 20% 的团队每个工作日 4 考勤；与荣誉表彰挂钩体现在按照团队、部门、干警年度考核总分从高到低依次排列，与不同级别、档次的荣誉称号相对应，分值高的优先推荐申报；与培训学习挂钩体现在优先安排业绩考核排名靠前的团队、部门、干警外出考察学习，参加专题业务培训；与经费保障挂钩体现在考核排名前 30% 的团队按照核定的人均差旅费数额上浮 20% 的经费保障，排名第二个 30% 的团队按标准执行，排名第三个 30% 的团队下调 20%，最后 10% 的团队下调 40%，遇有特殊情况可以经分管院长审批后临时提高经费保障额度。

临沭法院的考核模式是团队考核，荣辱共担，业绩评价的对象是团队和部门，将以专业自选、人员互选方式组建的团队或部门作为一个整体进行捆绑考核，评价结果适用于团队或部门的每一名干警，让法官和干警承担选择的结果，激发团队或部门内部协作互助、自我管理、共进共荣的意识，形成“命运共同体”。

在业绩评价的组织方面，临沭法院成立院业绩考评委员会，领导和统筹全院各项业绩考评工作，由审管办负责对审判团队、执行团队的业务考核，政治部负责队伍建设、文明创建等工作考核、综合部门考核，以及所有考核结果的挂钩兑现工作。同时，对内部团队类型较多、分工复杂的立案庭、法警大队，赋予部门实行内部二级考核的权限，自主制定考评办法，按照积分制原则，每月将考核结果报送政治部备案，并落实“六挂钩”。

4. 从“宽松软”到“严细实”的监督管理体系

建立与“让审理者裁判”相适应的“由裁判者负责”制度，解决由谁来甄别责任案件、按照什么程序甄别责任案件、谁来追责、如何追责等问题，是《最高人民法院制定关于深化人民法院司法体制综合配套改革的意见》中提出的要求：“研究制定法官惩戒工作相关规定，健全与纪检监察机关的工作衔接机制，完善保障当事法官陈述、举证、辩解、异议、复议和申诉权利的工作机制。”

第一，责任案件听证制度。纳入听证的案件包括上级法院发回重审、重大改判、长期未结、当事人实名举报的案件、再审案件等可能产生责任案件的情形。听证委员会由审判委员会委员和干警投票选举的优秀员额法官组成，每年换届选举一次。听证会的组织实施由监察室负责，每次听证会从听证委员会中随机抽取 5 名担任裁判，承办法官或涉事干警作为辩方，根据听证事项不同分别由审管办、监察室或信访组担任控方，以少数服从多数方式进行表决。听证结果分为全部责任、主要责任、少部分责任、无责任和责任待定，责任待定案件即听证会无法形成多数人意见时，应提交审委会最后定责的案件。听证结果在全院通报，并根据责任比例在业绩评价时予以扣分，发现干警违法违纪的，依法移交相关部门按程序处理。干警对听证委员会定责结果不服的，可以向审委会申请复议一次。2020 年 1—5 月，全院共组织听证会 8 次，听证案件 50 件，认定责任案件 13 件，倒逼法官提高司法能力，规范司法行为。

第二，待岗惩戒制度。解决院、庭长不再履行“一岗双责”后的队伍监督管理问题。待岗人员系在双向互选中落选的干警、团队或部门申请待岗的干警、管理部门提出待岗的干警、存在廉政风险的干警等。待岗管理的期限至少 3 个月，脱离原工作岗位，由政治部统一管理，实行一天 4 考勤，完成指定的政治学习任务，服从院里的临时性工作安排。待岗期间停发奖励性绩效工资，取消年度评先树优资格，情节严重的停发全年奖励性绩效工资。待岗期满经考核合格的，通过双向互选的方式，并经党组会研究同意后方可重新上岗。①

---

① 关于临沭县法院司法责任制改革的有关实践做法，由该院提供相关资料。

## 二 根据评价指标细化案件质量标准

评价指标的一项重要的功能是为司法应然状态指明方向，这就是评价的导向作用。在法院系统的司法公信力建设中有两个问题，上级法院评估下级法院的合法性问题和各法院质量标准同质化问题，能够运用司法公信力评价体系来解决，具体而言就是依据评价指标细化办案质量标准和完善司法程序。

### （一）法院公信建设的两个突出问题

法院公信建设的两个问题分别是上级法院评估下级法院的合法性问题和上下级法院案件质量标准同质化问题。

#### 1. 上级法院评估下级法院的合法性问题①

根据宪法和法院组织法，上下级法院是审判监督与被监督关系。最高人民法院和地方各级法院仅是国家审判机关，紧紧围绕审判工作来配置资源即可；上下级法院之间就是审级监督关系，没有别的上下级关系，上级法院认为下级法院案件错误可以纠正，案结后二者关系就结束了，各自恢复独立审判的状态。法律虽然如此规定，但司法实践却不尽然，“上下级法院之间有明显的行政化关系特征，集中表现在下级法院审判案件在必要时奉行向上级法院请示汇报的做法，同时，上级法院对下级法院审判案件也时常会加以干预甚至提前介入。其根本的原因还在于司法机关被纳入地方行政系统中加以安排和对待，其结果，上下级法院之间的关系不能不实质等同于上下级行政机关之间的关系”②。甚至上下级法院之间的关系紧密程度超过了其他领导与被领导关系的国家机关。

《人民法院组织法》规定上级人民法院与下级人民法院的关系是审判监督关系。在具体案件的审判方面，上级法院不能干涉下级法院，下级法院也不应向上级法院请示；上级法院通过受理上诉案件对下级法院的错误裁判进行纠正，除此之外，对下级法院确有错误的生效裁判，仅按

① 参见李秀霞《法院审级监督存在的问题与对策》，《法制日报》2014 年 3 月 5 日第 11 版。

② 汤维建：《论司法公正的保障机制及其改革》，《河南省政法管理干部学院学报》2004 年第 6 期。

照审判监督程序纠正，而不是其他途径。但在具体人事安排方面，对于院长人选，上级法院通过加强人事考察和协管力度，逐步扩大影响力。一个明显的例证是，各上级法院纷纷向下级法院派出院长。据不完全统计，某省在任的中级法院（含海事法院）正厅级院长全部直接出自高级法院；某市的6个基层法院中，全部院长是中级法院下派的。无论怎样说，这都像是上级法院一个个的派出机构而不是下级法院了。

从20世纪90年代初期开始，法院内部不断强化自我监督，开展执法执纪大检查，试行错案追究制，但客观事实是，真正的系统内自行监督案例几乎没有。近几年来法院为了解决影响人民群众切身利益的执法司法问题，加强了案件质量评估工作，用上诉改判率、发回重审率、再审改判率等一系列可计量的指标来衡量案件质量。而为了避免错案追究，防止个人承担责任，法院法官除了利用审委会这一责任分散机制之外，就是在作出裁判之前向庭长、分管副院长或上级法院请示汇报。请示汇报泛滥的结果势必影响上级法院的上诉审功能，最终虚化了上级法院的审判监督功能。正是这种审判与行政管理合一的法院组织结构及上下级法院关系，消解了我国诉讼法规定的审级制度和审判监督制度。

虽然各大诉讼法对上下级法院的审级监督关系有明确的规范，但上级法院的行政管理权毫无顾忌地向下扩张，从而重塑了上下级法院关系。① 也就是说，地方上下级法院之间增加了宪法规定以外的关系，法定审级监督以外的关系。除了上述下级法院向上级法院请示汇报制度以外，司法上下行政化最显著的表现是上级法院评价下级法院制度，或者说上级法院对下级法院的评估制度强化了这种上下行政化关系，增强了上级法院对下级法院的话语权重，影响两审终审制的功能。按照管理学中的概念，法定“评价”是履行行政管理职能重要部分，是行政管理的重要表现形式。法院内部的司法统计不是评价，不作为奖惩使用。但案件质量评估呢？评估的目的是什么？以促进司法公正、提高司法效率、增进司法能力等为目的的考核、评估，初衷是好的，不过上级法院对下级法

---

① 参见陈杭平《历史视野下的上下级法院关系》，2013年1月7日人民网，于2014年1月9日访问。

院的质量评查、评估、办案抽查，难免有行政化倾向的烙印。各个法院无论级别高低，都是宪法规定的独立审判实体，既反对横向破坏司法独立，也要对纵向破坏司法独立的体制机制保持警惕。最高人民法院的案件质量评估指数即使要有，也应当由同级人大组织、由省人大统筹。上下级法院只是通过具体案件的监督与被监督关系，因而甚至可以说，最高人民法院对各高级人民法院、各地方上级人民法院对下级人民法院的所有考核、评估都需要重新审视。这也符合十八届三中全会《决定》中强调“明确各级法院职能定位，规范上下级法院审级监督关系”的要求。上级法院对下级法院的评估问题需要加以解决直至取消上级法院对下级法院的评价。法院应回归办案的正确轨道上来，办好自家案件，少管他家案件，把评估案件质量的权力还给人民。

2. 各级法院的质量标准同质化问题

即使考虑当前的司法现实，假定上级法院对下级法院有权进行评估，也有一个普遍性的问题，就是质量评估体系的上下一般宽。就如前述最高人民法院案件质量评估体系和黑龙江省高级人民法院的质量评估体系差不多一样。本书将其称为上下级法院质量标准同质化问题。

在任何政治系统中，上下级政治主体之间尽管履行职责的核心业务总的来说是一致的，但各自工作侧重点是不可能相同的。最高人民法院的主要职责应当是在全国统一司法标准，特别是实体标准，也就是最为要紧的案例发布制度。绝大多数案件都是在重复着昨天的故事，没有新意，如果可能，输入一个裁判机就可以解决。即使有所谓新型规定不明的案件，也可以通过自然法原理加以消化，毕竟万事万物皆有“最高理性”①。当然，依最高院自身理解建立一套全系统统一的司法质量评估标准也不是不可以，尽管它不具有对外效力仅为内部标准化。但是，下级法院如果也是一样的标准就有问题了。一般来说，“贯彻落实”中的“贯彻”是计划或措施要通过周密的研究，达到具体明确、确实可行，“落

① ［古罗马］西塞罗：《论共和国 论法律》，王焕生译，中国政法大学出版社 1997 年版，第 189 页。西塞罗认为，自然遍及整个宇宙，是在本质上具有理性的统治原则，所以自然法就是理性法。自然法是最高的法律，人定法要受自然法指导，其合法与否要依自然法判断。

实”是彻底实现或体现上级的精神、方针、方法、政策等；贯彻落实，就是要通过周密、明确、可行的计划或措施来达到彻底实现或体现上级政策、方针、方法的精神。除了最高人民法院政治色彩浓厚于专业色彩之外——它有对外的国家最高司法机关的符号代表性，其他地方各级法院体现专业色彩浓于政治色彩的特点（当然在终极目标上两种色彩是一致的）。具体到案件质量评估上，最高人民法院确立一个案件质量评估体系框架之后，全国法院都根据这个框架方向细化本院的工作，而不是对别的法院包括下级法院建立各种各样的评估标准特别是照抄最高法院的评估标准，以体现出评估体系的上窄下宽、金字塔式的结构。其实，最高法院的这个标准公布后全国法院就都知晓了，不必由地方上级法院对下级法院评估，如果有评估也仅仅是个案评估而且要通过上诉、抗诉、再审等程序进行。

（二）依据评价指标细化案件质量标准

在人大组织的司法公信力评价体系建立起来后，人民法院应当根据这一体系中的指标量化办案质量标准，实现办案与人民的评价指向相衔接，本质是将法律规定的具体内容放到评价指标的一个个筐里。由于民事审判在法院所有案件中具有绝对数量优势，以其为例来明确这一衔接过程，也就是司法公信力评价体系的司法运用过程。

在本书确定的指标体系中，四类客观指标主要针对司法突出问题设计，形成于调查和专家咨询过程，全部具有问题导向作用。基本要求是能够与民诉法相关规定衔接起来（参见表5—1），本质上是对民事诉讼法规范进行归纳总结。

**表5—1　司法公信力评价指标导向作用及其与民诉法律规范的衔接**

| 三级指数 | 权数 | 导向 | 民诉法律规范衔接 |
|---|---|---|---|
| 101 辖区居民非本院结案率 | 5 | 管辖竞争 | 第18—39条，第201—202条，第278—282条 |
| 102 院外信访投诉率 | 5 | 外部求助量 | 依信访内容对应法条，通用第7、8、46、207条 |

续表

| 三级指数 | 权数 | 导向 | 民诉法律规范衔接 |
|---|---|---|---|
| 201 年度人代会报告赞成度 | 10 | 联系代表 | 第 1 条 |
| 301 超期率 | 5 | 工作态度 | 所有期间法条 |
| 302 审批率 | 7 | 违宪率 | 第 10 条、44 条、45 条、145 条、155 条第二款等 |
| 303 自行监督率 | 5 | 纠错量 | 诉讼法中的超期的、审批的人 |
| 304 一线办案人员率 | 5 | 生产力布局 | 第 1、2、3、4、6 条 |
| 305 人均结案率 | 2 | 工作效率 | 第 1、2、3、4、6 条 |
| 306 审委会办案率 | 2 | 办案能力 | 第 10 条、44 条、45 条、145 条、155 条第二款等 |
| 307 生效裁判文书公开率 | 2 | 监督条件 | 第 159 条 |
| 308 错案责任文书公开率 | 5 | 个案责任 | 第 214 条、第 159 条 |
| 309 消耗率（案均支出率） | 2 | 经济性 | —— |
| 401 一审陪审率 | 5 | 人民性 | 第 40 条 |
| 402 一审判决案件错误率 | 2 | 错误量 | 第 177 条（二）（三）（四） |
| 403 公开审判旁听率 | 2 | 关注度 | 第 10 条 |
| 404 执行中止终结率 | 1 | 权益实现 | 第 22 章第 263—265 条 |
| 405 违法审判执行率 | 5 | 适法准确度 | 违反第二编第三编 |
| 406 申诉率 | 1 | 院内终结度 | 第 207 条 |
| 407 调解、撤诉率 | 1 | 息诉量 | 一审二审 |
| 408 本院信访投诉率 | 2 | 信任度 | 对照信访内容的法条，通用第 7、8、46、207 条 |
| 409 信访投诉转化率 | 3 | 自纠度 | 信访法条的解释，通用第 7、8、46、207 条 |
| 410 实际执行率 | 2 | 权益实现 | 第 3 编 |
| 411 人身强制措施率 | 2 | 抵抗度 | 第 21 章 |
| 412 裁判主动履行率 | 2 | 权威度 | 第 243 条 |
| 413 一审裁判息诉率 | 2 | 说理性 | 第 171 条 |
| 414 人员违法犯罪率 | 5 | 队伍建设 | 第 7、8、46、207 条的负面部分 |

在表5—1中，权数本身就具有制度导向效应。权数反映人民关注度，指明了人民法院努力完善的制度方向。完善制度按照轻重缓急、权数按10、7、5、3、2、1降序排列，将指标及其导向的重要程度明确次序，实际是按问题轻重程度进行的划分。法院要在同级法院被评价的竞争中脱颖而出，就必须依照评价指标权数从高到低依次完善一系列制度。比如，权数最重的是201指标，法院要获取更多代表赞成票，就必须设计更多联系代表的常态化制度，包括为监督法实施创造必要条件，人民司法必须得到真正的贯彻执行。再如权数为5的401指标，实质就是要求法院在允许实行人民陪审制度的案件中一律实行陪审制度。这些导向作用在表5—1中均进行了扼要列举。

法院建立健全完善制度的基本依据只能是法律，即诉讼法，它告诉法院和社会主体怎么打官司。司法公信力评价指标体系中的26个指标，除309指标即消耗率指标外，其他指标均能在民事诉讼法中找到依据。按照此导向找到对应每一指标的民事诉讼法法律规范，形成制度建立健全完善的依据集合，然后深入领会这些法条的立法精神，制定落实的规范性文件，这就是制度。具体分述如下。

1. $I_{101}$指数即辖区居民非本院结案率。衔接规范为民诉法第18—39条的管辖制度，201—202条的确认调解协议案件和278—282条的仲裁案件。基于此负指数，法院建立防范被上级法院提审或者指令别院管辖的制度、防范调解协议得到法院确认后仍不自动履行的制度和压缩仲裁空间的制度。第一种体现了上级法院的不信任；第二种体现了当事人利益平衡受损，调解了又不履行使权利人还要回到诉讼渠道上来，增加了权利人讼累，义务人得到了拖延利益。对于压缩仲裁空间可能存在疑虑。一般来说，仲裁经常被认为效率优于诉讼，但根据笔者的调研，不仅不是如此，还由于仲裁的实体处理常常与司法标准不一致，当事人多又申请撤销仲裁裁决，而诉讼的救济形式又有限。效率问题完全可以由法院自身通过速裁庭、庭前调解等方式解决。

2. $I_{102}$指数即院外信访投诉率、$I_{408}$指数即本院信访投诉率、$I_{409}$指数即信访投诉转化率、$I_{406}$指数即申诉率。这4个指数均指向民诉法第7、8、46、207条，这是分析访信内容和违法犯罪状况得出的结论，尽管信访人反映的问题不一、各法官被处分判刑的依据也不同，但总体上都能够归纳到这 4 条法律规范上。民诉法第 7 条规定，“人民法院审理民事案件，必须以事实为根据，以法律为准绳”。第 8 条规定，“民事诉讼当事人有平等的诉讼权利。人民法院审理民事案件，应当保障和便利当事人行使诉讼权利，对当事人在适用法律上一律平等”。第 46 条规定，“审判人员应当依法秉公办案。审判人员不得接受当事人及其诉讼代理人请客送礼。审判人员有贪污受贿，徇私舞弊，枉法裁判行为的，应当追究法律责任；构成犯罪的，依法追究刑事责任”。第 207 条规定以下应当再审，“有新的证据，足以推翻原判决、裁定的；原判决、裁定认定的基本事实缺乏证据证明的；原判决、裁定认定事实的主要证据是伪造的；原判决、裁定认定事实的主要证据未经质证的；对审理案件需要的主要证据，当事人因客观原因不能自行收集，书面申请人民法院调查收集，人民法院未调查收集的；原判决、裁定适用法律确有错误的；审判组织的组成不合法或者依法应当回避的审判人员没有回避的；无诉讼行为能力人未经法定代理人代为诉讼或者应当参加诉讼的当事人，因不能归责于本人或者其诉讼代理人的事由，未参加诉讼的；违反法律规定，剥夺当事人辩论权利的；未经传票传唤，缺席判决的；原判决、裁定遗漏或者超出诉讼请求的；据以作出原判决、裁定的法律文书被撤销或者变更的；审判人员审理该案件时有贪污受贿，徇私舞弊，枉法裁判行为的”。以上每条人民法院均应建立相应的防范、调查、听证、确认等制度，不能将这些法律落空。

3. $I_{201}$ 指数即年度人代会报告赞成度。指向民诉法第 1 条，民诉法来自于宪法，宪法明确了人民当家作主的政治原则，法院在民商事审判中建立联系代表常态化制度体现了这一规定。

4. $I_{301}$ 指数即超期率。指向民事诉讼法所有关于法院法官办案期间的规定。法院应当建立每一期间的确认固化制度，便于监督审查。

5. $I_{302}$ 指数即审批率、$I_{306}$ 指数即审委会办案率这两个权数很高的违宪指标和能力指标，指向诉讼法所有关于合议制度的法条。民事诉讼法第 10 条规定法院审理民事案件实行合议制度。这里没有审委会制度，只有合议制度。合议制度是人民法院审理民事案件的基本制度，排除独任制和审委会制，也排除这个确定的集体以外所有人；所谓审理和评议，是指对案件由审判集体共同面对当事人和证据审理后再共同进行讨论，评议结果对外以审判集体的名义公布，由审判集体负责。民诉法第44条规定合议庭的审判长由审判员一人担任，院长或者庭长参加审判的，由其担任。这里院长或庭长的行政职能就是指定审判长，再没有其他权力，除非当审判长否则就与案件无关，任何扩大解释都是非法的、无效的。民诉法第45条规定的少数服从多数原则就是只要有多数意见，就必须以此作为裁判结果对外公布。少数服从多数原则就是只要有多数人一致的意见，就必须以此作为裁判结果对外公布。实现少数服从多数的手段分两个层次：一是在会议议事的时候，少数和多数的最后裁决要依靠票决制，包括口头表决、举手表决、无记名投票和有记名投票等方式，以多数票使裁判结果获得通过。二是必须把通过的决议付诸实施，否则少数服从多数通过的决议只是写在纸上的东西，如果未公布前就有人指手画脚那么就不存在合议制度也不存在少数服从多数原则了。实践中存在多数意见的裁判结果但又予以改变或者不按照多数意见进行裁判的情形。民诉法第145条规定法庭辩论终结后合议庭应当依法作出判决。第155条第二款规定判决书由审判人员和书记员署名。其实，最简单的方法就是合议庭有一致意见的，当庭判决。民诉法这几条已经建立了合议庭办案责任制，不包括非参审的任何人包括庭长、副院长。此外还有法院组织法和法官法的规定，因而法院的改革已经落实了诉讼法的合议庭办案责任制，取消了庭长对裁判文书的签发权力，裁判文书未署名者判前不得知情。正是十八届四中全会《决定》要求司法机关内部人员不得干预他人办案，建立司法机关内部人员过问案件的记录制度和责任追究制度，以及要求完善主审法官、合议庭、主任检察官、主办侦查员办案责任制的意义所在。

6. $I_{303}$指数即自行监督率。指向民诉法所有期间的超期者、所有合议制度的破坏者即审批者、所有审判监督案件原审人，法院建立随时随地的监督机制，要像工厂流水线一样实现监督工作和质检工作日常化。

7. $I_{304}$指数即一线办案人员率、$I_{305}$指数即人均结案率。这2个指数均指向民诉法1、2、3、4、6条。这5个法条的本质就是授权人民法院依照本法审判民商事案件，是对宪法所确定的法院职权在民商事纠纷中的再次具体授权。法院据此确定一线办案人员最低比例，将大多数的力量配置在办案一线，目前该制度已经建立起来。

8. $I_{307}$指数即生效裁判文书公开率、$I_{308}$指数即错案责任文书公开率。指向民诉法第159条、214条。民诉法第159条规定公众可以查阅发生法律效力的判决书和裁定书；第214条是再审程序规定。法院应当根据此二指数的导向，建立纠错生效文书与原生效文书一并公开的制度，以及原审承办人的责任认定书一并公开，形成一个完整的司法公开体系，让公众可以比较鉴别法官优劣。比党的十八大提出的“推动公开法院生效裁判文书”范围要广，推动法官队伍建设。

9. $I_{309}$指数即消耗率。这是多快好省办案的测量指标，可以与民诉法中的即效率指标进行比对。

10. $I_{401}$指数即一审陪审率。指向民诉法第40条关于陪审员参加合议庭的规定。十八届三中全会《决定》要求广泛实行人民陪审员制度，拓宽人民群众有序参与司法渠道。四中全会《决定》则进一步要求完善人民陪审员制度，目的是保障公民陪审权利，方式是通过扩大参审范围、随机抽选方式，提高人民陪审制度公信度，并逐步实行人民陪审员不再审理法律适用问题，只参与审理事实认定问题。这样，在纠纷解决机制中强化人民陪审制，并以其为模型推动公众对司法更广泛深入参与。

11. $I_{402}$指数即一审判决案件错误率。指向民诉法第177条关于二审改判、发回重审的规定。“错案责任追究制就是对因没有按照法律规定、没有根据审判流程、没有根据司法规则、没有尽到司法职业能力方面的要求而导致的错案，实行责任倒查，或者责任终身制。不管以后的岗位有无变化，不管是否退休，都要对案件负责到底。这样有利于加强司法人员的责任性，防止司法的短期行为。”① 人民法院应当建立防范上述法律规定的三种情况的具体制度和违反时的惩罚性制度，建立外部权威的错案认定程序，包括认定主体、认定流程、认定结果和公开制度。

---

① 汤维建：《阳光是司法公正最好的防腐剂》，人民网强国论坛，2013年8月23日，于2013年8月23日访问。

12. $I_{403}$指数即公开审判案件旁听率。指向民诉法第 10 条人民法院审理民事案件的公开审判制度。公开审判制度是一项基本诉讼制度，对提升司法公信力至关重要。三中全会《决定》要求推进审判公开，录制并保留全程庭审资料。四中全会要求构建开放、动态、透明、便民的阳光司法机制，推进审判公开、检务公开、警务公开、狱务公开，依法及时公开执法司法依据、程序、流程、结果和生效法律文书，建立生效法律文书统一上网和公开查询制度。这些要求法院自身能够办到，但问题在于公众是否参与公开机制，比如旁听，这对推进法治国家建设特别是公民法治素养生成具有显著作用。正如法国思想家托克维尔在考察和评价美国司法制度时所言，“在美国，法律家的精神产生于法学院和法院，但逐渐地透过法学院与法院的隔墙，渗透到了整个社会，甚至及于最底层；当愈来愈多的人们习惯于法律家那样思考和分析问题的时候，法治国家就是水到渠成的一种结果了”[①]。近几年，全国法院推行的司法开放日活动就是让公众了解法院的一种有效形式。但这还远远不够，要让人民群众在每一个司法案件中都感受到公平正义，首先要让人民群众看到听到每一个案件，才能有公正与否的感受，听审是感受的材料来源。为此，法院应当切实增强的是司法公开营销观念，要把每一个公开审判的案件像一出无排练的话剧一样销售出去，让尽可能多的公众免费观看。这就需要配套一系列的制度，包括海报（公告）、特定人邀约（请帖）、服务（受理听审申请和给予帮助）和法官考核（使公众参与听审的能力）等。法治故事应当以法庭为主进行直播的，而不是被加工后转播的，这样的故事越多公众的法治意识特别是法治思维才会越易培养。另一方面，则使法官学会在普遍的监督下开展工作。

13. $I_{404}$指数即执行中止终结率。指向民诉法第 263 条第（5）项和第 264 条第（6）项及第 265 条。第 263 条列举的前 4 项和第 257 条列举的前 5 项是明确、客观即不以法官意志为转移的条件，因而不是目前执行领域的重点。重点是前述两项即人民法院认为应当中止或终结执行的其他情形，这是立法技术的问题，需要法院自行补漏，应严格控制这个自

---

① 转引自贺卫方《司法理念与制度》，中国政法大学出版社 1998 年版，第 273 页。

由裁量的范围。本书认为不仅此条，而是所有法律中的此类法条需严格适用范围，理论上不明确的授权即没有授权，不明规范即没有规范，实践中可以成为执法者恣意妄为的依据。

14. $I_{405}$指数即违法审判执行率。指向民诉法第二编审判程序和第三编执行程序。这两大程序本质上就是两大流程图，无论有多少分支和环节，都是规定顺序递进的办案过程而已。违法审判执行是指违反这两套流程的某个或某些环节的情况。法院需要将这些细节通过制度安排出来，形成具体流程图，围绕法官这个中心人物将审理或执行案件的时间、地点、人物、事件的起因、经过和结果全部依法律规定衔接罗列出来，并进行重点环节控制，防止法官违法行为发生。法官违反了其中的任何一点，都应当存在法律后果。

15. $I_{407}$指数即调解、撤诉率。指向一审二审程序中调解撤诉和自行撤诉。法院应按此指标健全完善制度以不断提高调撤率，其中一个方法就是建立统一适用的指导性案例，直接推出类似案件类似处理的结果，不必总是推进那些烦琐的诉讼程序。如果能扩展到整个社会都学会用案例自行分析得出结论，就成为最为理想的法治建设结果。

16. $I_{410}$指数即实际执行率。指向第三编中执行到位的所有规定，法院应按此指标千方百计提高该比率。对司法公信力影响最大的就是权益实现程度。曝光赖账人的制度设计就很合理，破坏他的社会关系比查找他的财产更为有效，四中全会《决定》要求加紧制定强制执行法，以规范法院查封、扣押、冻结、处理涉案财物的司法程序，要求加快建立失信被执行人信用监督、威慑和惩戒法律制度。民诉法第262条也规定了被执行人如果不自动履行法律文书确定的义务，人民法院可以对其限制出境，并在征信系统进行记录、通过媒体公布期不履行义务的信息等。法院应当进一步细化措施，最大限度地挖掘这些法律资源的潜力。

17. $I_{411}$指数即人身强制措施率。指向民诉法第21章第248条规定的被执行人未按执行通知来履行法律文书确定的义务时所产生的一系列后果，包括报告当前以及收到执行通知之日前一年的财产情况。被执行人拒绝报告或者虚假报告的，法院可以予以罚款、拘留。人身强制措施使用率实际反映两方面问题，一是被执行人的反抗度，二是执行法官的工作水平，采用人身措施越多说明反抗越强烈，法官工作水平越差。这些措施尽管是法定人身强制措施，但应严格限定这种措施的条件，可以在失信信息强制公开领域，以破坏被执行人的社会关系系统为主要措施，让其在社会上无法立足，这种惩罚比单纯肉体惩罚更厉害。

18. $I_{412}$指数即裁判主动履行率。指向民诉法第 243 条规定的当事人必须履行发生法律效力的民事裁判。法院建立两类制度以提高该比率。一是前述破坏社会关系的制度威胁，二是权利人让步的制度安排。前者前已有述，后者是指考虑机会成本权利人让渡部分利益给义务人，取得债务人自动履行。对此应有相应的制度安排。在主动履行普遍不高的现实环境下，给主动履行的义务人一定的奖励是一个现实选择。机会成本（Opportunity Cost）是指为了得到某种东西而所要放弃另一些东西的最大价值；也可以理解为在面临多方案择一决策时，被舍弃的选项中的最高价值者是本次决策的机会成本。权利人要让义务人自动履行就应当舍弃标的最高值，付出机会成本购买到自动履行。

19. $I_{413}$指数即一审裁判息诉率。指向民诉法第 171 条规定的当事人对一审判决、裁定不服的，在法定期间内可以上诉。法院应当建立降低上诉率的制度，最好的制度仍然是案例指导制度，所有法院都会适用这样的案例，上诉人知道在不同层级的法院会得到相同结果，因而放弃上诉。

20. $I_{414}$指数即人员违法犯罪率。指向民诉法 7、8、40、207 条中的办案人员违法犯罪的部分。法院应当据此指标建立健全防范措施，从每个法条细节出发，设计出不能违法犯罪的制度和违反则必然追究的制度，形成系统完备的司法违法犯罪惩防体系。

### （三）依据评价指标完善司法程序实例

#### 1. 完善人民陪审员制度（$I_{401}$一审陪审率）

提高一审陪审率（$I_{401}$），应当树立以下观点：（1）陪审制是真正的人民司法机制。陪审制是狭义人民司法即人民审判的直接表现形式，按公信力的内在规律理论，由人民审判会直接生成司法公信力。（2）获得人民审判是公民的基本自由。在现代政治文明中，中外陪审制应当没有本质不同，都是对于人民司法主权的一种物化。“美利坚合众国的建立及其发展到今天的强大，均有赖于对某些不可剥夺的政治权利的保护，其中包括言论自由权、出版自由权、敬拜自由权、获得陪审团审判权，以及免遭无理搜查和扣押权。它们是我们的生命和自由权。”[①] 获得陪审团审判应当是当事人的一种自由，也是人民直接行使审判权的载体。我国尽管也存在这一制度，但由于内部行政审批的存在，陪审员并未得到真正的尊重；另一方面，这一制度存在结构性缺陷，包括适用范围狭窄、组成人数过少、当事人无选择权、陪审员和专业法官分工不明以及陪而不审，均需立法调整。人民陪审员制度是公民参与司法的原初状态，也是人民司法的最起码含义，目前改革正扩大该制度的功能。有学者建议实行人民陪审团制度，实行陪审团制度的核心是赋予陪审员以独立的权能，让陪审团具有事实认定权。[②]（3）陪审制是成熟的组织管理技术。美国建立了以陪审员国民义务制、陪审员资格“法盲”制、[③] 陪审员规模法定制、当事人对陪审员审判的选择制、陪审员名单随机制、审前对抗筛选制、陪审员定性法官裁量制等一系列体制机制，使控辩双方均以影响陪审员而不是法官为目的，这样的机制哪怕案件实体错误法院也是有公信力的，因为是人民审判。作为一项成熟的组织管理技术和社会基础设施，可以借鉴使之成为人民司法的载体，进而成为提升司法公信力的利器。也可考虑对人民陪审员制度进行结构性调整，将单一的人民陪审员制度发展为人民陪审团制度和专家陪审制度两种类型，构建二元化的陪审制。[④] 法院在所有一审领域从制度到实践都快速推动人民参与司法的进程，从专门司法向人民司法的回归，使更多人通过对具体法律关系的朴素理解得出一般公众普遍接受的结论。这里的一般公众普遍接受，就是所谓司法公信力——并非很难的组织管理技术所必然带来的结果。

---

① ［美］凯斯·R. 桑斯坦：《权利革命之后：重塑规制国》，钟瑞华译，中国人民大学出版社 2009 年版，目录后导论前，系富兰克林·德拉诺·罗斯福 1944 年 1 月演讲词。

② 汤维建：《论司法公正的保障机制及其改革》，《河南省政法管理干部学院学报》2004 年第 6 期。

③ 陪审员资格“法盲”制，是笔者针对美国陪审员资格的称谓，指有法律知识或职业背景的人不能担任陪审员，以避免先入为主。

④ 汤维建：《民事诉讼法全面修改的 5 个重点》，《中国社会科学报》2011 年 12 月 21 日。

2. 完善失信被执行人信息公开制度（$I_{410}$指数即实际执行率、$I_{412}$指数即裁判主动履行率）

对于提高执行到位率的机制，当前，曝光赖账人的制度设计就很合理。威廉·班尼特的形象改变理论认为，“个人或组织最重要的资产是信誉，正如其他有形资产一样，信誉也应当从战略高度去维护。同时，个人或组织在危机面前天生是脆弱的，危机事件总是在非控制状态下发生，要么是因为人们的失误或错误判断，要么存在于两个相互冲突但是同等重要的目标选择之中”[①]。诚信建设需以个人或组织的信誉为突破口，将失信信息强制公开纳入各类法律规范。社会压力的广度取决于信息传播半径，社会威胁的深度取决于被公开者的交际圈，这就意味着最好的策略是选择对他影响最广的地方和在他最害怕的地方公开。国家征信系统、选定各类媒体系统和紧密联系社会关系系统，应成为失信信息强制公开的法定场所。（1）国家征信系统。2013 年国务院公布的《征信业管理条例》规定中国征信中心可以与行政机关、司法机关以及法律、法规授权的具有管理公共事务职能的组织开展信息共享；同时规定了能够反映个人、法人或其他组织信用状况的信用信息范畴，即基本信息、信用交易信息和其他信息，比如与个人、法人或其他组织的信用状况密切相关的行政处罚信息、法院强制执行信息、企业环境保护信息等成为社会公共信息；此外，还规定了征信法人的民事、行政和刑事责任。建议一是将失信信息部分单列，以便查询；二是将公权力机关的失信信息列入，以便社会监督。（2）选定各类媒体系统。作为第四权力，媒体系统对公众的影响力十分巨大，考虑在区域性媒体建立失信信息公开平台，使失信信息公开成为媒体的一项经常性工作。比如固定的电视、广播电台、报纸、网络等信息栏目，确定一定的公开期限反复滚动公开，最终促进公民养成关注这些信息的习惯。（3）紧密联系的社会关系系统。紧密联系的社会关系系统由于对失信当事人或其利害关系人的损害最直接、最现实，因此是最重要的信息公开平台，可以直接破坏执行当事人或关系人

---

① Benoit, W. L., “Sears Repair of its Auto Service Image: Image Restoration Discourse in the Corporate Sector”. *Communication Studies*, 1995, pp. 46, 89 – 105.

当前或以后可能建立的社会关系，从而制造最直接、最现实的损害。对于公民个人而言，他的紧密联系的社会关系系统主要有居住地、工作地，在其居委会和单位的公告栏进行长期、醒目并由居委会和单位负责保存的公告所造成的压力是巨大的；对于企业和其他社会组织来讲，他的紧密联系的社会关系系统主要有行业组织部门、主管部门、业务关联部门等。可以想象，一个正在与合作对象谈判的曾经失信的企业，当合作对象得知其从前所为时所产生的破坏力，没有人能保证一个失信之人在下一笔交易中不再失信。故政府的诚信体系建设在紧密联系的社会系统的关系人发现、公开平台设计、强制方案制定、破坏社会关系的执行、操作前威胁的送达和交易等方面投入更多精力。

强制公开的失信信息，可以罗列一个大体的范围。对于公权力机关来说，所有违反党纪国法的故意或过失行为，所有的侵犯公民法人合法权利的行为，均属于失信信息，均应纳入强制公开范畴；对于企业和其他社会组织来说，所有涉及安全生产、根本违约、劳动者权利保护等方面的社会失信或违法行为，亦均属失信信息，均应纳入强制公开范畴；对于公民个人来说，所有违反法律和单位制度的行为或个人违约行为，也应纳入强制公开范畴。对于不得公开的内容，已由保密法及商业秘密、个人隐私等方面的司法解释圈定；对于不得公开的主体，参照民法学的民事权利能力和行为能力的规定确定，无论机关法人、企业法人、事业法人还是公民个人均依此执行。失信信息强制公开以失信信息的收集、加工、使用、传播等为运行环节，因而在民法、刑法、行政法、诉讼法等相关法律中明确公开主体和公开机制。在公开主体上，国家征信中心、各级征信机构、各媒体、紧密联系的社会关系系统等所有具有公共管理或服务性质的单位，均应修法纳入公开主体；掌握他人信息的公共机关即政府和法院等及私部门如银行等亦应纳入公开主体，失信信息强制公开立法中应当明确这些主体之间的对接机制。在公开机制上，失信信息强制公开程序的设立，应当考虑依职权和依申请两类。各级各类国家执政机关、权力机关、行政机关、司法机关均可依职权将其所掌握的本部门或非本部门及其人员的失信信息公之于众，与此相对接的是行政诉讼，社会主体得依行政诉讼法对上述机关的不作为提起诉讼；各类社会主体和公民均可申请人民法院依民诉法裁决某单位公开其所掌握的失信信息或者申请由本人公开某失信者的失信信息，既为失信信息的公开建立一个司法审查程序，又为谣言传播建立一个司法对抗机制。失信信息强制公开以制造信用危机相威胁，但如果失信行为能够在公开之前得到纠正，强制公开程序可以终止，从而能够建立起一套前置交易程序。作为不予公开或缓期公开的对价，失信当事人得主动履行或承诺主动履行相关义务，否则，失信信息强制公开程序应当启动，根据失信强度采取对应的造成失信者信用损害的方式、方法和强度。

尼采用“上帝死了”来概括现代西方的文化危机，我们用“孔孟圣贤思想不再发挥道德引领作用”来揭示当前的道德危机。我们没有办法考证出失信丧德源自哪里，但不容否认的是，失信信息未予强制公开的立法宽容是原因之一。社会主义法律体系中各项法律的修订应当担负起承建每一社会关系底线的作用，将信用损失一体纳入所有法的执行、适用和遵守过程中，尽可能压缩失信者的生产、生活乃至生存空间，在推进全社会谨慎构建社会关系的同时，宣告不再有人——哪怕是市场竞争失败的英雄——因失信丧德而逃脱责任——包括道德义务。失信信息的强制公开亦即信用强制就是这样的制度，它直接用权威信息这一工具参与到整个国家的诚信体系建设中来，改变了我们的管理传统和思维方式，是诚信中国建设中应予重点考虑的制度创新，法院应当走在信用中国的前头。

## 三　根据评价指标加强法官能力建设

司法公信力评价指标中的公众主观性指标，要求法院加强法官能力建设，要求法官不仅要有精湛的专业能力，还要有职业担当，对手中权力的敬畏和对人民权利的爱护。法律法规涉及流程、期限、程序、方法、技术等规定的都是硬指标，法官最低能力按照此规定办案就可以了，而具体办案过程中法官主观能动力、才能和责任心是软指标，往往这些软指标的落实不但填补了法律的漏洞，也实现了司法公信力的提升。比如审限内更短的时间作出裁判，更多的案件被调解解决，开庭更少的次数、更短的庭审，执行中最有力的威慑措施、最高效率的执行到位，破产审理最短时间、破产财产的最大保护等。对法官能力的建设，除了专业知识方面的培训外，最重要的是涉及软指标方面的素质提升，甚或在法官入门时依据软指标进行筛选。下面依据上述评价指标中的违法审判率和信访率、投诉率，以正反两个典型案说明对司法公信力破坏的两种情况：一是法官在公权力制约上无所作为，对公权力的违法行为不仅不予纠正反而纵容；二是法官在纠纷解决中不仅没有息讼反而制造出新的纠纷，比如引发上访越级访群体访等。

（一）制约其他公共权力的裁判能力

1. 基本案情。1993 年，村民郭某在本村自建四层楼房一座，1995 年转售他人从事餐饮业，建售该楼郭某似应纳税款十余万元未缴。1997 年 11 月，该区人民检察院以郭某涉嫌偷税为由，将其起诉至区人民法院。庭审按部就班地进行，直到法庭辩论阶段，主审法官才突然意识到该案是由检察院自行侦查的，这明显违反了立案管辖的规定。律师认为这种现象的背后隐藏着诸如部门利益之类的因素，将对他的当事人产生实质上的不公，为此请求对被告人从轻处罚并适用缓刑。公诉人认为被告人偷税的事实非常清楚，没有从轻因素，应当依法判决。主审法官初步意识到该案的麻烦。①

2. 对话合议庭。休庭后，合议庭主要围绕这个突发事件进行评议。两位人民陪审员并不否认检察院程序违法，但同时认为郭某偷税的事实也不容否认；检察机关尚未从长期侦办偷税案件的职业惯性中解脱出来这情有可原，他们需要一个适应过程。承办法官持反对态度并发表如下观点：

“由于失去了对公诉案件的立案审查权，以及长期以来形成的习惯使我忽视了对管辖权的审查。事实上如果我注意到了公诉人宣读起诉书时所言的‘经本院侦查终结’的字句，正确的做法应当是立即中断庭审程序，责令公诉人提供检察院有权立案的法律依据；如果他不能提供——事实上他不可能提供——那么那些后续程序已经变得毫无意义了。这样，你们和我一样，将没有机会接触到本案的实体内容，当然也就不可能做

① 威海市环翠区人民法院（1997）环刑初字第 177 号案。

出被告人偷税的当前判断。遗憾的是我没有注意到这个常识性错误。法律不承认惯性，惯性作为理由只是臆测，是否有部门利益在背后作祟也未可知。这些都不重要，重要的是他们已经那样做了，那是他们自己的事，作为法官我们却不能。这不仅是因为没有法律依据，而且因为我们甚至无法在判词中列举控辩双方的意见后阐述我支持公诉词、反对辩护词的理由。因为法律本身是不可反驳的，事实上没有管辖权的辩护意见就是这样的。而不反驳就意味着接受，接受就得表明我们对这种错误的有法律意义的态度。因此，我不能同意你们的意见。尽管这不是我们的义务，但为尽可能避免出现较大的尴尬，我还是可以先将上述理由传达给公诉人紧急处置；如果他拒绝我们的建议，我的意见是以检察院越权侦办案件、侦查主体错误为由，否定控方所有证据的效力，无论是立案侦查手续、强制措施还是法定证据，并径行做出没有证据证实、指控的犯罪不能成立的无罪判决；当务之急是，考虑这种公权违法性及其可能影响，应即为被告人解除羁押措施。”

陪审员坚持即使公诉人拒绝也应当做出有罪判决，但可以考虑公权违法这个不应在判决中公示的因素，对被告人适用缓刑。承办法官反对这种“和稀泥”的态度，坚持必须公示。最终合议庭在以下几点达成了一致：立即变更在押措施为取保候审；向检察院提出建议；按有罪和无罪两种意见向审判委员会汇报。

被告人取保后，检察官认为法官反复纠缠于那些无关紧要的细节是多此一举，只要有偷税的事实法官就应当做出一个有罪的判决，这关系到税收，是涉及国计民生的大事；何况他们的侦查权刚刚被法律剥夺没几个月。

3. 说服审委会。承办法官着重对三个问题作了详尽说明。

（1）“对那些社会影响的担心……”

“社会很难认同罪犯不受处罚的观念，这不仅可能放纵罪犯，而且将因对偷税打击不力造成一些不良社会影响。”

部分委员表示了这种担忧。对此承办法官解释：

这并不是新鲜的话题，而是一个法律上常见的逻辑错误。在各位委员作出交付合议庭执行的决定之前，法学家、其他法官、检察官和社会公众所说的他是罪犯仅仅具有道德评价意义，而没有任何法律评价意义。

因为宪法、刑事法律已经赋予我们对本案的专属法律评价权和确认权，“未经人民法院判决，对任何人不得确定有罪”，这意味着别的什么组织和个人都不具有这个权力能力。换言之，我的宣告未公示之前，他并非法律上的罪犯，而仅仅是“或许的罪犯”；什么也没有发生，而仅仅是“可能发生”；已经发生的事实如果不能得到合法有效的证明，那么在法律上也就是什么都没有发生。至于那些社会影响，与本案及本判决无关，征税是税务机关的事，法院和法官没有这个义务，再大的大局也不能代替法律；确保法律的准确实施，对法官而言是唯一的大局。如果我们今天不制止，那么明天他们就可能有各种各样的大局，就像今天检察官以征税大局为重侦办了偷税案一样，明天他们就可以保护人权的大局为重侦办伤害案，后天还会以保护国家财产的大局为重侦办盗窃案……及至无穷。因此，我们同意了今天，也就同意了今后，长此以往，理论上将陷入“文革”期间取代专门机关的“泛主体论”的泥潭，那将没有任何稳定和秩序可言；反之，我们否定了今天，也就否定了今后，他们将在今后被迫接受我们代表法律发出的指令。退一步讲，即使存在那些影响，始作俑者也是检察官而非法官，相反法官还是某种意义上的受害者，不仅没有得到应有的体面和尊重，甚至还被强迫以所谓大局为重去践踏自己赖以存在的法律和良知，无论如何这是不能接受的，至少我是不能接受的。法官不是社会其他主体的玩偶，社会公众或许可以容忍那些公权违法行为，法官却只有维护法律的本分和义务。在维护法律与追诉“或许的罪犯”之间存在人为造成的矛盾的时候，维护法律的法治价值远远大于后者，这是任何别的什么社会影响都无法比拟的社会影响。因为就像那句古老的法律格言所讲的一样，即使郭某存在过错，他也不过是污染了日夜奔腾不息的水流，无伤大雅；而支持过错公权行为的法官则会污染整个水源，从而动摇法治大厦的根基：那些继续为所欲为的可能性将使所有社会主体处于一种深不可测的威胁状态之中。两害相权取其轻，因此，我们必须也有义务制止他们。

多数委员认为，这很有说服力。

（2）意犹未尽的程序法与法官的解释权……

“从来没有这样的先例，不仅我们这里，国内其他地方也没有看到过或者听说过”，委员们认为，“显然，诉讼法不允许检察院那样做，但没有规定这样做了由谁依什么程序去制止。这就产生了一个疑问，我们对诉讼法所作的扩大解释是否有充足的理由”。

这是问题的关键，承办法官这样回答：

检察院的错误是不争的事实，我们无法支持他的错误也是A问题的结论；那么现在我想问的是，除此之外，我们还有别的选择吗？刑诉法修订前我们有权退回补充侦查，并用这一手段解决了类似的很多问题；现在的法律已经不允许我们再这样做；何况他们本来就没有侦查权又何来补充二字呢？在审限——我们的权力能力时效内结束本案的不确定状态——给出一个答案，是我们唯一的权力和义务。这就意味着，除了宣告无罪外，我们别无选择；而要做到这一点，除了解释公权程序违法与证据效力之间的亲密关系外，我们同样别无选择。何况，法为应用于既发事实而存在，而“徒法不足以自行”，就像马克思说的一样，“要运用法律就需要法官，如果法律可以自动运用，那么法官也就是多余的了……法官的责任是当法律运用到个别场合时，根据他对法律的诚挚理解来解释法律”[①]。法条就是通过法官才实现与事实行为的链接进而作用于具体的社会关系的，否则法条就只能是一种摆设。我还无法提供一个好的解释的标尺和刻度，但我认为，这样的逻辑是自然成立的：法官所有反对践踏法律的解释都是有权并合乎逻辑的解释，因为这种解释站在法律的一边，谴责和否定了践踏法律的错误，它甚至不是扩大解释而仅仅是反向文本解释。

在委员们的犹豫中，承办法官下面的分析使委员们放下心来，这主要涉及了下级法院在裁判时的一个重要考量——这样的结论是否存在被上级法院推翻的理由。

（3）“假如我们如此判决……”

委员们对此表示了足够的关心，承办法官接下来陈述：

如果我能够说服你们，我就有理由说服中院、高院甚至最高院。不单是作为法官我们应有相同的理性思维，从技术而言，这也是一个逻辑

---

① 《马克思恩格斯全集》第1卷，人民出版社1972年版，第76页。

陷阱——所有试图推翻我们这个裁判的上位院法官都可能被拖进这个纵容检察院随意支配诉讼法的陷阱。由此我可以推断出，他们必将与我们有同样愤慨的感受和毫不妥协地制止的决心，他们只能支持我们的判决。

4. 判决理由。委员会表决时以压倒多数通过了无罪意见；但同时认为，鉴于从未有过这样的先例，为慎重起见向中级法院汇报。中院随之到省高院作了汇报，中院、省高院所持意见一致。本案判决理由部分如下：

法律必须得到不折不扣的执行，公权主体更应成为严格执行法律的典范。刑事诉讼法关于追诉主体职能分工的界定，是建立和规范刑事诉讼秩序、维护诉讼主体合法权益的基础，任何组织和个人均不得逾越；否则，刑事诉讼从一开始就因缺乏其赖以存在的合法性基础而不复存在。本案中，检察机关无视法律规定，越权侦办案件，可据此推断从其立案到侦查再到审查起诉的所有程序均系非法，这是任何侦查主体错误的公权行为的必然的合乎逻辑的结果，它将自始导致本案所有程序证据和证罪证据均不具有法律效力。因此，公诉机关对被告人郭某犯有偷税罪的指控，没有任何证据证实，指控的罪名不能成立。辩护人基于检察机关超越职权办案的事实，认为会实质造成对被告人不公的辩护意见，这种可能性本院予以考虑；但关于从轻处罚的有罪辩护意见，依上存在逻辑错误，本院不予支持。依照《中华人民共和国刑事诉讼法》第七条（分工负责）、第十八条（立案管辖范围）、第八十三条（公权主体应按管辖范围立案侦查）、第四十三条（依法收集证据，严禁以非法方法收集证据）、第四十六条（无证据不能定罪处刑）和第一百六十二条第一款第（三）项（证据不足，不能认定被告人有罪的，应当作出证据不足，指控的犯罪不能成立的无罪判决）之规定，判决如下：被告人郭某无罪。该案判决后，检察院未提起上诉或者抗诉。

以上对话合议庭、说服审委会和判决理由部分，详尽地展示了一个负责任法官的整个心理活动和审判思维的发展过程，从中可以深切感受到法官能力体现在哪些方面，如何在公平公正审判中发挥作用。

5. 法官的责任。当然，到这里法官的责任还没有结束，法官还会积极应对社会上的质疑和文化上的排斥，给社会上那些普遍的担心以尽量满意的交代，这种担心来源于这样的观点：使得被告人获得额外利益，法律制度为此付出的代价过于高昂，社会秩序受到消极影响。[①] 当年卡多佐大法官的著名疑问——“因为警察违法，就使有罪的人逃脱法网”，就是针对这种代价的。“（对非法证据）绝对排除是不可行的，取证人员无论出于故意还是过失，或者无主观过错地违反了取证程序取得的证据都一概排除，真正有罪的人将在大量确凿可信的证据面前大摇大摆地走出法庭，诚然其人权得到了最大的保护，取证人员的执法观念也得到了加强，但惩罚犯罪、保护社会秩序这一价值被过多地破坏了，这也很难说是公正合理的，而且这与我们长期以来接受的法律文化相差太大，也很难为公众所接受。”[②] 对定罪权的唯一性、社会反响的臆测估计、证据定罪的原则允许“或许的罪犯”大摇大摆地走出法庭等观点，前已评论不再重复。但这里确实有一个尚待解决的问题，应当有人对“或许的罪犯”逍遥法外、刑诉公共资源的“铺张浪费”承担责任，应当对公众有所交代。

虽然，这是永远也不可能尽善尽美的体制本身所固有的代价，但这个代价虽不能由“或许的罪犯”在“本案”中承担；解铃还须系铃人，它只能由那些在本案中破坏了正当程序标准的人承担。上述观点对公权主体违反程序法的主观方面是解释不通的，诉讼法的规定十分明确，这些程序并不需要执行者具有什么特别的技能，法律要求怎样操作就应当怎样操作。由此可以推断出，所有公权程序违法行为，都只能推断其为主观故意，违反程序法的公权违法行为，不存在过失。因此，在裁判中公示了那些公权程序违法的理由后，法官还应于庭外为社会指明真正的责任承担者，也就是违反程序法的决策者和直接实施者。

承办法官认为，由于法官不负有追诉职责，他只能以司法建议方式，建议负有责任的机关的上位机关、产生机关、法律监督机关和党政监督机关，给予其剥夺公权主体资格的行政的、党纪政纪的直至刑事处分，并且遵循这样的基本原则：被轻纵的可能罪行越严重、社会反响越强烈，

---

① 参见陈瑞华《刑事诉讼的前沿问题》，中国人民大学出版社 2005 年版，第 302—306 页。

② 佘川、程辉、葛娟娟：《论刑事诉讼非法证据排除规则》，《法律科学》2001 年第 3 期。

责任主体应负的责任也就越重。确保被告人得到符合程序标准和实体标准的正当追究，确保滥用职权者得到应有的法律追究，以使所有公权主体强烈地意识到公权的依法行使与其自身利益之间的内在的必然联系，并时刻处于一种自警自重的状态之中，慎用其权。唯其如此，才能符合这样的基本逻辑：只要有一例可能的罪行得不到合法的追究，所有的社会主体就都可能成为被追诉的对象；只要有一例程序违法行为得不到有效的制止，所有的公共权力都可能因放纵而被滥用。

需要提及的是，绝大多数法官在面对公权力违法的时候都会谨小慎微，对于“一般的侵权性违法”和“技术性违法”，法官都会采取一些补救性的制裁措施，比如变更强制措施，责令重新实施诉讼行为，减轻刑罚，责令恢复原状等，只有对于最严重的程序性违法行为或者侵犯宪法性权利或违背司法原则的行为，有勇气和良知的法官才会作出无效的决定。并且，由于民事诉讼的证明标准与刑事诉讼的证明标准不同，对受害人的民事赔偿不应放弃。

（二）保障当事人权利的自由裁量能力

“第一，任何裁判都含有法官自由裁量权的成分。法官的自由裁量权在历史上曾多次受到攻击，但由于客观情况的复杂性以及客观事物发展的无限性，从立法上不可能完全取消该权力，只能进行某些方面的限制。现实的审判活动确实也离不开法官在法律原则和理念的支配下行使这种权力。第二，由于人们认识能力及立法技术方面的原因，许多法律条文都是一些较为原则、弹性的规定，这些弹性条款虽然增大了法律的不确定性，但却为法官灵活地适用法律创造了条件，增强了法律对社会的适应性。第三，法律的内容不仅有义务，而且还包括权利。权利这种行为模式带有很大的选择性，对有些案件，当事人可以在法官的主持下自由选择结果。第四，对那些不违背法律的契约，法官们应维护其规范效力。上述几点说明，审判规范有其生成的过程，各种法源不会自动与案件结合，审判是由法官等参与其中的活动。”① 法官自由裁量能力无论在实体法适用方面，还是在程序法适用方面，都尤为重要。不可否认，有的法

① 谢晖、陈金钊：《法律：诠释与应用》，上海译文出版社2002年版，第166页。

院滥用程序或者对已有程序置之不理，不少程序瑕疵实际上没有救济渠道，法院内部的协调机制不畅也会影响到当事人的权利，比如移送管辖，有管辖权的法院不受理又不上报共同上级法院而直接退回，当事人就全无办法。也不可否认，法官机械适用法律、司法解释和上级法院指导性意见，对证据、案件事实和法律条文断章取义，墨守片面的审判经验，所谓遵守“慎改慎发”“能不改就不改”一类的审判政策或策略，诸如此类的行为不但不能达到案结事了，甚至会再生麻烦、再造纠纷，严重影响了司法公信力，使公众对司法裁判产生无可奈何的消极评价。因而，法官严格遵守程序法的规定、准确适用法律裁判案件已经难能可贵，如果法官能够在不违背法律的情况下，通过高超的解释能力作出一个公正的判决，或者能够创造性地运用法律，以一种“向前看”的司法态度，[①]通过创造裁判规则而引领新的社会规则甚至立法变革，那么司法的公信力将在司法内部和外部公众整个社会大大提升。以下林某涉法信访案从反面说明法官机械办案的后果。

1. 基本案情。外省林某到本地投资创办了个人独资企业——高技术设备公司（以下简称设备公司）。经营期间，林某聘用其同乡郑某、蔡某为业务员负责联系电视台等媒体进行广告宣传，公司先后给两名业务员报销了广告费用 34 万元，发票由电视台出具。后来林某发现电视台并未播放其广告，经查询电视台得知其从未与设备公司签订过广告合同。于是，林某到公安局经侦大队举报。经公安局立案侦查，确认郑某、蔡某与电视台工作人员曲某串通伪造电视台广告费发票，侵吞设备公司广告款约 34 万元私分；公安局在侦查过程中追回赃款 10 万元并退还。该案侦查终结后，公安局以职务侵占罪（共同犯罪）将三人移送人民检察院审查起诉，检察院以同案由将三人起诉至人民法院。法院以职务侵占罪判处主犯被告人郑某有期徒刑 5 年，并处没收财产 15 万元；判处从犯被告人蔡某有期徒刑 3 年，缓刑 3 年，并处没收财产 4 万元；判处从犯被告人曲某有期徒刑 3 年，缓刑 3 年，并处没收财产 5 万元。宣判前，两名从犯

① 桑本谦、李秀霞：《“向前看”：一种真正负责任的司法态度》，《中国法律评论》2014 年第 3 期。

已将没收财产款9万元交到法院。法院将9万元没收财产款缴存银行的财政专户。

2. 信访内容。判决生效前后，林某一直在信访，其信访原因既有实体方面的，也有程序方面的。在实体方面，林某认为法官滥用了自由裁量权。

一是应当先行为被害人追赃。法院在没有为被害人追赃的前提下，附加判处了没收财产刑，并实际为财政收取了9万元，被害人却损失了24万元。

二是赃款未追缴前判处最低刑是不正确的，减轻处罚判处缓刑就更不正确了。依照刑法和有关司法解释职务侵占34万元属于数额巨大，法定最低刑是5年，可以并处没收财产。三名被告人实际交出的钱一共是19万元，即公安局的10万元和法院的9万元，尚差15万元没有追回。这时判处法定最低刑和法定刑以下判处缓刑，让犯罪分子占了大便宜。如果按均分计算，每人尚差5万元未缴，因此对于第二三被告人而言，是赚了5万元并判了缓刑。按照2000年12月4日最高人民法院审判委员会第1148号会议通过的法释〔2000〕47号的规定，“犯罪分子非法占有、处置被害人财产而使其遭受物质损失的，人民法院应依法予以追缴或责令退赔。被追缴、退赔的情况，人民法院可以作为量刑情节予以考虑。”没有追缴、责令退赔就判了最低刑、就把人给放了，令人难以接受。

三是曲某不应认定为从犯。如果没有被告人曲某多次出具电视台的“阴阳发票”（电视台财务印章真实、发票真实，但广告款是小额的，大额是由曲某后来虚填的），就不会发生这样的案件，因此把曲某认定为从犯是不正确的，他也是主犯。

四是分不清分赃额时应推定为均分。三名被告人对分赃额各执一词，这时就应依法推定为均分，以此确定相应的刑事责任。

在程序方面，林某主要提出作为被害人无论是其独资企业还是其个人，除了公安局取证以外，再没有进入过任何程序。甚至在中级法院二审期间其找到办案人员也没有被允许进入本案程序，“只能眼睁睁地看着判决生效，一点办法都没有；企业没广告、没客户、没运作早就垮掉了，急得心脏病复发，等着到进行心脏瓣膜置换手术，但没钱只能硬挺着”。

3. 对程序问题的立法考量和理论分析。对于本案实体问题，属于法官自由裁量权范畴，法官一二审判决不能说错误，但是这样的判决产生了新的纠纷，林某多年一直上访。而如果在追赃退赔和没收财产方面，法院做一调整，首先弥补受害人林某的利益，可能会是另外一番结果。进一步分析，法官未考虑到或者未顾及受害人的利益，很大一部分原因来源于程序上的设置。林某作为被害人是否享有了程序权利，他的信访诉求能否在诉讼程序中表达并得到裁判？解决这个问题之前，首先考察现行法律规定（以下分析适用当时的法律）。

（1）刑诉法规定被害人是刑事诉讼当事人。“刑事诉讼中的当事人，是指与案件事实和诉讼结果有切身利害关系，在诉讼中分别处于控诉或辩护地位的主要诉讼参与人。”① 我国刑事诉讼法第 82 条第（二）项规定，“当事人是指被害人、自诉人、犯罪嫌疑人、被告人、附带民事诉讼的原告人和被告人”。其中的“被害人，是指其人身、财产及其他合法权益遭受犯罪行为侵害的人。被害人通常是自然人，涉及财产犯罪也可以是单位（法人或不具有法人资格的其他组织）”②。显然，自然人林某或者他所创办的独资企业是职务侵占案中财产遭受犯罪行为侵害的人，因而是有被害人资格的。

纵观人类历史上的刑事追诉制度，大体经历了三个发展阶段。第一个阶段是被害人直接控告式，跟民事案件一样，实行不告不理制度。第二个阶段是公诉机关代表国家控告式，也就是由于发现了刑事犯罪不仅侵犯私权利，更主要的是侵犯公权利，称之为犯罪客体。于是由专门的公诉机关代表国家进行控告。1997 年以前，我国就是实行这样的控告制度。当时的刑事诉讼主要解决国家追诉行为与被告人之间的关系，体现完全的公法特征。第三个阶段是 1997 年之后，从保护被害人人权的角度出发，将被害人身份从证人提升为当事人，实现了与被告人的诉讼地位平等。刑事诉讼的追诉结构从公诉机关对被告人转化为公诉机关和被害人对被告人。没有被害人的参加，就少了刑事纠纷主体，“当事的人”不

---

① 陈光中主编：《刑事诉讼法教程》，中国城市出版社 2001 年版，第 39 页。

② 陈光中主编：《刑事诉讼法教程》，中国城市出版社 2001 年版，第 41 页。

存在了，解决纠纷也就不存在了。缺了被告人就不能审了，为什么缺了被害人就能审？这不是一个权利平衡的诉讼架构。

法律规定是一方面，实践中与林某同样的情况却一直在上演。2020年11月，"男子在唐山监狱服刑期间诈骗单亲妈妈38万余元"案件引起众人关注，该案件发生在2017年，2017年12月5日，唐山市路北区法院一审判决罗荣兵犯诈骗罪，判处有期徒刑8年6个月，并处罚金15万元。案件受害人未收到法院的开庭通知，判决下达以来，受害人不断向唐山监狱、河北省监狱管理局、政法委等有关部门信访，讨要说法。①

（2）刑事诉讼中被害人享有多项诉讼权利。我国诉讼法是通过对被害人权利的规定，实现被害人对诉讼的有效参与。作为执行控诉职能的当事人，被害人具有独立的诉讼地位，根据我国刑诉法，其主要诉讼权利有六种。

——控告权，被害人有权向公安机关、人民检察院提出控告，要求立案，从而启动刑事诉讼程序；

——申请回避权，被害人有权对公、检、法机关的办案人员提出回避申请，这一权利与犯罪嫌疑人、被告人平等；

——诉讼代理人委托权，由于专业技术限制，被害人的控诉能力受限制，因此刑诉法规定在追诉过程中，被害人可以委托律师等法律专家作为诉讼代理人，代其行使控诉职能；这一权利也与犯罪嫌疑人、被告人相同；

——自诉权；

——庭审参与权，法庭审理中，被害人可以就起诉书指控的犯罪进行陈述，可以向被告人、证人、鉴定人发问，公诉人、辩护人出示物证应当让被害人辨认，宣读未出庭的证人证言笔录、鉴定结论等应当听取被害人的意见，被害人有权申请通知新证人到庭、调取新的物证、申请重新鉴定或勘验，有权参加法庭辩论并对证据和案情发表意见，包括行使追缴或责令退赔请求权；

——抗诉请求权，被害人如果不服一审判决，有权请求人民检察院

① 见央视新闻、中国青年网及澎湃新闻相关报道，于2020年11月22日访问。

提起抗诉。

(3) 被害人缺席的法律后果。除了控告权和自诉权这两项程序启动权之外，在一个程序已经启动的刑事诉讼中，如果被害人未纳入程序，那么他的其他四项权利就无法行使，就会产生相应的法律后果。

第一，被害人申请回避权行使不能，带来的法律后果是回避不充分。公检法机关工作人员是否需要回避，在没有征得被害人意见的情况下，实际上处于不确定状态之中，因为依法需要由犯罪嫌疑人或者被告人和被害人两种人发表意见，因此从概率上说，回避程度的完成程度只有50%。因此，严格地讲，被害人没有行使回避申请权的时候，任何一个案件的侦查员、检察员和审判员都是没有办案资格的。

第二，被害人行使诉讼代理人委托权不能，带来的法律后果是控诉不充分。被害人的诉讼代理人与被告人的辩护人相对应，利益决定他们依法针锋相对，各自维护其当事人的合法权利。而按照刑诉法的规定，追诉职能和审判职能都是中立的，无论是侦查人员、检察人员还是审判人员，都必须从不利于和有利于犯罪嫌疑人或被告人的两个方面行使职权；一般来说，只有不利于犯罪嫌疑人或被告人的公检法机关的诉讼行为才对被害人有利，而有利于犯罪嫌疑人或被告人的公检法机关的诉讼行为则是对被害人不利的。而其中对被害人不利的追诉行为，是被害人及其诉讼代理人的驳斥对象。从这个意义上说，公检法机关的诉讼行为都是中立的，他们依赖自身对法律的理解，有时站在犯罪嫌疑人或被告人一方，有时站在被害人一方。因此在只有犯罪嫌疑人和他的律师或被告人和他的辩护人的声音而听不到被害人和他的诉讼代理人的声音的时候，控诉是不充分存在的；甚至在一个有律师或辩护人而认定犯罪嫌疑人或被告人有自首等情节的有利诉讼中，没有被害人特别是他的诉讼代理人的时候，对于不存在自首等情节的不利控诉不是不充分存在，而是根本就不存在。

第三，被害人的庭审参与权行使不能，带来的法律后果是质证不能、对抗不能，其中质证不能与法官“将当事人纳入程序的不作为”之间存在紧密联系，从而成为程序性刑事裁判解释与推理的关键，将在下文详尽论及。

第四，被害人的抗诉请求权行使不能，带来的法律后果是对追诉程序及一审程序监督不能。

用以上四个方面衡量林某信访案，能够清楚地看出，正是由于被害人没有作为当事人被纳入刑事诉讼程序，才导致了这一涉法信访案的产生，而本来他在信访材料中的实体理由都应当在追诉到审判的全过程中用诉讼权利来解决，但他的权利被剥夺了，这样的机会也就没有了。

4. 被害人庭审参与权行使不能的法律后果。庭审参与权，又称“获得听审的权利”。“所谓听审，是指裁判者在权益争端双方的参与下，通过听取双方的证据、主张、意见和辩论，对有关争议加以裁决的活动。对于那些与案件结局有着直接利害关系、其利益会受到裁判结论直接不利影响的当事者而言，获得听审也就等于获得了在裁判者面前为权利而斗争的机会……按照英国古老的自然正义法则，裁判者应听取双方的陈述，尤其要在一方已经向其倾诉主张和理由的时候，听取另一方的意见。而在中世纪的日耳曼法中，法庭裁判也讲求类似的哲学：诉讼一方的陈述等于无陈述；裁判者应听取双方的陈述。上述法谚的意思无非是说，裁判者要做出一项公正的裁决结论，仅仅听取原告或者被告的一面之词是不行的，而必须听取另一方的意见和辩解。用程序法学的语言解释，就是要允许所有利益受裁判结论直接影响的人亲自参与到裁判的制作过程中来，提出自己的证据、意见和理由，与对立的一方进行辩论，并进而对裁判者的结论施加积极的影响。”①

显而易见，听审的核心还是法庭调查阶段的证据，所有的辩论和法律适用意见都是建立在这一基础之上的。其中被告人和被害人双方对所有证据的来源、形式、内容等向三种人证的质问或向法庭所作的另四种证据意见的陈述，就是质证。因此，被害人是必要的质证主体。刑诉法第156条规定，“证人作证，审判人员应当告知他要如实提供证言和有意作伪证或者隐匿罪证要负的法律责任。公诉人、当事人和辩护人、诉讼代理人经审判长许可，可以对证人、鉴定人发问”；下一条接着规定：“公诉人、辩护人应当向法庭出示物证，让当事人辨认，对未到庭的证人

① 陈瑞华：《看得见的正义》，中国法制出版社1999年版，第13—14页。

的证方笔录、鉴定人的鉴定结论、勘验笔录和其他作为证据的文书，应当当庭宣读。审判人员应当听取公诉人、当事人和辩护人、诉讼代理人的意见。”这两条法律规范中当事人和诉讼代理人各出现了三次，也就是说被害人是当然的质证主体，他的律师等诉讼代理人是当然的质证帮助主体。在缺失了一方质证主体的情况下，符合逻辑的推论是质证不充分。而按照刑诉法第 42 条第三款“以上证据必须经过查证属实，才能作为定案的依据”，因此，质证不充分的证据就是没有查证属实的证据，证据就不能作为定案依据。特别是刑诉法第 47 条强调，“证人证言必须在法庭上经过公诉人、被害人和被告人、辩护人双方讯问、质证，听取各方证人的证言并且经过查实以后，才能作为定案的依据”。反之则不能。由此可以推断出，没有被害人林某或他的设备公司及其可能聘请的诉讼代理人的参与下，被告人郑某等三人的职务侵占案件的审判过程，是一个与法定程序要求不相符的审判过程。

被害人被排除在程序之外的法律后果同样适用于诉讼代理人、辩护人、证人、鉴定人等诉讼参与人，只不过由于他们在程序参与的过程中诉讼权利各不相同，因此与质证关系也不尽一致，因此法律后果有所不同。依据上述分析，可以得出以下推理结论：由于诉讼法规定诉讼参与人是法定质证主体或者质证对象，因此除了诉讼参与人弃权，否则在其未被传唤或者通知到庭的情况下，法庭质证无法进行或者即使进行了也不能得出证据查证属实的结论，因此案件的相关证据是否有效、证据所反映的内容是否客观真实，均处于不确定状态，法律后果是相关证据不能作为定案依据，如果控方不补正该程序缺陷，则仅凭有效证据作出裁判或者指引出证据不足、指控的犯罪不能成立的无罪判决。其中，当被害人或其诉讼代理人、辩护人未被传唤或者通知到庭时，由于他们对所有证据均有质证的权利或发表意见的权利，因此应推定所有证据无效并作出无罪判决；同样，当证人、鉴定人没有被通知出庭时，由于他们是质证对象，仅跟单个证据相关联，因此应推定证人证言或鉴定结论不能作为证据使用，并以其他有效证据进行裁判。

上述推理常规就反映了法官解释法律的能力，将当事人纳入程序的不作为与证据联系起来，通过排除证据赋予了不作为行为一个法律后果。

5. 被害人未被纳入诉讼程序的原因。那么，基于上述立法和理论分析，是否能认定一二审法官没有将林某纳入刑事诉讼程序就违法了呢？当然不是，一二审法院法官的判决没有问题。由于程序规定模糊甚至矛盾，使被害人进入程序存在不同理解，从而存在裁量空间。这看似与前述的推理常规有矛盾，但这个矛盾肇始于被害人双重身份[①]的制度设计缺陷，被害人有当事人之名而无当事人之实。

现行刑诉法尽管将被害人提格为当事人，但同时还是人证，法定证据种类中表述为“被害人陈述”。这就使被害人在整个刑事诉讼中具有了当事人和人证的双重身份。但对于新增加的身份，法律给了他当事人的权利，却没有准备当事人进入刑事诉讼的通道，这就给法官带来了不纳入的程序性自由裁量空间。这些矛盾性规定是这样的：刑诉法的回避制度规定，当事人可以申请侦查人员、检察人员和审判人员回避，好像从立案开始，被害人就具有了当事人身份，因为他有权对侦查人员申请回避。问题是没有载体，也就是没有承载被害人的法律文书。侦查终结的法律文书是起诉意见书，审查起诉终结的法律文书是起诉书，这些法律文书除了把被害人当作人证之外，根本没有体现当事人地位，也就是没有跟犯罪嫌疑人或被告人一样被列为当事人，因而难以进入诉讼程序。在附带民事诉讼中，以附带民事诉讼原告人的身份进入程序的，在不提起附带民事诉讼的本案中却不能进入程序。由此带来的后果是，作为严格要式行为的刑事诉讼活动在法律意义上，起诉意见书、起诉书上列明被害人是当事人是引起续后审判程序一系列变动的基础，而没有列明的当事人是不存在的，进不进入程序就成为法官的自由裁量权。考证具体的法律或解释、规定，能够得出这一结论。

---

① 需要强调指出的是，被害人在刑事诉讼中实际上最多可以存在三种身份，分别对应不同的主体和诉讼内容。第一种身份是人证，即被害人陈述，对应的主体是追诉机关和审判机关，诉讼内容是后者判断其陈述的真实有效性；第二种身份是被害人，对应的主体是犯罪嫌疑人或被告人，诉讼内容是控诉和请求赔偿非附带民事诉讼的侵权损失，也就是追缴或责令退赔；第三种主体是附带民事诉讼原告人（刑事被害人），对应的主体是附带民事诉讼被告人（刑事犯罪嫌疑人或被告人），诉讼内容是通过附带的民事诉讼请求赔偿侵权损失。这三种身份和诉讼内容绝不可以混淆，由于本案不涉及附带民事诉讼，因此只谈两种身份。

（1）起诉意见书没有将被害人纳入的规定。刑诉法“侦查终结”一节中没有涉及被害人的情况，而按照1998年5月14日公安部令第35号发布施行的《公安机关办理刑事案件程序规定》第十一节“侦查终结”中第261条的规定，结案报告包括犯罪嫌疑人的基本情况、是否采取了强制措施及其理由、案件的事实和证据、法律依据和处理意见，根本没有涉及被害人；而起意见书基本也是这些内容。侦查终结这一节中，被害人只出现了一次，在第267条，规定“被害人提起附带民事诉讼的，应当记录在案；移送审查起诉时，应当在《起诉意见书》末页注明。”显然，这只是一个民事方面的规定，这里的“被害人”实际上是附带民事诉讼原告人，是民事诉讼当事人而不是刑事诉讼当事人。最高人民检察院的有关办案规则与此相似，也没有将被害人纳为侦查程序的当事人。对此，本文职务侵占案件起诉意见书没有列明被害人。

（2）起诉书将被害人纳入的规定不明确。刑诉法第137条规定，“人民检察院审查案件的时候，必须查明：（一）犯罪事实、情节是否清楚，证据是否确实、充分，犯罪性质和罪名的认定是否正确；（二）有无遗漏罪行和其他应当追究刑事责任的人；（三）是否属于不应追究刑事责任的；（四）有无附带民事诉讼；（五）侦查活动是否合法。”除了作为证据的被害人陈述和可能作为附带民事诉讼原告人之外，也与被害人这个刑事诉讼当事人没有关系。只是在最高人民检察院第八届检察委员会第69次会议通过，于1999年1月18日施行的《人民检察院刑事诉讼规则》第282条第五款有个规定，“关于被害人姓名、住址、通讯处，有无扣押、冻结在案的被告人的财物及存放地点，被告人被采取强制措施的种类、是否在案及羁押地点等问题，人民检察院应当在起诉书中列明，不再单独移送材料，其中对于涉及被害人隐私或者为保护被害人人身安全，而不宜在起诉书中列明被害人姓名、住址、通讯处的，单独移送人民法院。”这一规定弹性很大，实践中多数检察院都以保护被害人人身安全为由，不在起诉书附件列被害人，而是单独用非刑事诉讼法律文书移送。本文的职务侵占案起诉书中没有列明被害人，是否用了非法律文书移送也不可知。

（3）审前准备程序将被害人纳入了程序，但法律规范的内在矛盾使抛弃被害人的审判成为可能。这个矛盾体现在刑诉法第 150 条和第 151 条。刑诉法第 150 条规定，“人民法院对提起公诉的案件进行审查后，对于起诉书中有明确的指控犯罪事实并且附有证据目录、证人名单和主要证据复印件或者照片的，应当决定开庭审判。”这里的开庭条件中没有被害人，换言之，只要法院接收了上述材料，就得确定一个开庭时间表，这时如果出现了起诉书中没有将被害人列为当事人的情况，法官推定本案没有被害人并不存在逻辑错误，尽管可能事实上是错误的。因为毕竟并不是所有的刑事案件都有被害人。当然，如果证据目录中有被害人陈述这一证据，就能够证明有被害人，也就是事实上没有被害人的结论是错误的；但是起诉书中没有列明，他就不是一个法律上的诉讼主体，而仅仅是法律上的一个证据，或者说这时的所谓被害人只是一个一般的诉讼参与人，按诉讼法可以不到庭而仅宣读笔录就可以了。这一点，与民事案件的“不告不理”类似。这就是说在审前准备程序中，没有列为当事人的人不是必须传唤到庭的人。这就与第151 条产生了冲突，这条规定是，“人民法院决定开庭审判后，应当进行下列工作：……（四）传唤当事人，通知辩护人、诉讼代理人、证人、鉴定人和翻译人员，传票和出庭通知书至迟在开庭三日以前送达；……”法定文书中没有列为当事人，法官当然不传唤；此外，被害人与被告人在诉讼行为能力上根本不同，被告人通过强制或者传唤都能到庭，而有的被害人即使发出了传票可能也送达不能、传唤不到，而按刑诉法第 150 条，到了开庭日期又必须开庭，这时也只能抛弃被害人。起诉书中没有将被害人列为当事人，这就是职务侵占案的被害人林某或者他的设备公司没有被传唤到庭，因此无法行使当事人诉讼权利的根本原因。

6. 程序补救。对“将诉讼参与人纳入程序不作为”的程序裁量权提出以下补救措施。

其一，确定人。从追诉开始，就在法定诉讼文书中实名或隐名载明有关的诉讼参与人，其中需要保护隐私或安全而隐名的，在法定诉讼文书中指向在附件中载明而不是用非法定诉讼文书；侦查机关的起诉意见书附件只送达检察机关，检察机关的起诉书附件只送达人民法院。

其二，确定权利。侦控法律文书对各类诉讼参与人如何处置自身的诉讼权利或义务有明示记载。比如对于证人，应当有“你是否同意出庭作证的询问”。

其三，公示权利。对于诉讼参与人权利的处置状况，在审判机关的结案法律文书中载明，指明哪些人出了庭、哪些人没有出庭及其法律后果。

其四，程序审查。一审法官对侦控机关前述行为进行司法审查，以确定能否引起一个程序性刑事裁判。

程序性刑事裁判的局限性不仅体现在对诉讼参与人的参与权救济不能上，更重要的是体现在侦控人员和审判人员的观念上。通过座谈，他们认为刑事诉讼是以客观公正追究被告人刑事责任为己任，因此在权衡维护被害人的合法权益与追究被告人刑事责任的核心价值之间冲突的时候，更倾向于刑事责任优先。法官是如此，追诉机关恐怕就更是如此了。

经济学中的一个原理对于法官可资借鉴。市场经济是由一系列交易机制实质是交易规则所构成的，而明晰的产权作为根本的交易规则，能够促进有效的新的交易规则的生成，从而使运用这些规则的市场主体自动实现权利与义务的平衡，并向帕累托最优的效率状态迈进，这一状态在经济学上被表述为“经济活动上的任何措施，都应当使得者的所得多于失者的所失，或者从全社会看，宏观上的所得要大于宏观上的所失”[①]。在市场机制中主体的权利叫产权，在裁判机制中主体的权利叫作诉讼权利。审判机制是由审判规则构成的，它决定权利行使状态和裁判结果的认同度。正是由于诉讼法规定了各类参与主体的诉讼权利，明晰了“产权”，人们在诉讼斗争中实现权利平衡，法官也更清楚地接近法律真实，并增加裁判结果的社会认同度。这在民事诉讼领域已经成为常识，正在逐步向行政诉讼领域和刑事诉讼领域延伸。一个没有原告意思表示的民事缺席判决是不可想象的，至少要有明示或默示撤诉的表示，在默示时民诉法规定的法律后果就是按撤诉处理。刑事审判与此不同，但在处置诉讼权利的结果上没有两样。在程序上，都需要法官记录诉讼参与人处置诉讼权利的状况并在裁判中公示，三种诉讼的宏观架构不存在大区别。

---

① 高增勇、崔军：《公共部门经济学》，中国人民大学出版社2004年版，第4页。

刑事法官普遍缺乏民法思维，或许刑事法官可以先做律师以体会当事人的感受，然后担任民事法官以具有当事人理念和民事诉讼理念。林某在信访材料中写道“只要那 9 万元还给我，你们怎样判我都没有意见”，他愿意这样处置他的刑事诉讼权利。本来，郑某职务侵占案也可以办成郭某偷税案一样的经典案例，只要把诉讼参与人的权利落实到位。而本案却产生了新的冲突。当然，我们不支持完全以钱换刑的解决方案，这会造成富者强势的后果。这是一个可以通过技术解决的问题，比如在理性刑事法官的内心裁判世界里，公正就体现在刑罚幅度之中，对 3—10 年有期徒刑的刑罚幅度，判处其中任何刑期都是符合公正标准的。这样，对于刑罚幅度在 3—10 年的案件，未追缴未退赔时判处 10 年刑期是正确的，追缴退赔时判处 3 年监禁甚至是缓刑也没有不对。倘若考虑被害人的财产损失，先退赔再没收，就是一种保障当事人权利的能够提升司法公信力的法官思维。

## 第三节　可用于补全诉讼法律规范

人民法院按上述要求细化办案质量标准，只是将怎么依法办案具体化了，还缺少重要的一环，就是不这样办怎么办？因而需要对有关法官义务性的诉讼法规范进行解释。法律规范有三要素：假定条件要素、行为模式要素和处理后果要素。但诉讼法中对于法院法官义务性的规范存在着要素缺失现象，因而需要做的是在找到评价指标指向的法律规范后，补全该法律规范缺失的要素，从而为法官确定司法行为准则。在民事诉讼法的适用过程中，法官做的主要是找到约束当事人和诉讼参与人行为的法律规范，解释诉讼法律规范对当事人及其代理人的义务，而没有明确这些法律规范对法官的义务及后果，现在要做的是后者，为所有规范法官行为的法律规范进行假定条件、行为模式和处理后果解释，而不仅仅是找到约束当事人和诉讼参与人行为的法律规范并解释。

### 一　诉讼法律规范之规则理论

以处分当事人诉讼权利为标的的程序性裁判机制在民事诉讼中是普

遍存在的，但对于约束法官的法律规范，除非有了民诉法明确规定的结果比如漏列当事人上诉审得发回重审之外，绝大多数均没有确定一个通用标准，这是法院管理不精细的一个原因。按照评价指标的指示，法院应当确立精细化管理思想，改变这种粗线条的管理标准。诉讼法也有它的“法理学”，也就是存在所有诉讼普遍适用的基本原理。

分析实证主义法学创始人、被称为“法理学之父”的约翰·奥斯汀认为法律是命令，如果不遵守命令，就可能招致不利，命令的效力越大，义务的力量就越强。只要有制裁，就有义务和命令。[①] 他的命令说一般被认为是普遍学说。到了 1961 年，奥斯汀的命令说被哈特的法律规则说所取代，其“规则构成主权者、规则的思想取代主权者命令”的思想成为新分析实证法学关注的焦点。在哈特 1961 年的著作《法律的概念》中，与奥斯汀关于法是由命令、服从、习惯和威胁等组成的观念不同，哈特认为没有完整规则的规范不是法律形式。法律是一种社会规则，它是第一性规则和第二性规则的结合。[②] 哈特所谓的第一性规则是指规定社会成员义务和责任的规则，即要求人们为一定行为或不为一定行为的规则；第二性规则就是指人们可以引入新的规则，取消或修改原先的第一性规则，或决定第一性规则的作用范围或控制它的实施，属于授予权力（包括公权力和私权利）的规则，是规定规则的规则。在只有第一性规则的社会中，会出现控制不确定性的缺点。哈特的“法律规则说”理论可以补全缺失的民事诉讼法法律规范要素。

### （一）法院和法官作为审判主体受第一性规则约束

第一项规则是义务性规则。民诉法对于法院和法官如何行使权力、进行审判的规定还是比较明确的；特别是 2013 年实施修订后的民诉法，体现出了典型的限制权力、维护人权的特征，其中规定法院和法官应当或者不应当作为的条款，都可以纳入哈特的第一性规则中。比如民诉法第 27 条规定的因公司设立和解散等纠纷提起的民事诉讼，由公司住所地

---

① ［英］约翰·奥斯汀：《法理学大纲》，《西方法律思想史资料选编》，北京大学出版社 1983 年版，第 500—503 页。

② ［英］哈特：《法律的概念》，张文显、郑成良、杜景义、宋金娜译，中国大百科全书出版社 1996 年版，第 83、99 页。

人民法院管辖；民诉法第39条第1款规定的上级法院有权审理属于下级法院管辖的第一审民事案件；民诉法第126条规定的法院对符合法律规定条件的起诉必须受理，应当在七日内立案并通知当事人，不符合起诉条件的也应当在七日内作出不予受理裁定书。这样的规定比比皆是。所有以审判主体为法条语文主体、含有“必须”“应当”“有义务”等字样的法条，都属于第一性规则中的得作为条款，而含有“不得”“不能”“严禁”等字样的法条则属于第一性规则中的不得作为条款。这些条款是义务性规则，审判主体须无条件地单方面依职权行使。

（二）法院和法官作为审判主体受第二项规则约束

第二项规则是授权规则。对于审判主体的授权是法院法官的权力，而对于非审判主体的授权则是我们通常理解的当事人和其他诉讼参与人的权利（哈特谓之私权利）。比如民诉法第58条规定的对于污染环境、侵害众多消费者合法权益等损害社会公共利益的行为，有关组织可以向人民法院提起诉讼；民诉法第47条第二款规定，审判人员接受当事人和诉讼代理人请客送礼的，当事人有权要求其回避。也就是说，民诉法以非法院法官为语文主体的法律规范中，含有“有权”“可以”等字样时，均属于哈特的所谓第二性规则，因此当事人和其他诉讼参与人得不受任何外来影响而自由行使，当然弃权是例外；由于这些第二项规则往往不可能由当事人和其他诉讼参与人单方面行使，就会引出哈特所说的新的第一项规则，即需要审判主体建立沟通机制并公开信息，因而这种对当事人和其他诉讼参与人的授权同时也是对审判主体的约束，辅助当事人完成这些“规定动作”就成为审判主体的义务（新的第一项规则），需要审判主体依申请启动程序。

（三）审判主体受第二项规则的第三项补充规则的约束

根据哈特的观点，审判规则决定有权审判的主体以及审判的程序，即授权个人或机关在一定情况下，就某一主要规则是否已被违反以及应处何种制裁作出权威性的决定；往往针对当事人和其他诉讼参与人的违法行为，而遗漏了审判主体的义务。民诉法对审判规则的规定十分明确，民诉法第3条对民事诉讼法管辖范围的规定，民诉法第4条对民事诉讼所应当遵循本法的规定，以及对民事审判权由人民法院行使的规定；而民诉法规定的各种审判程序也十分明确，第一审、第二审、审判监督、特别程序等。只不过，我们通常理解的对审判主体的压力，仅仅是违反实体法如刑法、纪律条例等标准下的压力，上级法院可以通过实体标准不符而宣告撤销一个下级法院判决从而对审判主体带来压力，而对民事程序法标准下的压力施加不足，法院和法官本来有义务将前述两项规则下的所有约束作用于具体的社会关系而没有办到，仅仅是选择了比如违反回避制度、遗漏当事人等有限的几条诉讼法规范给予发回重审的处分。与之相反，对于当事人和其他诉讼参与人的行为，审判主体则可以解释适用任何法律规范施加压力。这种状况与其说是没有法律依据，倒不如说是观念问题。这种观念是哈特的第二项规则的第三项补充规则所不能容忍的；相反，哈特要求上级审判主体用第二项规则下的当事人和其他诉讼参与人的权利为下级审判主体创制出第一项规则下的新义务，也就是为下级审判主体创造出新的第一项规则，从而解决社会压力无效性问题。依据规则创制出法律之内的规则，就进入了法律诠释学的领域。

用哈特的两项规则结合的理论，能够清楚地看到，民事诉讼法对于审判主体确定了第一项规则下的义务，它只能用所有关于法官的诉讼义务规范的遵守情况来考察；也确定了审判主体辅助第二项规则下当事人实现权利的义务，或说为审判主体创制出新的第一项规则。这样一来，就揭示出了法院控制司法程序质量的要点，现在的任务是把这些办案人的义务全部解释出来，使之成为民事司法准则，而不是挂在墙头的几条禁令、几个不准。

## 二　利用法律规则变革裁判机制

机制原指机器原理，指生产某种产品的某种机器的各个部件的配置状态和运行过程。裁判机制则指裁判参与主体、主体间的相互作用和作用依据。在抗辩制审判方式下，法官组织指挥双方对抗从而断事明理释法已经形成一套完善的程序，但当事双方与法官的对抗没有裁判机制。显然，在某些情况下也即法官违法情况下，当事人和法官之间也能形成对抗，但这种对抗没有裁判机制。当事人之间的对抗是典型的民事程序性裁判机制[①]，也就是在民事审判活动中，法官组织双方当事人就一方在诉讼程序上的违法嫌疑行为进行辩论，最终由法官依照程序法的规定就当事人是否违法作出处理。而后者即当事人与法官之间就法官违反程序法的行为进行的对抗则属于非典型民事程序性裁判机制，这是当事人与法官就法官是否存在程序违法行为进行辩论并产生一个处理后果的制度安排。也就是说，法官的民事程序违法行为应当一并纳入本案审理程序中，当然是另外的一个程序性裁判中，而不是非要将程序违法的案件发回重审，由原审法院重新就实体问题进行审理。综上，笔者提出的民事程序性裁判机制可分为典型和非典型两种。

### （一）典型程序性裁判机制

典型程序性裁判机制是针对当事人程序违法进行处理的程序和方法，包括直接程序性裁判和间接程序性裁判两种情况。直接程序性裁判是指只对程序本身进行处断，不解决实体问题，程序违法直接影响案件最终裁判结果。程序不符合法律规定是显而易见的，比如对不符合程序要求的起诉，法院驳回起诉的裁定，二审中因一审程序违法而撤销原判、发回重审的裁定，都属于直接程序性裁判。间接程序性裁判是指程序违法并不直接指向案件裁判结果，而只是诉讼程序的一小部分，间接影响裁判结果，主要通过否定证据来实现对当事人违法行为制裁，比如证人做伪证、当事人伪造证据、非法手段获取的证据等。这一裁判机制是法官将法律中的程序规则与证据规则相联系。所有的案件事实都是由证据证成的，证据定案的基本原则决定了所有审判程序均为获得或验证证据服务。从立案开始到审判之前，几乎所有的当事方行为都与证据之间存在一种自然而然的内在联系，只不过有些程序与证据之间存在直接关系因此联系得紧密一点，有些程序与证据之间存在间接关系因此联系得不够紧凑。既然所有程序都直接或间接与证据有关，很显然，法官只要解释程序违法、证据无效就可以得出一个与直接程序裁判结果一样的裁判结果。2013 年实施的修订后的刑事诉讼法已经直接建立了非法证据排除程序，针对公安、公诉机关的违法取证行为；在民事诉讼中，法官否决当

---

① 刑事程序性裁判机制与此不同，将在下文中展开。

事方违法证据也已形成通例。

### （二）非典型程序性裁判机制

典型程序性裁判解决了审判主体以外的其他诉讼参与人的程序违法问题，而审判主体的程序违法处理仅限于可以上诉、抗诉引起二审程序并发回重审的情形，这远远不能覆盖诉讼法中所有关于审判主体义务的规定。针对这一状况，本书创设了非典型程序性裁判机制这一概念，它是一种补正性裁判机制，是指在民事案件审理过程中，当事人对于审判主体的程序违法行为得于庭上指出并要求记录在案，由法官给予解释说明进而引起一系列后续处理程序的过程，它实现了当事人对于诉讼法律实施监督的全覆盖。

1. 法官自身不得程序违法。法官是法律的代言人，这一经典论断绝不是空泛的溢美之词，而是对法官这一法治社会核心角色的定位。作为推进程序性裁判的各类法律裁判的核心，民诉法抛开了法官谈程序性裁判不仅回避了现实矛盾，而且脱离了司法实际，造成了一厢情愿的理论与丰富多彩的实践之间的脱节。因为“国家赋予诉讼的使命要求，法官必须在特定的时间内，对特定的事情，作出特定的判断，给出特定的裁决……纠纷的发生是现实的，因此必须以现实的方式去解决”[①]。这个现实从程序法诞生那一天起就开始了，那时的法官就被推上了面对和感受程序违法这种“纠纷中的纠纷”的风口浪尖：他不得不把他的视域扩展到庭前，从而扩展到所有当事人的具体行为中去。但问题是，他自己呢？刻意回避自身的程序违法行为，或者以强权禁止当事人质疑自己的程序违法行为以避免尴尬，成了一种心安理得的选择。这种情况，在诉讼期间问题上的法官违法行为最为普遍和典型。2012 年 8 月 31 日电影《秋菊打官司》发行 20 周年纪念日，1992 年这一天这个故事片在京首映；2013 年 5 月 11 日是高永善打官司 20 周年，1993 年这一天他将焦作市纺织集团和焦作市影视器材公司告上法庭。如果说张艺谋的“菊片”引起的法

---

① 汪建成、孙远：《论司法的权威与权威的司法》，《法学评论》2001 年第 4 期。

学家们对乡土法治与移植法治的思考与争鸣①是个过去式的话，那么高永善则是一个还在进行的老故事——案经四级法院一百多人次法官的三十多次裁判，间或有检察院抗诉，跨越两个世纪三个年代整二十年，堪称史上最长诉讼。2010 年 5 月 5 日，最高院依高永善申诉作出（2010）民再申字第 7 号民事裁定书，指令河南高院再审，中止原判决的执行；2010 年 6 月 2 日，河南高院作出（2010）豫法行再字第 00001 号行政裁定书，决定中止行政诉讼的审理。2011 年 12 月 9 日河南高院作出判决：撤销本院（2008）豫法民再字第 131 号民事判决；维持焦作市中级人民法院（2003）焦民再字第 32 号民事判决、（2002）焦民终字第 251 号民事判决及焦作市山阳区人民法院（1993）山民初字第 160 号民事判决。② 这一过程中，没有看到任何一位办过此案的法官向社会公示他的超期理由，没有人敢于选择谴责与否定自我来宣示其崇法尊律的品格——最简单的就是没有看到任何一位勇敢的法官向社会宣布他接手此案前的所有超期审判行为均系非法。意识到这一点，也就看到了非典型程序性裁判机制的紧迫性，无论法官愿不愿意，他作为矛盾的载体总是要直面冲突并自我评断进而公示他的理由，如此才保住了芸芸众生对自己“须仰视才见”的神圣尊严，保存了法律捍卫者的“光荣加冕”“法官就是法律”的理性精神。

2. 法官得解释自己程序违法。法定的那些程序如果得不到严格遵守，即哈特所谓第一项规则的承认和第二项规则的接受及两项规则的同时遵守，审判机关就没有严格遵守诉讼法，诉讼法就将成为立法者的白条。古人说“其身不正虽令不从”，人们无法遵守一个正在违法的执法者的指令，当事人和其他诉讼参与人有权当庭指出并要求回应。而法官作为诉

① 如苏力在《法治及其本土资源—秋菊的困惑和山杠爷的悲剧》中提出的“法治的惟一源泉和真正基础只能是社会本身”，以反思和质疑法律移植；桑本谦在《“秋菊的困惑”：一个巧妙的修辞》中的批驳，“秋菊的困惑”与法律移植的负面效应之间其实并没有严格的因果关系，对于苏力所阐述的学术主张而言，它只是一个巧妙的修辞；凌斌则在《商鞅战秋菊：法治的两条道路》中调解二者观点等。

② 参见高永善与焦作市影视器材公司、焦作市纺织集团公司及焦作市人民政府财产权属纠纷一案。http：//www. 110. com/panli/panli_ 38847119. html，于 2014 年 10 月 7 日访问。

讼法的守护神，一方面要尊重和守护法律，尊重法律是法官自重的前提，守住法律也就守住了法官自身；另一方面在自己违反法律时不但要解释清楚还要接受惩罚。拉德布鲁赫说：“一个超国家的法要想变得有实效，就不应高悬于我们之上的价值的天空，它必须获得尘世的、社会学的形态；而从理念王国进入现实王国的门径，则是谙熟世俗生活关系的法官。正是在法官那里，法才道成肉身。”① 只有通过法官的解释才能使那些法条具有鲜活的生命力也即“道成肉身”，这种解释不仅仅包括关于当事人诉讼权利义务的解释，也包括法官对自己违反诉讼法的行为给出“说法”。“这些解释决定着法规的真正含义，其重要意义远比其文本意义更大”②。法规的真正含义至少在于，它天生具有谴责所有践踏其圣洁之躯的人和行为的本性，尤其对于作为法律执行者的审判机关，更是法律监督的对象，绝不能让老百姓看到办案法官正在违法却心安理得。那么法官代表法律对自己的这种应受法律谴责的行为进行解释正是法官的职责所在。

3. 法院得建立发现和解释法官行为标准的法律规范。因为法律的概括性特征，从来都不可能穷尽所有的社会现象，相反它还总是落后于实践，因此不能机械地执行法律，需要审判主体解释法律规范。但是，全国有 3000 多家法院 12 万法官，一个人一个解释就会出现解释混乱，因此必须统一司法标准。用这个标准来衡量，与其说对上述法官程序违法的条文解释隶属于法官自由裁量权范畴，毋宁说是法官在通过反向逻辑推理来执行和监督执行这些程序法规范。法官不应当是没有任何思想木鱼石，更不能把法律当成自然科学中的几何模型和算术公式，我们需要法官，也需要裁机制；不能让社会对法官的角色定位、品格和运用逻辑推理的解释能力缺乏起码的信心。

对于具体违法行为的发现和解释，法律方法论学者给出了答案，“我们赞成德沃金先生对法律的分类，他把法律分为明确法律与隐含法律。

---

① 转引自舒国滢《在法律的边缘》，中国法制出版社 2000 年版，第 84—85 页。

② ［美］E. 博登海默：《法理学、法律哲学与法律方法》，邓正来译，中国政法大学出版社 1999 年版，第 554 页。

对于明确的法律，法官直接加以推理就会实现法治，而对隐含法律，法官的任务就是努力去发现它。发现的方法有二：一是通过已经存在的官方文件或已经发生的官方事实中去查找；二是用法律推理、法律诠释等方法来阐明隐含法律的意义，以便为判决中的法律推理创造条件”。而对于诠释与推理的关系也有论述，“没有法律诠释就没有法律推理……法律推理是法律诠释的一种形式”[①]。由于法律诠释与推理都依赖于文本，“法律诠释的对象包括法律文本与事实文本两大部分”[②]，“对法律文本的诠释是要发现法律在具体案件中的意义，对事实文本则应揭示其法律意义。”[③]这就是说，从事实文本到法律文本的解释并推理出一个结论，是发现和解释法律的逻辑进路。法律文本解释方法首先解决两个问题。第一是解释的边界。基于司法权滥用的担心——这种担心不无道理——必须为法官的解释确定一个边界。只要不脱离法律文本的框架，这种解释就不会扩大，也就是用最低限度的有权解释来框定解释边界。第二是解释的方向。由于非典型民事程序性裁判以解决审判主体的民事程序违法为己任，因而以反对程序违法为出发点，以法律文本的反向推理为表现形式。通过反向文本解释，既不会扩大法官解释权，又能够有效解决程序性裁判依据问题。这在逻辑学中被称为逆推法，是法官为没有法律后果的法条补充一个法律后果。

以上表明了司法公信力评价体系在法官适用法律上的应用，是尽可能开发出以办案人违法为直接指向的非典型程序性裁判规则，实现法律规范与限制公权的对接，也就是汤维建教授所言的“诉讼制度的控权性”，从而变革了诉讼结构——从法官审当事人的单线思维向法官审当事人、当事人同时监督法官的双线思维转变。制约承办法官显性违法行为的现实路径就是依据诉讼法以程序违法为由对承办法官提出质疑，启动调查程序，优先解决承办法官是否存在违法行为、指控是否正确的问题。案件的实体审理是后续的事情。因此，非典型程序性裁判规则可以定义

---

① 谢晖、陈金钊：《法律：诠释与应用》，上海译文出版社 2002 年版，第 88、148—149 页。

② 陈金钊：《法律解释的哲理》，山东人民出版社 1999 年版，第 51—57 页。

③ 陈金钊：《论法律事实》，《法学家》2000 年第 2 期。

为：由当事人提出申请，以承办法官诉讼违法行为为审查对象，以对法律规范的反向文本解释与推理为依据，以程序违法排除该法官继续承办此案资格为后果，由新的审判组织接手该案审判的质量控制模式。显然，这种在实体审判中优先考虑程序的程序性裁判机制，与目前的行政诉讼或者刑事诉讼中的非法证据排除程序比较接近。当然，到这里这个裁判还没有结束，法院还应给社会上那些普遍的担心以回应，有人会质疑这样的程序性裁判是否会影响审判效率，是否会损害胜诉当事人的诉讼利益。对于是否应当允许“程序逆行”，即因前承办人程序违法而更换审判组织，新的审判组织是否还要重复那些业已完成的程序，即程序重复的问题。其实，这完全可以在新的审判组织与当事人的协商中得以解决，毕竟民事诉讼的当事人具有程序利益因而有主导权，正如二审发回重审可以征求当事人的意见一样，程序是否重新来过也可以征求当事人意见。但确实有一个后续问题，除了程序无效之外，违反程序的法官应承担什么责任，谁应当对诉讼公共资源的“铺张浪费”承担责任。诉讼公共资源的“铺张浪费”是永远也不可能尽善尽美的体制所固有的代价，但应当由那些破坏正当程序标准的人承担，因而其后应紧跟着一个追诉程序，根据调查情况确认责任，并与上位机关、产生机关、法律监督机关和党政监督机关的相关程序衔接起来，给予其剥夺审判主体资格等行政的、党纪政纪的直至刑事处分。同时，在新的审判组织审理完毕后，其所公布的裁判文书中还应当载明更换审判组织的过程乃至处理结果，让社会公众知晓责任承担者。严格上讲，由于这些责任者甚至无法履行按那些固定流程进行操作的基本义务，因此丧失了作为审判主体的起码资格。这会使所有审判主体强烈地意识到公权依法行使与自身利益之间的必然联系，时刻处于战战兢兢、自警自重而不是无所顾忌、唯我独大的状态中。确保当事人得到一个合法者的裁判，而不是一个非法者的裁判，是公正审判的基本前提，因而程序性裁判对厉行法治的作用甚至远远大于裁判结果本身。只要有一条民诉法律规范得不到司法者的落实，所有的社会主体都可能在潜在的纠纷中受到非法待遇；只要有一处程序违法行为得不到有效处理，所有审判权力都可能被怀疑为因放纵而被滥用，对司法公信力造成极大的损害。

## 三　民事诉讼法律规范的标准解释与推理常规

笔者在司法实践中形成并发现了两种反向逻辑推理习惯。一是针对上级法院法官的反向推理。下级法院法官总是考虑：假如这样做，案件上诉到上级法院，上级法院法官会怎样考虑。下级法院的法官在作出裁判前总是把上级法院法官的可能思量当作考虑的重点因素，并习惯于经历这样一个反向心证或内心博弈的过程：假如我以此理由裁判，发生二审或再审时法官能否和怎样推翻它。二是对当事人的反向推理，即假如以此理由判决，当事人会找到怎样的上诉理由或再审理由推翻它。这两种考虑都能实现法官裁判时的自我约束，而第二种考虑恰恰反映了当事人在审判过程中对法官的监督作用。在把司法公信力评价结果运用于司法公信建设时，就要充分利用当事人在诉讼程序中的监督作用。除了国家权力机关增进当事人监督的力度和途径外，法院也应建立统一司法标准，通过发掘法官义务性规定的价值，结合当事人发现的程序监督机制，形成自我纠错的内部监督机制。那么如何发掘程序性法律法规的价值？在我们对法律规范进行反向解释和常规推理时，虽然质疑者声称没有这样的先例，正如英国大法官丹宁勋爵所述："另一个理由是什么呢？只是下面这一点：没有这样处理的先例……如果我们不做任何前人没有做过的事情，我们就会永远待在一个地方，法律会停止不前，而世界上其他事情将继续前进。"① 从另一个角度来说，"徒法不足以自行"，"要运用法律就需要法官，如果法律可以自动运用，那么法官也就是多余的了……法官的责任是当法律运用到个别场合时，根据他对法律的诚挚理解来解释法律"②。法条就是通过法官才实现与事实的链接进而作用于具体的社会关系，因而，法官对法条的解释是必要的。有两种解释方式，一种正向解释，即法条本身规定了行为模式和处理结果，直接推理即可得到处理答案；另一种反向解释，法条只规定了行为模式，并且是义务

---

① ［英］丹宁·勋爵：《法律的训诫》，杨百揆、刘庸安、丁健译，法律出版社1998年版，卷首第13页。

② 《马克思恩格斯全集》，人民出版社1961年版，第76—77页。

性或者肯定性的方式，没有规定处理结果，在适用该法条时，需要反向推理，即如果违反了义务性规定或者出现了否定性的行为该如何处理。这种法条绝大多数是程序性规定，尤其是对公权力行使的规定。法官在裁判中，运用第一种解释方式的场合极多，很少有进行第二种方式解释的，也就是说，极少有针对公权力程序违法裁判的场合出现。上段所述，法院公信建设的重要部分就是建立内部纠错机制，将群众诟病最多的法官程序违法现象降到最低，如何做到这点，无疑需要法官强大的第二种解释能力，能够熟练运用反向文本解释与推理来完成程序审查。刑事诉讼法中学者们提出一个程序性裁判的概念，程序性裁判已经有一个普遍接受的概念：针对侦查机关、起诉机关和审判机关在追诉和审判程序中的违法行为进行独立的裁判。[①] 下文中我们将具体阐述。此处的民事诉讼程序中公权机关违法行为的认定和处理程序，称之为非典型程序性裁判，对其的审查能引起两类后果：一为案件当事人之间纠纷的后果；另一为审判组织违法行为的处理后果。考证民诉法关于审判行为的所有显规定，非典型程序性裁判应在以下三方面展开：法律规定、审判人员的行为、处理结果。法官解释与推理也相应地体现在这三方面，在处理结果方面，法律规定法官义务的同时意味着当事人享有相应的程序权利，当事人行使该程序权利时，法院应当给予回应，并给出相应的处理结果，这是一个完整的非典型程序裁判程序。本部分内容就对民诉法第一编涉及的法官义务性规范进行梳理，给出每一义务性规范的标准解释与推理常规，可以归纳为以下基本公式，针对每项程序规定，都可以导出一个“套用公式”。

基本公式为：法律规定是假设条件 + 审判组织违反法律规定的行为模式 = 处理结果（当事人的程序处分权利 + 法院的自行调查义务 + 确认审判组织是否违法和给予处理）。

### （一）对审判主体不适格的标准解释与推理常规

主要包括法官资格、管辖权、审判组织、回避制度四种规定。

---

① 参见赵永红《刑事程序性裁判研究》，中国人民公安大学出版社 2005 年版；陈瑞华《审判之中的审判：程序性裁判之初步研究》，《中外法学》2004 年第 3 期。

1. 法官资格不符。法官行使审判权必须两证齐全，一是资格证书，这是从业准入资格证书，标志着他可以进入这个行业；二是审判员（人民陪审员不得担任审判长）或执行员证书，这是从事审判和执行公务资格证书。违反这一规定，其标准解释与推理常规只能是：不具有此二证书者无权从事审判或执行工作，纵使从事此工作，其工作成果也不具有合法性。法院应建立法官公开制度，当事人可随时查询其资格；同时，应将此资格纳入上诉审查或抗诉审查范畴，落实法院组织法或法官法对应的法律规范，绝对禁止非法官出现在司法活动中。当事人提起此调查申请，法院得受理并确认是否具有资格，不具有，得撤销一切该所经历的法律行为和法律文书。

公式套用：法律规定应当两证齐全 + 司法人员不具有两证 = 处理结果（当事人拒绝该司法人员任何命令的程序处分权 + 法院自行调查资格不服的义务 + 确认和处理：1. 不成立，程序继续，当事人拒绝出庭按缺席处理；2. 成立，撤销原程序和更换审判组织并对原组织制裁）。

2. 管辖权错误。剥夺管辖异议权和无管辖权情形的标准解释与推理常规为：当事人提出管辖异议后，依民事诉讼法第 130 条第一款法庭应予审查而没有审查从而剥夺了当事人管辖权，强行审理案件的；第 130 条第二款，法院违反级别管辖或专属管辖规定审理案件的。以上两种情况，当事方有权退庭向院内监督部门提出调查申请，从而中断原案审理。监督部门应立即介入展开调查，根据查实情况提出是否否决本院管辖资格的后续处理意见。全国最早以管辖权否定公权力行使资格的案例发生在刑事领域，即上文的郭某偷税案。当事人提出控方无案件管辖权，法院审理直接否定了检察院的所有办案手续资料和证据资料，以无证据证明犯罪为由对郭某宣告无罪。

公式套用：法律规定的管辖确认程序 + 审判组织拒绝启动管辖审查程序 = 处理结果（当事人退庭程序处分权 + 法院调查审判组织

违法事项＋确认和处理：1. 成立，剥夺审判权，更换并制裁审判组织；2. 不成立，程序继续）。

3. 审判组织不合法。法律规定合议庭必须为单数、发回重审或再审必须另行组成合议庭、合议庭审判并评议案件以及第 43 条两款义务性规范，指向的行为模式为：合议庭为双数的、发回重审或再审组庭与原合议庭人员有重合的、合议庭审判有成员缺席的、合议庭评议有成员未参与或者不是合议庭成员参与的，以上组庭不合法行为或审判评议不合法行为一经发生即应当引起无效审判的法律后果；审判人员接受当事人及其代理人请客送礼的，审判人员有贪污受贿、徇私舞弊、枉法裁判行为的，以上任一行为不仅引起无效法律后果，而且应当启动责任追究程序。

公式套用：法律规定的组庭或评议假设条件＋组庭不合法或评议不合法的行为模式＝处理结果（裁判无效＋法官处理）；审判人员不得吃请受礼的假设＋吃请受礼的行为模式＝处理结果（该案无效＋党纪政纪处分）；审判人员有贪污受贿、徇私舞弊、枉法裁判行为的应受追究的假设条件＋出现前述行为未受追究的行为模式＝处理结果（纪检监察人员承担违法责任＋新的纪检监察人员查处审判人员违法行为并给出处分建议＋原裁判无效）。

4. 违反回避制度。违反此制度的标准解释与推理常规，一种情形为民诉法第 47 条第一款，满足民诉法规定的以下条件“是本案当事人或者当事人、诉讼代理人近亲属的；与本案有利害关系的；与本案当事人、诉讼代理人有其他关系，可能影响对案件公正审理的”之一，当事人提出回避申请而法官拒不中止程序、启动调查确认程序，当事人有权退庭抗议并举报。诉讼法对法官的义务规范是应当自行回避，对当事人的权利规范是有权提出回避，但没有规定具体操作规范。故对应于回避而未回避的情形应确认两个法律后果，一是更换审判组织，二是给予违法审判处理。另一种情形为第二款和第三款，“审判人员接受当事人、诉讼代理人请客送礼，或者违反规定会见当事人、诉讼代理人的，当事人有权要求他们回避。审判人员有前款规定的行为的，应当依法追究法律责任。”这是一个符合法律规范的假定条件（不得吃请受礼）、行为模式（吃请受礼行为）和处理结果（追究法律责任）的三要素规范，直接执行即可。无论哪种情形，只要违反，已经完成的审判程序一律应予撤销归于无效。

公式套用：一款规定的回避确认程序 + 审判组织拒绝启动程序 = 处理结果（当事人退庭程序处分权 + 法院调查审判组织违法事项 + 确认和处理 =1. 存在回避得更换审判组织；2. 不成立原审判组织继续审判），二款回避条件和调查程序 + 本院纪检监察部门未予受理的行为模式 = 处理结果（对纪检监察部门处分 + 新的纪检监察部门启动新的调查程序）。

### （二）审判主体剥夺诉讼参加人基本权利的标准解释与推理常规

这种情形主要发生在诉讼参加人一章中，包括当事人和诉讼代理人的权利。

1. 当事人诉权被剥夺。民诉法第 52 条规定，“当事人有权委托代理人，提出回避申请，收集、提供证据，进行辩论，请求调解，提起上诉，申请执行；当事人可以查阅本案有关材料，并可以复制本案有关材料和法律文书。查阅、复制本案有关材料的范围和办法由最高人民法院规定”。所有的当事人的权利都同时是法院法官的义务，法院法官未履行这些义务必须有一个不利的法律后果，才能使法律规范成为可以操作的规范。法院得解释这一过程。

公式套用：当事人“有权”的七种权利为法定假设条件 + 审判组织剥夺或限制（含未告知）上述权利为行为模式 = 处理结果（审判无效 + 撤换并追究审判组织责任）；当事人“可以”的两种权利为法定假设条件 + 审判组织拒绝查阅复制的行为模式 = 处理结果（恢复权利 + 追究审判组织责任）。

2. 剥夺公益诉权。民诉法第 58 条规定，“对污染环境、侵害众多消费者合法权益等损害社会公共利益的行为，法律规定的机关和有关组织可以向人民法院提起诉讼”。这一规范后边规定如果法院法官没有给予诉权怎么办，因此必须给这一规范一个法院法官不受理的不利后果的解释。

套用公式：公益事项可以由法定机关和组织起诉为假设条件 + 法院拒绝受理从而剥夺公益诉权为行为模式 = 处理结果（追究立案审查组织责任 + 撤销原不予立案决定并重新立案）。

3. 剥夺第三人诉权。民诉法第 59 条规定，“对当事人双方的诉讼标的，第三人认为有独立请求权的，有权提起诉讼；对当事人双方的诉讼标的，第三人虽然没有独立请求权，但案件处理结果同他有法律上的利害关系的，可以申请参加诉讼，或者由人民法院通知他参加诉讼。人民法院判决承担民事责任的第三人，有当事人的诉讼权利义务；前两款规定的第三人，因不能归责于本人的事由未参加诉讼，但有证据证明发生法律效力的判决、裁定、调解书的部分或者全部内容错误，损害其民事权益的，可以自知道或者应当知道其民事权益受到损害之日起六个月内，向作出该判决、裁定、调解书的人民法院提起诉讼。人民法院经审理，诉讼请求成立的，应当改变或者撤销原判决、裁定、调解书；诉讼请求不成立的，驳回诉讼请求”。

套用公式：有独立请求权的第三人有权参加诉讼或无独立请求权的第三人可以参加诉讼且二者均有当事人的权利义务为假设条件 + 审判组织拒绝有独立请求权第三人参加诉讼或裁判无独立请求权的第三人承担责任但未通知其参加诉讼为行为模式 = 处理结果（审判无效或第三人提起新的诉讼 + 追究审判组织责任）。同时，当事人诉求被剥夺的公式同样适用于此条。

4. 剥夺代理人查卷权。民诉法第 64 条规定，“代理诉讼的律师和其他诉讼代理人有权调查收集证据，可以查阅本案有关材料。查阅本案有关材料的范围和办法由最高人民法院规定”。这项规定同样没有设定法院法官不履行此义务的后果，因而司法实践中普遍存在着法院法官不履行此义务的情形。

> 套用公式：诉讼代理人可以查阅最高院规定的案件有关材料为假设条件 + 审判组织拒绝其查阅为行为模式 = 处理结果（审判无效 + 撤换并追究审判组织责任）。

（三）审判组织证据收集审查确认不适格标准解释与推理常规

这种情形发生在民诉法证据一章中，在“证据必须查证属实，才能作为认定事实的根据”和“人民法院应当按照法定程序，全面地、客观地审查核实证据”项下所有设定法官义务的条款，大体概括为以下几条。

1. 调证不作为。民诉法第 67 条规定，“当事人及其诉讼代理人因客观原因不能自行收集的证据，或者人民法院认为审理案件需要的证据，人民法院应当调查收集”。法院法官不收集怎么办同样没有法律规定，故需要通过解释解决。

> 套用公式：当事人及其诉讼代理人因客观原因不能自行收集证据为假设条件 + 人民法院拒绝收集此类证据为行为模式 = 处理结果（审判无效 + 撤换并追究审判组织责任）。

2. 对延期举证不作为或乱作为。民诉法第 68 条规定，“人民法院根据当事人的主张和案件审理情况，确定当事人应当提供的证据及其期限。当事人在该期限内提供证据确有困难的，可以向人民法院申请延长期限，人民法院根据当事人的申请适当延长。当事人逾期提供证据的，人民法院应当责令其说明理由；拒不说明理由或者理由不成立的，人民法院根据不同情形可以不予采纳该证据，或者采纳该证据但予以训诫、罚款”。当事人逾期举证是对对方当事人的不公，放纵此行为即推断违反了法律为防止一方不当取得程序利益所设计的逾期举证的严格条件和程序，应于对方提出异议时否决之，否则即为非法。

套用公式：当事人逾期举证为假设条件 + 法官未责令当事人说明理由或采纳逾期证据未予训诫、罚款为行为模式 = 处理结果（对方当事人关于该证据不予采信的异议成立 + 更换审判组织并追究原审判组织责任）。

3. 证据灭失或错辩。民诉法第 69 条规定，“人民法院收到当事人提交的证据材料，应当出具收据，写明证据名称、页数、份数、原件或者复印件以及收到时间等，并由经办人员签名或者盖章。人民法院对有关单位和个人提出的证明文书，应当辨别真伪，审查确定其效力”。出收据和辩文书真伪为法官义务，未依此操作则推定违反了法律为防止证据灭失而说不清楚或者伪造文书证据而设定的交付程序和辨别程序，应否决审判权力并追究审判组织责任。

套用公式：出具符合标准的收证收据或辨别证明文书真伪为假设条件 + 法官拒绝出具收证收据或未辩证明文书真伪为行为模式 = 处理结果（审判无效 + 更换审判组织并追究原审判组织责任）。

4. 证据错误公示或未质证。民诉法第 71 条规定，“证据应当在法庭上出示，并由当事人互相质证。对涉及国家秘密、商业秘密和个人隐私的证据应当保密，需要在法庭出示的，不得在公开开庭时出示”。出示和质证、保密证据是关键环节，未予公示和质证或者保密证据不当公示，违反了法律为确保证据的客观性相关性合法性而设定的辩证程序或者为防止泄密和侵犯个人隐私而设计的过滤机制，推定审判组织行为为非法，否定证据的同时否定该审判组织的审判权力，并追究相关人员责任。

套用公式：证据出示和质证及保密证据不予公开出示为假设条件 + 审判组织未予出示质证或公开保密证据 = 处理结果（审判无效 + 更换审判组织并追究原审判组织责任 + 保密部门追究和当事人追究）。

5. 孤证为证。民诉法第74条规定，“人民法院对视听资料，应当辨别真伪，并结合本案的其他证据，审查确定能否作为认定事实的根据。人民法院对当事人的陈述，应当结合本案的其他证据，审查确定能否作为认定事实的根据”。视听资料和当事人陈述应当根据其他证据进行审查判断能否作为本案证据，未结合其他证据直接认定为证据的，应推定为违反了法律为防止钓鱼、诬告等的可能性而设计的过滤机制，此材料不得作为证据使用，同时得否定审判组织的审判效力。

套用公式：视听资料或当事人陈述之孤证不能定证作为假设条件+审判组织以孤证定案作为行为模式=处理结果（审判无效+更换审判组织并追究原审判组织责任）。

6. 鉴定不合法。民诉法第81条、82条规定，“当事人对鉴定意见有异议或者人民法院认为鉴定人有必要出庭的，鉴定人应当出庭作证。经人民法院通知，鉴定人拒不出庭作证的，鉴定意见不得作为认定事实的根据；支付鉴定费用的当事人可以要求返还鉴定费用。当事人可以申请人民法院通知有专门知识的人出庭，就鉴定人作出的鉴定意见或者专业问题提出意见”。当事人提出异议法院法官不理怎么办，当事人提出鉴定人出庭而法院法官不通知怎么办，都需要用制度完善这些法律规范。

套用公式：异议当事人有权要求法院通知鉴定人出庭和鉴定人拒不出庭的鉴定意见不能作为证据为假设条件+法院未尽通知义务或者将鉴定人未出庭作证的鉴定意见作为本案证据为行为模式=处理结果（鉴定无效+更换审判组织并追究原审判组织责任）。

7. 勘验不合法。民诉法第83条规定，“勘验物证或者现场，勘验人必须出示人民法院的证件，并邀请当地基层组织或者当事人所在单位派人参加。当事人或者当事人的成年家属应当到场，拒不到场的，不影响勘验的进行。有关单位和个人根据人民法院的通知，有义务保护现场，协助勘验工作。勘验人应当将勘验情况和结果制作笔录，由勘验人、当事人和被邀参加人签名或者盖章”。勘验应出示证件、邀请见证人并制作笔录三个是关键环节，当违反任一条时应解释为违反了法律为防止伪装或个人专断之可能性而设定的勘验程序，因此推定勘验行为非法，笔录不具有证据效力，且应追究违法者责任。

套用公式：勘验应出示证件、邀请见证人并制作笔录作为假设条件 + 未出示证件、无见证人、无笔录为行为模式 = 处理结果（勘验无效 + 更换勘验人并追究原勘验人责任 + 国家赔偿）。

8. 证据保全不作为。民诉法第 84 条规定，“在证据可能灭失或者以后难以取得的情况下，当事人可以在诉讼过程中向人民法院申请保全证据，人民法院也可以主动采取保全措施。因情况紧急，在证据可能灭失或者以后难以取得的情况下，利害关系人可以在提起诉讼或者申请仲裁前向证据所在地、被申请人住所地或者对案件有管辖权的人民法院申请保全证据。证据保全的其他程序，参照适用本法第九章保全的有关规定”。诉中和诉前证据保全对实体权利维护有决定意义，故怠于履行此职责往往会改变裁判结局，应推定怠于证据保全乃为帮助另一方获得诉之利益，得否决办案法官的审判权力，给予其最为严格的责任追究，另应考虑如为决定胜负关键证据应将此造成的损失纳入国家赔偿范畴。

套用公式：当事人或利害关系人有权申请诉中或诉前证据保全为假设条件 + 法院法官怠于履行此义务为行为模式 = 处理结果（更换保全人并追究原保全人责任 + 国家赔偿）。

（四）期间和送达不合格的标准解释与推理常规

1. 超期不作为或乱作为。期间是指法院、当事人和其他诉讼参与人进行诉讼行为的期限。司法机关和诉讼当事人都必须遵守有关期间的规定，但对于期间引起的法律后果，目前不明确。民诉法规定的期间（见表 5—2）按照法律后果可以分为两大类，一类是法律明示了诉讼后果的，如三大诉讼法规定当事人在法定上诉期限内不提起上诉，即失去上诉权，第一审判决即发生法律效力；再如民诉法规定在指定开庭日，即使是民事被告经两次合法传唤拒不到庭，也可拘传。另一类是没有明示诉讼后果的，需要补全，特别是对于法官违法如何处理。同时，这两类期间的法律规定，大多未明确违反的法律后果。期间理论应当拓展为权力或权利有效持续的时间，超过此法定时间即权力或权利失效，以此来作为期间的法定含义。意即，法律上的期间是法律明确授权进行某项活动的时间，超过此时间无论公权力还是私权利皆失去效力，法无时间外授权。

**表5—2　　　　民诉法及司法解释关于期间的主要规定**

| 一审 | |
|---|---|
| 诉讼时效 | 普通3年诉讼时效。自权利人知道或应该知道权利受侵害之日起算。（民法典第188条）<br>3年诉讼时效。因环境污染损害赔偿提起诉讼的。（环境保护法第66条）<br>4年诉讼时效。因国际货物买卖合同和技术进出口合同提出诉讼或仲裁的。（民法典594条）<br>最长诉讼时效。从权利受侵害之日起20年。（民法典188条） |
| 申请财产保全 | 诉前财产保全。法院应在48小时内作出裁定，裁定保全的，应立即执行（申请人必须提供担保）。申请人应该在采取保全措施后30日内起诉。（民诉第104条）<br>诉中财产保全。情况紧急的，法院应在48小时内作出裁定，裁定保全的，应该立即执行。（民诉第103条）<br>对财产保全或先予执行裁定不服的，可以申请复议一次。（民诉第111条） |
| 申请证据保全 | 诉中申请证据保全，应当在举证期限届满前提出。（证据规定第25条）<br>证据保全的其他程序，参照适用本法第九章保全的有关规定。（民诉第84条） |
| 立案 | 法院应在收到起诉状或口头起诉后7日内立案（民诉第126条），立案庭应在决定立案的3日内移送审判庭。（审限若干规定①第6、7条） |
| 申请先于执行 | 法院应当在受理案件后终审判决前采取（民诉解释第169条） |

① 《最高人民法院关于严格执行案件审理期限制度的若干规定》。

续表

| | |
|---|---|
| 公告送达 | 国内。适用于受送达人下落不明或用其他方式无法送达的。自发出公告之日起经过30天的，视为送达。（民诉第95条）<br>涉外。适用于不能用其他方式送达的。自公告之日期满3个月。（民诉第274条） |
| 答辩期 | 国内。法院应在立案之日起5日内将起诉转副本送达被告，被告收到之日起15日内答辩，法院收到答辩状之日起5日内发送原告（但被告提交的证据何时发送原告没有明确规定）。（民诉第128条）<br>涉外。答辩期30日，并可申请延长。（民诉第275条） |
| 管辖权异议 | 应在答辩期间内提出。对该裁定不服的，可以10日内向上级法院提出上诉，上级法院应在30日内审结。（民诉第130、171、183条） |
| 举证期限 | 由双方协商并经法院准许，法院指定的普通程序不少于15日。简易程序法院指定不得超过15日，小额诉讼案件的举证期限一般不得超过7日。从收到受理通知书和应诉通知书次日计算。（证据规定第51条） |
| 管辖权异议后举证期限 | 当事人在一审答辩期内提出管辖权异议的，举证期限中止，自驳回当事人管辖权异议的裁定生效之日起恢复计算。（证据规定第55条） |
| 反证期间 | 人民法院依职权调查收集的证据提出相反证据的举证期限问题。人民法院依照《证据规定》第15条调查收集的证据在庭审中出示后，当事人要求提供相反证据的，人民法院可以酌情确定相应的举证期限。（举证时限规定通知第4条）举证期限届满后，当事人提供反驳证据或者对已经提供的证据的来源、形式等方面的瑕疵进行补正的，人民法院可以酌情再次确定举证期限，该期限不受前款规定的期间限制。（证据规定第51条） |
| 增加当事人举证期限 | 关于增加当事人时的举证期限问题。人民法院在追加当事人或者有独立请求权的第三人参加诉讼的情况下，应当依照《证据规定》第51条的规定，为新参加诉讼的当事人确定举证期限，该举证期限适用于其他当事人。（证据规定第55条） |
| 申请延期举证 | 应在举证期限内提出，延长的期限同样适用其他当事人。（证据规定第54条） |
| 申请证人出庭 | 应在举证期限届满前提出（证据规定第69条） |
| 申请调查取证 | 申请法院调查取证应该在举证期限届满前提出。（证据规定第20条） |
| 申请鉴定 | 应在人民法院指定期间内提出。（证据规定第31条） |
| 增加、变更诉讼请求或提出反诉期间 | 在案件受理后，法庭辩论结束前，原告增加诉讼请求，被告提出反诉，第三人提出与本案有关的诉讼请求，可以合并审理的，人民法院应当合并审理。（民诉解释第232条） |

续表

| | |
|---|---|
| 增加、变更诉讼请求或提出反诉后举证期限 | 人民法院应当根据案件的具体情况重新确定举证期限。（证据规定第55条） |
| 申请增加当事人的期限 | 对于申请增加当事人的期限，没有明确规定，但是鉴于申请增加当事人必然涉及增加、变更诉讼请求。因此，应在法庭辩论结束前提出。（民诉解释第232条） |
| 证据交换 | 法院组织证据交换的，交换之日举证期限届满。（证据规定第56条） |
| 传唤期限 | 法院应当在开庭3日前用传票传唤当事人。对代理人应当用通知书通知到庭。传票传唤是按撤诉处理和缺席判决的前提条件。（民诉解释第227条） |
| 申请回避 | 案件开始审理时提出，也可在法庭辩论终结前提出。法院应在提出后3日内以口头或书面的形式作出决定，当事人对决定不服的，可以在接到决定时申请复议一次，法院应在3日内作出复议决定。（民诉第48、50条） |
| 罚款、拘留复议 | 对民事罚款、拘留决定不服向上级法院申请复议的，审理期限为5日。（审限若干规定第2条，民诉第119条） |
| 期限耽误后的补救 | 应在障碍消除后10日内向法院申请延期（民诉第86条） |
| 一审审限 | 普通程序6个月，经本院院长批准可延长6个月，还需延长的，报上级法院批准可以再延长3个月。<br>简易程序3个月，审理期限到期后，双方当事人同意继续适用简易程序的，由本院院长批准，可以延长，累计不得超过6个月。若转为普通程序，从立案次日起计算审限。<br>特别程序30日，经本院院长批准可以延长30天。<br>船舶碰撞、共同海损1年，经本院院长批准可以延长6个月。<br>（审限规定第2条，民诉第152、164条，民诉解释第258条） |
| 判决书送达期限 | 当庭宣判的，应当在10日内发送判决书；<br>定期宣判的，宣判后立即发给判决书。（民诉第151条） |
| 二 审 | |
| 上诉期间 | 对判决上诉。对判决的上诉期为15日。<br>对裁定上诉。对裁定的上诉期为10日。（民诉第171条）<br>涉外案件。对判决、裁定上诉均为30日，并可申请延期。（民诉第276条） |

续表

| | |
|---|---|
| 上诉后法院移送案件期限 | 原审法院收到上诉状后，在5日内送达对方当事人，对方在收到上诉状后15日内提出答辩状，法院在收到答辩状后5日内送达上诉人；原审法院在收到上诉状、答辩状后，应在5日内连同全部案卷和证据报送二审法院。即最迟在提交上诉状后5+15+5=25天。（民诉第174条） |
| 二审审限 | 对判决上诉。审理期限为3个月，经本院院长批准可以延长。<br>对裁定的上诉。审理期限为30日，经本院院长批准可以延长。（民诉第183条，最高人民法院关于严格规范民商事案件延长审限和延期开庭问题的规定第1条） |
| 再审 | |
| 再审申请期限 | 当事人向法院申请再审，应在判决、裁定、调解书发生法律效力后6个月内提出，有新证据足以推翻原判决裁定的；原判决裁定认定事实的主要证据是伪造的；据以作出判决、裁定的法律文书被撤销或变更以及发现审判人员在审理案件时有贪污、受贿、徇私舞弊、枉法裁判行为的，自知道或应当知道之日起6个月内提出。（民诉第212、207条）<br>当事人向人民检察院申请监督，自法院判决、裁定发生法律效力之日起两年内提出，为不变期间。（人民检察院民事诉讼监督规则第20条） |
| 法院审查再审期限 | 法院应在收到再审申请书之日起3个月内审查是否符合第200条再审条件，如需延长，应经本院院长批准。（民诉第211条）检察院审查期限3个月。（民诉第216条）接受抗诉的法院应当在收到抗诉书之日起30日内作出再审裁定（民诉第218条） |
| 再审审限 | 再审案件的审限执行第一审或第二审审限规定（审限若干规定第4条） |
| 执行 | |
| 申请执行期限 | 申请强制执行期间为2年，适用中止、中断规定，自法律文书规定履行期限的最后1天起计算；法律文书规定分期履行的，从规定的每次履行期间的最后一日起计算；法律文书未规定履行期限的，自法律文书生效之日起计算。（民诉第246条）<br>生效法律文书规定债务人负有不作为义务的，申请执行时效期间从债务人违反不作为义务之日起计算（执行解释①第29条） |

① 《最高人民法院关于适用〈中华人民共和国民事诉讼法〉执行程序若干问题的解释》，自2009年1月1日起施行。

续表

| | |
|---|---|
| 申请执行中止 | 在申请执行时效期间的最后6个月内，因不可抗力或者其他障碍不能行使请求权的，申请执行时效中止。从中止时效的原因消除之日起，申请执行时效期间继续计算。（执行解释第27条） |
| 通知被执行人期间 | 人民法院应当在收到申请执行书或者移交执行书后10日内发出执行通知。（民诉解释第480条） |
| 执行管辖权异议 | 应当自收到执行通知书之日起10日内提出。（执行解释第3条） |
| 次债务人的执行异议期间 | 执行债务人对第三人的到期债权，第三人应当在收到履行通知后的15日内向申请执行人履行债务，第三人对履行到期债权有异议的，应当在收到履行通知后的15日内向执行法院提出。[最高人民法院关于人民法院执行工作若干问题的规定（试行）第61条] |
| 对执行行为书面异议的处理期限 | 当事人、利害关系人认为执行行为违反法律规定的，人民法院应当自收到书面异议之日起15日内审查并作出裁定。<br>当事人、利害关系人对裁定不服的，可以自裁定送达之日起10日内向上一级人民法院申请复议。（民诉第232条）<br>上一级人民法院应当自收到复议申请之日起30日内审查完毕，并作出裁定。有特殊情况需要延长的，经本院院长批准，可以延长，延长的期限不得超过30日。（执行解释第9条） |
| 对执行标的书面异议的处理期限 | 案外人对执行标的提出书面异议的，人民法院应当自收到书面异议之日起15日内审查。案外人、当事人对裁定不服，认为原判决、裁定错误的，依照审判监督程序办理；与原判决、裁定无关的，可以自裁定送达之日起15日内向人民法院提起诉讼。（民诉第234条） |
| 中止执行后起诉期限 | 人民法院依照民事诉讼法第227条规定裁定对异议标的中止执行后，申请执行人自裁定送达之日起15日内未提起诉讼的，人民法院应当裁定解除已经采取的执行措施。（执行解释第23条） |
| 财产分配方案异议期限 | 债权人或者被执行人对分配方案有异议的，应当自收到分配方案之日起15日内向执行法院提出书面异议。（民诉解释第509条） |

续表

| | |
|---|---|
| 财产分配方案异议反对期限 | 未提出异议的债权人、被执行人收到财产分配方案异议通知之日起 15 日内未提出反对意见的，执行法院依异议人的意见对分配方案审查修正后进行分配；提出反对意见的，应当通知异议人。异议人可以自收到通知之日起 15 日内，以提出反对意见的债权人、被执行人为被告，向执行法院提起诉讼；异议人逾期未提起诉讼的，执行法院按照原分配方案进行分配。（民诉解释第 510 条） |
| 执行措施期限 | 人民法院冻结被执行人的银行存款的期限不得超过 1 年，查封、扣押动产的期限不得超过 2 年，查封不动产、冻结其他财产权的期限不得超过 3 年。<br>申请执行人申请延长期限的，人民法院应当在查封、扣押、冻结期限届满前办理续行查封、扣押、冻结手续，续行期限不得超过前款规定的期限。（民诉解释第 485 条） |
| 评估报告期限 | 法院应在评估机构作出评估报告后 5 日内发送当事人及其他利害关系人，对报告有异议的，可在收到后 10 日内向法院提出。（拍卖、变卖规定①第 6 条） |
| 拍卖公告发布期限 | 拍卖动产的，应当在拍卖 7 日前公告；拍卖不动产或者其他财产权的，应当在拍卖 15 日前公告。（拍卖、变卖规定第 11 条） |
| 提前通知相关人员拍卖期限 | 法院应当在拍卖 5 日前以书面或者其他能够确认收悉的适当方式，通知当事人和已知的担保物权人、优先购买权人或者其他优先权人于拍卖日到场。（拍卖、变卖规定第 14 条） |

在表 5—2 的期间中，根据主体不同，可分为对法官的期间要求和对当事人的期间要求。司法实践中，对当事人违反期间规定的诉讼后果由法官来执行，法官给予当事人期间外权利的认可，应被宣告诉讼行为非法得撤销，同时追究法官责任；对法官违反期间规定的诉讼后果，应明确期间之外法官业已失去审判权力，宁可机械执行法律也不允许法官有随意超出法律授权之外的期间，法官超期属诉讼不作为，其诉讼后果是更换法官，法律后果是追究法官责任。

① 《最高人民法院关于人民法院民事执行中拍卖、变卖财产的规定》，自 2005 年 1 月 1 日起实施。

> 套用公式：当事人某项权利期间为假设条件 + 法官对超期权利予以承认 = 处理结果（法官的承认无效 + 更换审判组织 + 追究法官责任）；法官被授权在某期间内完成某项工作 + 期间内未完成此项工作 = 处理结果（更换法官 + 追究原法官责任）。由于法官代表法院，因而理论上是该院失去了审判案件的权力，故亦可再进一步，甚至由上级法院在当事人提请时将该案指令他院管辖。

2. 送达不适格。诉讼在送达上对法官规定的义务主要有以下关键质量控制点。送达诉讼文书必须有送达回证，由受送达人在送达回证上记明收到日期、签名或者盖章。受送达人或者他的同住成年家属拒绝接收诉讼文书的，送达人可以邀请有关基层组织或者所在单位的代表到场说明情况，在送达回证上记明拒收事由和日期，由送达人、见证人签名或者盖章；也可以把诉讼文书留在受送达人的住所，并采用拍照、录像等方式记录送达过程，即视为送达。直接送达诉讼文书有困难的，可以委托其他人民法院代为送达，或者邮寄送达。邮寄送达的，以回执上注明的收件日期为送达日期。受送达人下落不明，或者用本节规定的其他方式无法送达的，公告送达。自发出公告之日起，经过 30 日，即视为送达。公告送达，应当在案卷中记明原因和经过。

> 公式套用：送达文书必须有送达回证、留置送达必须有见证人或者拍照录像、公告送达公告期 30 日为假设条件 + 无送达回证、无见证人或未拍照录像、不是本人或同住成年家属签收、公告期未满为行为模式 = 处理结果（视为未送达对当事人不产生约束力 + 重新审理并追究原送达人责任）。

### （五）调解不适格的标准解释和推理常规

调解不适格。民诉法规定的调解规范中，以下几项为法官设定了义务，人民法院审理民事案件，根据当事人自愿的原则，在事实清楚的基础上，分清是非，进行调解；调解达成协议，必须双方自愿，不得强迫；

调解协议的内容不得违反法律规定；调解达成协议，除第101条规定情形之外，人民法院应当制作调解书；调解书应当写明诉讼请求、案件的事实和调解结果；调解书由审判人员、书记员署名，加盖人民法院印章，送达双方当事人；调解书经双方当事人签收后，即具有法律效力。

公式套用：调解应自愿合法分清是非、应制作调解书并送达当事人为假设条件＋法官主持的调解非自愿、不合法、未分清是非、无法律文书为行为模式＝处理结果（调解无效＋更换法官并追究原法官责任）。

（六）保全和先予执行不适格的标准解释和推理常规

1. 保全或解除保全不及时。民诉法规定，人民法院根据对方当事人的申请，可以裁定对其财产进行保全、责令其作出一定行为或者禁止其作出一定行为人民法院采取保全措施，可以责令申请人提供担保，对情况紧急的，必须在48小时内作出裁定；裁定采取保全措施的，应当立即开始执行。利害关系人可以在提起诉讼或者申请仲裁前向被保全财产所在地、被申请人住所地或者对案件有管辖权的人民法院申请采取保全措施。人民法院接受申请后，必须在48小时内作出裁定；裁定采取保全措施的，应当立即开始执行。申请人在人民法院采取保全措施后30日内不依法提起诉讼或者申请仲裁的，或者财产纠纷案件被申请人提供担保的，人民法院应当裁定解除保全。这些规定中的关键质量控制点是两个48小时内裁定（应隐含有法官的保密义务）和立即执行保全以及两个解除保全的执行。

套用公式：申请人提供担保申请保全为假设条件＋法官未在48小时内裁定并立即执行为行为模式＝处理结果［（未转移财产的由行政监督人责令立即补正＋给予责任人较轻处分＋向申请人道歉）&（财产已转移的由行政监督人开展调查是否法官泄密并更换法官＋给予责任人严厉处分＋国家垫付申请人胜诉时的数额）］；申请人应在保全后30日内起诉或申请仲裁，财产案件被申请人提供担保，此两点为假设条件+法官未解除保全为行为模式=处理结果（期满后被保全人任意处分保全标的的行为合法+监督人应立即解除保全并追究法官责任+给予被保全人超期期间的财产损失以国家赔偿）。

2. 超范围或无关保全。保全分为依职权保全和依申请保全。民诉法第105条、第108条规定，保全限于请求的范围，或者与本案有关的财物；申请有错误的，申请人应当赔偿被申请人因保全所遭受的损失。这里只规定了申请人赔偿责任，而没有规定法院未依申请范围保全或对申请人提交申请的财物以外的财物进行了保全的责任。没有规定法院依职权保全错误的责任，不利于对保全的乱作为的法律控制。

套用公式：依申请的保全限于请求的范围或依职权保全限于与本案有关财物为假设条件+法官超请求范围保全或依职权保全了与本案无关的财物为行为模式=处理结果（保全无效+被保全人处分财物合法+更换法官并追究原法官责任+被保全人因保全所受损失纳入国家赔偿）。

3. 保全未通知或重复保全。民诉法规定，财产保全采取查封、扣押、冻结或者法律规定的其他方法。人民法院保全财产后，应当立即通知被保全财产的人。财产已被查封、冻结的，不得重复查封、冻结。这里的应当和不得都是法官义务，但民诉法没有规定不履行此义务的法律后果，均需法院通过反向推理给出这些后果。

公式套用：立即通知被保全人或不得重复查封冻结为假设条件+法官未立即通知被保全人或进行重复查封冻结为行为模式=处理结果（通知到达前被保全人处分保全标的的行为合法或重复的查封冻结对被保全人无约束力+更换法官并追究原法官责任）。

4. 先予执行不作为。民诉法规定，人民法院对于追索赡养费、扶养费、抚育费、抚恤金、医疗费用或追索劳动报酬等案件，不先予执行将严重影响申请人的生活或者生产经营的，根据当事人的申请，裁定先予执行。这些规定同样没有法院怠于履行职责的条款，需要通过反向推理建立制度。

公式套用：符合先予执行标准为假设条件+法院怠于裁定先予执行为行为模式=处理结果（法院负有垫付解决申请人生活问题或生产经营问题的义务+更换法官并追究原法官责任）。

（七）强制措施不作为或乱作为的标准解释与推理常规

1. 制止恶意诉讼和虚假诉讼不作为。民诉法规定，当事人之间恶意串通，企图通过诉讼、调解等方式侵害他人合法权益的，人民法院应当驳回其请求，并根据情节轻重予以罚款、拘留；构成犯罪的，依法追究刑事责任。被执行人与他人恶意串通，通过诉讼、仲裁、调解等方式逃避履行法律文书确定的义务的，人民法院应当根据情节轻重予以罚款、拘留；构成犯罪的，依法追究刑事责任。司法实践中，这两种情形屡见不鲜，这是司法公信力建设的一大毒瘤，必须坚决处理。

套用公式：禁止恶意诉讼和虚假诉讼为假设条件+法官未确认恶意诉讼或虚假诉讼并给予司法处罚或启动刑事处罚程序=处理结果（审判无效+更换主体并追究原法官、仲裁员、调解员责任）。

2. 强制措施乱作为。民诉法规定，拘传、罚款、拘留必须经院长批准。拘传应当发拘传票。罚款、拘留应当用决定书。以上强制措施是要式法律行为，安排有前置审批程序和法律文书手续，不得乱作为。

套用公式：强制措施院长批准且有法律文书+未报批或无法律文书=处理结果（强制措施无效+更换法官并追究原法官责任）。

以上是针对民诉法第一编中所有法院法官的义务性规范给出的法官违法的标准解释与推理常规，共有25条。几乎所有设定公权机关义务的法律规范，使用应当、不得、可以等词汇，表明这是一种义务，只不过未明确规定义务未履行承担什么责任，完全可以套用公式给法律规定的义务性规范确定违反时的后果。通过司法解释或者统一司法规范把一个个抽象的法律规范适用到一个个具体的法院和具体的法官办案过程之中。法院司法公信力的提高，公众首先看到的就是法律是否得到了认真的贯彻执行，这就是司法公信力评价体系在法院系统运用的最重要启示。

需要强调指出的是，以上所有违反法律程序的行为，除存在法官获得当事人输送利益的可能性外，具有渎职的性质，因此在法院启动内部监督程序的同时，有人民检察院至少启动渎职检察的后果。

### 四 刑诉法律规范的标准解释与推理常规

规则是裁判的前提条件，完善的程序规则是程序性裁判机制存在的前提。程序规则是相对于实体规则而言的，都属于法律规则的范畴，因而都须符合法律规则的一般逻辑构成。程序规则就是由程序性权利、义务（即程序法上的行为模式）和程序性法律后果构成的。具体到刑事诉讼程序规则而言，就是对公、检、法三机关和诉讼参与人参加刑事诉讼时应当遵守之操作规程以及违反操作规程所承担之法律后果作出规定的法律规则。刑事诉讼中的“程序性裁判”是指作为裁判权主体的法院或者法官依据刑事程序规则，对警察、检察官、法官在刑事诉讼中的程序性违法行为进行评价、判断，并在此基础上作出的具有法律效力的程序性处理。[①] 与实体性裁判不同，程序性裁判并不是解决被告人定罪量刑的实体性问题，也不同于通过追究办案人员的行政责任、民事责任甚至刑事责任来实施的“实体性制裁”措施，而是法官依据职权或根据当事人的程序性申请，就案件的诉讼程序问题所作的裁判活动。程序性法律后果是对诉讼行为自身的处断，是违反程序法规则应当承担的消极法律后果。因此，程序性裁判存在的前提是，程序规则中要有否定、撤销、排

---

① 有学者认为此为狭义的“程序性裁判”，广义上的“程序性裁判”指所有为裁决诉讼程序问题所进行的裁判活动，参见陈瑞华《刑事诉讼的前沿问题》，中国人民大学出版社 2005 年版，第314 页。

除或终止诉讼行为的法律后果。上述郭某偷税案中的检察机关明显具有程序性违法行为，但是由于程序规则中缺乏法律后果的规定，使主审法官处于裁判困境。

现行刑事诉讼法规定的程序性制裁的范围狭窄，不可能涵盖所有较为严重的违反刑事诉讼程序规则的情形。程序性制裁只有两类：一是针对非法证据的排除规则；二是针对一审法院违反法定诉讼程序行为的撤销原判、发回重审制度。有些违法情形，如违反回避制度、非法剥夺或限制当事人的诉讼权利等，不仅发生在审判阶段，还可能发生在侦查、起诉等审前阶段，对于发生在这些阶段的程序性违法行为缺乏相应的制裁措施。

现行刑事诉讼法中对程序性违法的后果没有明确规定。从域外有些国家立法、司法实践来看，程序性制裁根据严厉程度不同，主要有终止诉讼、撤销原判、排除非法证据、诉讼行为绝对无效、诉讼行为相对无效、从轻量刑六种。[①] 目前，根据我国的刑事诉讼相关法律确立的程序性制裁方式只有撤销原判和排除非法证据这两种，这显然不能满足司法实践的需要。实践中对于少数严重违反诉讼程序，继续进行诉讼已丧失正当性的案件，终止诉讼就很有必要。针对不同的程序性违法行为，设置诉讼行为绝对无效以及相对无效制度可以对程序性违法予以更有效的制裁和控制。面对程序规则缺失“程序性法律后果”要件的现实，刑事审判法官无所作为，公、检机关的程序性违法已经成为困扰刑事司法的顽症。[②]

刑事诉讼中解释与推理基本公式为：发现违法事实→反向文本解释与推理→程序性刑事裁判直接结果→程序性刑事裁判间接结果。法官于庭上自行或依抗辩意见审查并发现公权违反诉讼法之行为，是为法官发现事实；法官推定此程序违法之事实与全部或个别证据之间的必然联系，而得出的证据效力方面的结论，是为法官解释与推理；法官在排除非法

① 湖州市人民检察院课题组：《刑事诉讼程序性制裁机制探索》，《人民检察》2006 年第 9 期（上），第 20 页。

② 张会峰：《刑事诉讼法中的程序性裁判》，《法学》2002 年第 4 期。

证据后以剩余有效资讯为载体按定罪量刑常规作出的刑事判决书，是为程序性刑事裁判的直接结果；法官以程序违法为由，以追究公权领导者或直接实施人员之责任为目的而作出的附带刑事判决书的司法建议，并送达程序违法公权主体的所有监督机关之行为，是为程序性刑事裁判的间接结果。其中，当公安局程序违法时，应送达上位公安局、同级检察院、同级政府、同级人大、同级纪检监察机关；当检察院程序违法时，应送达上位检察院、同级人大、同级纪检监察机关。

在整个程序性裁判过程中，法官反向文本解释与推理是其中一个至关重要的环节，它既是否定程序违法事实的需要，也是引起两类裁判结果的原因。考证刑诉法关于庭前追诉行为的所有显规定，程序性裁判应在以下三方面展开，法官解释与推理也相应地体现在这三方面。

### （一）对公权主体不适格的法官解释与推理常规，主要包括立案管辖权和回避制度两种情况

1. 无立案管辖权的解释与推理。刑事诉讼法关于公权主体职能分工的界定，是建立和规范刑事诉讼秩序、维护诉讼主体合法权益的基础，任何组织和个人均不得逾越；否则，刑事诉讼从一开始就因缺乏其赖以存在的合法性基础而不复存在。比如检察机关越权侦办案件，可据此推断从其立案到侦查再到审查起诉的所有程序均系非法，这是任何侦查主体错误的公权行为的必然的合乎逻辑的结果，它将自始导致本案所有程序证据和证罪证据均不具有法律效力。

2. 违反回避制度的解释与推理。发现程序违法事实后，法官得解释诉讼法之相关规定并推断所有与应回避人员相关联的证据无效。具体而言，当应回避人员为公安局、检察院等追诉机关的主要负责人时，则推定所有证据无效，程序性裁判直接结果为无罪；当应回避人员为追诉机关其他人员时，则其参与的所有程序指向的证据无效。例如，在一起伤害案审理中公安局法医的名字同时出现在该案的刑事科学技术鉴定书和一份讯问犯罪嫌疑人笔录中，法官解释法医在同案中兼职侦查人员违反了回避规定，因此推定该法医所参与的所有证据——从鉴定书到讯问笔录均为无效证据，最终以其他证据对被告人作不追究刑事责任处理。

（二）对公权作为不适格的法官解释与推理常规。依刑诉法主要包括公权行为不当、公权权力瑕疵两种

1. 公权行为不当的表现、解释与推理，主要有：

（1）当存在一人取证时，应解释为违反了法律为防止个人专断之可能性，而设定的二人取证程序，因此推定一人讯问嫌疑人的笔录不具有证据效力。

（2）当存在异性搜身或检查时，应解释为违反了法律为防止侵犯个人隐私的可能性而设定的禁止异性身体接触的法律程序，因此推定侦查人员搜查或检查异性身体所得的证据或搜查笔录无效。

（3）当存在非法取证时，应解释为违反了法律为防止威胁证据客观真实的可能性而设定的以刑讯逼供、胁迫骗诱等非法方法取得证据的排除程序，因此推定这些口供和证人证言不具有法律效力。

（4）当存在侮辱人格或有伤风化的侦查实验时，应解释为违反了法律为防止破坏公序良俗的可能性而设定的侦查实验排除程序，因此推定侦查实验记录不具有法律效力。“侮辱人格或有伤风化”的解释权在法官。

（5）当多名证人同场作证时，应解释为违反了法律为防止证人互相影响甚至串证的可能性而设立的隔离分别取证程序，因此推定所有证人证言笔录无效。

（6）当搜查、勘验、检查笔录无见证人签字时，应解释为违反了法律为防止侦查机关及其工作人员诬陷侦查对象的可能性而设立的见证人程序，因此推定搜查、勘验、检查笔录不具有证据效力。

2. 公权权力瑕疵的表现、解释与推理，主要有：

（1）应出示而未出示拘留证、逮捕证而限制公民人身自由时，应解释为违反了法律为防止公权滥用于恶意侵犯公民人身自由的可能性而设定的限制公民自由的公权行为所必经的强制授权程序，因此推定公民无接受讯问之义务，所有该公民的陈述均不具有证据效力；是否应出示之解释权在法官。

（2）应出示而未出示搜查证件时，应解释为违反了法律为防止公权滥用于恶意侵犯公民人身、物品、住宅等的可能性而设立的搜查行为强

制授权程序，因此推定所有搜查所得的证据均不具有证据效力；是否应出示之解释权在法官。

（三）对公权不作为的法官解释与推理常规。主要包括三种情况

1. 结束嫌疑人孤立无援状态不作为的表现、解释与推理。法律规定，嫌疑人在被第一次讯问后或采取强制措施之日起，可以聘请律师为其提供法律咨询，代为申诉、控告，申请取保候审。由此可以推断侦查机关有义务在此期日当即告知嫌疑人此项权利，因此必须有嫌疑人签字认可的聘请或不聘请律师的明确表示。未履行此必经程序，则可解释为侦查机关未履行依法保护嫌疑人的合法权益、尽早结束其孤立无援状态的法定义务，庭上嫌疑人若以未获法律咨询或被剥夺获得代为申诉、控告及享受取保候审的权利为由，翻供辩解其在第一次被讯问后或被采取强制措施之日起的供述非真实意思表示时，推定此辩解无须证明即成立，此期日后的供述应归于无效。

2. 超期不作为的表现、解释与推理。超过法定羁押期限或监视居住期限而不予变更强制措施的，如果全案法定最长侦办期限尚未届满，应解释为人身强制措施期限届满之后的嫌疑人口供乃其处于人身不自由的不利状态下所得，无法排除其意思表示不真实的可能性，因此应推定限制人身自由的期限届满之后的口供不具有证据效力；超过从立案到侦查终结的法定最长侦办期间而未侦查终结的，应解释为期限届满之后公权主体已丧失对本案的侦查权，其后获得的所有涉案证据，均为无权取得，因此推定所有滞后证据归于无效。

3. 维护律师提前介入权的不作为的表现、解释与推理。犯罪嫌疑人于首次被讯问或采取强制措施之日起聘请了律师，如律师与嫌疑人的会见遭侦查机关阻止而于庭上以此抗辩，应解释为实质剥夺了嫌疑人获得法律咨询的权利，因此推定从被阻止之日起，其后侦查机关所有讯问嫌疑人的口供因剥夺了嫌疑人前述权利而归于无效，即嫌疑人此时享有沉默权，可称为“准沉默权”；自检察机关审查起诉之日起，辩护律师有权知悉滞留于检察院的所有侦查材料，如遭拒绝并于庭上以此抗辩，应解释为因律师无法准备抗辩而实质剥夺了嫌疑人获得充分辩护的权利，因此推定律师庭前未曾知悉的不利于嫌疑人之证据归

于失效，可称为庭前控辩信息的“强迫对称”。[①] 其中侦查机关以涉及国家秘密为由进行抗辩的，其解释权归于法官，法官裁量属国家秘密的除外。

## 第四节　司法公信力评价对法学理论的可能贡献

系统论上有言：在系统内部研究系统，得出的结论必不完全客观；而在系统外部研究系统，得出的结论必不完全真实。法学家（学术界）可以说是司法系统之外的，不完全了解司法机关办案中的具体情况，这就是所谓的不完全真实；而法律家（实务界）则是司法系统之内的，办案过程属系统内部运行的过程，因此有时会偏离中间的轨道，这就是所谓的不完全客观。[②] 辩证唯物主义指导下的理论生成路径是理论从实践中来，再回到实践中去检验。因此，法律家的实践作为法学家理论升华的原材料，然后再将法学家提炼的理论拿给法律家去实际检验，通过比较、反复、提高，完善理论，指导实践。司法公信力评价体系就是从理论中来的实践，又必将成为充实理论的实践材料，在此实践基础上，无论对民主政治理论还是法学理论都产生重大影响。

### 一　对民主政治理论的创新

公众参与司法的思想发源于古希腊，在西方司法实践中已经形成比较完善的制度，如日本的裁判员制度、美国的法庭之友和陪审团制度。[③]

---

① 王东普等：《论刑事诉讼庭前信息不对称的法官程序性补救》，载曹建明主编《程序公正与诉讼制度改革》，人民法院出版社 2002 年版。认为庭前追诉流程与抗辩流程在现实中存在严重的非对称性，使法官无法基于控辩双方的不同视角获得完整信息，此时不存在居中裁判的前提；要实现这种控辩信息平衡，唯有由法官解释诉讼法的律师提前介入程序、保障律师获证权才能实现，因此提出了“准沉默权”（首次被讯问或被采取强制措施之日后嫌疑人享有沉默权）和庭前信息“强迫对称”（律师于庭前未获取的控方信息法官得于庭上裁判无效）的观点。

② 由于自由心证的存在，客观上会产生“自己作自己的法官”的情况，这就是罗尔斯的《正义论》中第三种不完善的程序正义的真谛所在——在所有的社会主体中只有法官是被允许自己作自己的法官。

③ 参见陈卫东主编《公民参与司法研究》，中国法制出版社 2011 年版，第 165 页。

保障公民的知情权、参与权、表达权和监督权是民主政治建设的要求，也是审判权运行的生命所在。党的十八大报告将司法公信力不断提高目标置于人民民主不断扩大目标项下，即是说明了司法领域的民主、公众参与司法在新一轮改革中的地位，强化了公众参与司法的理论。既往理论上对公众参与司法的错误认识、实践上司法解释的选择性忽视，成为公众参与司法不能的主要原因。

### （一）破除对公众参与司法的错误认识

“民主的本质不仅仅是国家形态，它还有更深层次的本质。民主的第二层含义是指全体人民参与社会政治事务。”① 由于人民普遍直接参与的不可能，才有代议制或间接民主，包括司法机关都是间接代表人民行使司法权力的。但是，间接民主绝不意味着对人民政治参与的完全排斥；相反，在这个历史过程中，人民的参与是渐进增长的。典型如党中央、国务院在执政或行政实践中比如党代会报告的广泛征求意见，行政决策听证和专家论证程序等。党的十八大和党的十九大两大《决定》皆明确要求，涉及经济社会发展重大决策、涉及群众利益的重大决策，决策之前和决策实施之中都要有协商机制，包括直接面向老百姓进行协商，社会主义协商民主从一种民主形式上升为一种民主制度，不断扩大直接民主的范围。对于直接民主和间接民主的优劣，区分两个层面进行分析。第一层面是选举领域，直接民主好还是间接民主好尚无定论。第二层面是决策领域，也就是决策公共事物时，直接民主显然优于间接民主，故只要技术上和经济上可行，直接民主应当优先于间接民主。这种扩大公众参与的趋势，在既往的司法领域却体现出萎缩状态。我国在基层法院实行人民陪审员制度，是人民参与司法的典范，但是在实践过程中形式上的意义却大于实质上的意义，人民陪审员往往是在合议庭法官人数不够时被通知参加，参与庭审调查和合议庭评议时也没有充分发挥作用，并未真正发挥人民审判的作用。

我国宪法规定司法机关独立行使职权，法学理论因而推导出了司法

---

① 王沪宁主编：《政治的逻辑：马克思主义政治学原理》，上海人民出版社 2004 年版，第 180—181 页。

权属专门机关的结论。比如法理学教材："司法适用的主体是国家的司法机关及其公职人员"[①]；刑诉法教材也如此，"侦查权、检察权、审判权由专门机关行使原则"[②]，依据民诉法的规定推理也是如此，民诉法第六条规定民事案件的审判权由人民法院行使。人民法院依照法律规定对民事案件独立进行审判，不受行政机关、社会团体和个人的干涉。民事诉讼法理论根据"民事案件的审判权由人民法院行使"推断出人民法院专门行使民事案件审判权。这些认识已成共识。但是果真如此吗？从"司法机关独立行使职权，不受行政机关、社会团体和个人的干涉"这一宪法规范，并不能推导出"司法适用的主体是国家的司法机关及其公职人员"的结论。相反，应能推导出法律规定行政机关、社会团体或个人参与司法时，就具有了司法主体资格，否则我们就无法解释人民陪审员、委托调解制度、专家咨询制度等司法民主或司法技术的制度安排。在现代法治社会中，司法活动的分工日益细化，纠纷解决的功能也日益从单一走向多样、从封闭走向开放，司法职能的担当主体越来越多，比如其他鉴定机构、仲裁机构、人民调解委员会，司法概念的含义愈加广泛，这也更为符合司法功能转移和扩大的时代特点。[③]

以仲裁为例，虽然仲裁与审判存在诸多区别，但都未脱离民商事纠纷解决这个审判的本质，对每一案件经过审理，作出裁决并具有法律效力，都是一种纠纷解决方式。因而民事案件的审判权由人民法院行使并不意味着法院法官独享审判权。这条法律规范首次出现在1991年民诉法中，当时的社会环境是20世纪80年代"严打"以来公、检、法三家合署办公、联合办案相当普遍，民事案件审判权由人民法院行使针对的应当是排除公检两家的管辖权。仲裁法于1995年颁布，这是一个实质上也行使商事案件裁决权的机构。这样看来，司法机关只是人民司法的工具，陪审员参与司法、专业人士参与调查都是人民司法的方式。法院有义务

---

① 孙国华主编：《法理学》，中国广播电视大学出版社2011年版，第346页。

② 陈光中主编：《刑事诉讼法教程》，中国城市出版社2005年版，第51页。

③ 江伟、李宁主编：《法理学教程》，吉林人民出版社2008年版，第156页。虽然该部分引文的原意是为了说明"狭义的司法概念仍是现代司法理论的核心，现代司法制度也仍是依次展开和构建的"，但此处引用作为新形势的说明。

扩大人民参与司法的方式和途径，把公众参与司法作为一项重要的基本原则固化下来，创造一切条件使人民成为司法的真正主体。

### （二）树立司法人民性的正确观念

从专门机关司法走向人民司法，实现司法机关与公众有序参与的有机结合，践行党的领导、人民当家作主和依法治国的有机统一，是司法改革的必由之路。

党的政治理论不仅仅承认人民的主人翁地位，更坐实这种地位。党对司法机关的政治领导、思想领导的一个重要体现就是确保司法机关向人民司法的回归；组织领导则解决司法机关能否履行这一基本义务的问题。这种坐实的方法，反映到司法公信力评价体系上，就是在党的领导下：全力推进人民代表大会及其常委会组织司法公信力评价工作；全力推进各方面的司法公开和公众参与；全力推进当事人及其他诉讼参与人当庭监督法官；加强社会动员上，完善普法机制，明确各国家机关、企事业单位、社会团体和个人的司法参与义务，使公民旁听司法全过程特别是法庭审判成为社会常态，并使之成为考核司法机关和各类社会主体的刚性依据，这样的结果就是各社会主体在参与司法公信力评价时能够从一个完全的外行转向有一定实践基础的法治人。

人民司法是以专门机关主导、专门机关与公众共同行使司法权力。这样的体制既能防止纯粹的专门机关司法走向专制，也能防止纯粹的人民司法走向无序。司法机关是人民司法的工具和主体双重属性的统一，司法机关既是为人民司法创造环境和条件的工具，本身也是人民司法的重要主体。在推动人民司法的管理技术上，司法机关在案件管理流程上的行政权、司法权和监督权应当分离，取消内部案件审批程序，完善以人民司法为导向的考核评价机制。组织技术上，非司法机关人员行使司法权力应常态化和定型化。陪审员、当事人、律师及诉讼代理人和辩护人、证人、鉴定人、翻译人、监护人、见证人、利害关系人、特殊主体的社会组织代表等所有角色及其权力（权利），通过规范性文件和标准法律文书将其组织在诉讼中。“河南试行人民陪审团制度，陪审团由9—13名普通老百姓组成，法院接手案件以后交给他们去审判。他们审判案件虽然没有约束力，但法院对他们的意见给予高度尊重。这是司法民主化建设的一个好思路"[①]。这方面应当走得更远，人民陪审员的意见应当具有法定效力，尤其发挥其在认定案件事实方面的作用，设置一定的合议前置程序或者合议程序，讨论的时候法官可以首先发言，法官可以陈述法律、发表见解，也可以教育陪审员、说服陪审员，法官完全有能力影响陪审员，使得陪审员尊重法官的意见。但是陪审员可以独立发表意见，其意见也是有效意见。党的十八届四中全会要求"逐步实行人民陪审员不再审理法律适用问题，只参与审理事实认定问题"，这就是司法人民性的典型。

## 二　对法学基本理论的创新

我国法理学随着中国特色社会主义制度的健全完善而在不断前进中，特别是党的十八届三中全会作出的全面深化改革的决定，明确了今后5—10年的改革总目标、路线图和时间表，本书构建的司法公信力评价体系就是这些改革中的一个子部分，人民评价司法是人民当家作主的重要表现形式，法理学也应顺势而为。一个粗略的完善法理学的提纲如下。

### （一）完善法的一般原理

主要包括以下四个方面：第一，变革法的概念理论。法的概念一般被定义为统治阶级意志的体现，作为司法机关办案依据，以权利和义务为主要内容的各种社会规范的总称。将人民当家作主的政治理论应用于法学理论，就是明确人民当家作主系通过人民共同达成的契约——宪法表现出来，它在确立党与政府、国家机关与社会、政府与市场等基本关系的同时，确立了这些主体的权利义务，因而宪法是一张根本合同。宪法项下的一系列法律法规和地方性法规、行政规章同样是一系列的合同，全部是人民与公权机关的契约，故契约应当成为法的概念中最重要、最核心的内涵，改变传统法的概念理论。法最为重要的约束对象是公权机关及其人员，即以限制公权为导向，而不是传统的以限制公民为唯一导向，公权人员违法犯罪是对法治最大的破坏，而不是人民。

第二，完善法的价值理论。传统法理学中，正义与利益被作为法的

---

① 汤维建：《中国法官地位低压力大待遇差》，《南方日报》2012年3月13日。

重要价值。正义是一抽象概念，与具体的利益概念并不具有对称性。按照党的十九大报告中公平正义的基本要求，将公平明确为法的价值，就与利益共同构成利益公平的法的价值，这才是法的核心价值。公平包括权利公平、机会公平、规则公平，法的建立实施归根到底要在这三大领域体现出对所有人的平等性，逐步形成市场管效率、政府管公平的制度框架。

第三，补全权力义务关系理论。传统法理学强调公民权利义务对偶性，忽略了公共权力义务的对偶性。公民具有权利义务，官员同样具有权力和义务，当其应作为而不作为或者不应作为而作为时，应当承担一定的法律后果。补全官员的权力义务规范，实际上是契约法概念的延伸，即契约中人民直接或间接授予官员的公共事物处分权力条款后边必然有一个违法的责任规范。

第四，丰富法的作用理论。传统法理学着重于强调法的规范作用或者执行公共事物的作用，而从法的社会关系的契约属性可以推导出来，法的作用就是建构解构社会关系，建构解构政治的、经济的、文化的、社会的等各种社会关系，形成了社会关系法网。不仅如此，在党与政府、党与社会、党与公民等关系的建构解构中，执政党组建国家机关和进行社会动员两项职能中，同样是法起作用，同样是依照法律规定所进行。这样一来，就把法治作为党治国理政的基本方式具体明确了。

### （二）完善依法治国理论

依法治国理论的丰富和发展主要体现在以下六个方面，都对传统法理学有所发展。第一，依法治国的内涵扩展。依法治国的定义在党的十五大报告中有阐述，党的十八大党中央明确提出全面依法治国，并将其纳入“四个全面”战略布局予以有力推进。党的十八届三中全会明确将“推进法治中国建设”作为全面深化改革的重要任务。党的十八届四中全会专门进行研究，作出关于全面推进依法治国若干重大问题的决定，提出全面推进依法治国的总目标，制定了推进全面依法治国的顶层设计、路线图、施工图。党的十九大对新时代推进全面依法治国提出了新任务，明确到2035年法治国家、法治政府、法治社会要基本建成。党的十九大召开后，党中央组建中央全面依法治国委员会，法治中国建设迈入系统协同推进新阶段。党的十九届四中全会对提高党依法治国、依法执政能力作出专门部署，法治在国家治理中的作用更加彰显。根据党的十八大以来的变化情况，将依法治国的地位在内涵中加以明确，即党治国理政的基本方式，党的领导明确为协商民主的内容，将共治公共事务取代管理公共事务，将依法治国的总目的即共享公共成果纳入其中。本书尝试将依法治国定义为：依法治国是党治国理政的基本方式，就是依照宪法和法律规定，党通过与社会各界、人民群众的广泛多层协商，通过各种途径和形式共同治理国家事务、共同治理经济文化事业、共同治理社会事务，保证国家各项工作都依法进行，保证发展成果更多更公平惠及全体人民。

第二，依法治国与市场经济。市场经济是市场决定资源配置的经济，社会主义市场经济同样如此，因为市场配置资源最有效率和效益，这是十八届三中全会最大的亮点，它取代政府决定配置资源这一持续 35 年的模式，标志着政府与市场关系的重大调整。法理学亦应顺之而变。既然由市场决定资源配置，意味着原来主要由政府配置资源的领域政府要全部退出改由市场配置。这就需要大量调整原来由政府决定资源配置的法律法规政策，包括取消一切政府的产品定价权，修改商品价格法、服务价格法、证券价格法等经济法；取消和下放由政府配置资源的各类审批许可，修改各级各类行政法；加强政府应当提供公共服务和市场监管的社会保障法和市场监管法等。法理学应当明确，一切可以由市场配置的资源只要还是由政府配置的，就可以视为非法。

第三，依法治国与民主政治。在政治理论完善中已提到这一点，是从司法角度论述的。从法理学角度，传统法理学揭示法治与民主、法治与人权这些基本关系很有必要，但更重要的是法治与民主的实现过程，也就是法治如何作用于民主、民主又是如何作用于法治。一是依法治国中的民主，另一是民主政治中的法治，二者不可或缺。法理学应当回答依法治国中实现民主的途径和方式，即立法和法的实施是一个体现民主的过程，立法必有全民参与，法的实施也应当只要可能即有公众参与。这就是党的十九届五中全会提出的许多民主新思想的法理学运用的一个方面，建立科学的法治建设指标体系和考核标准就是其中的一个重要方面，让人民来评判司法就是依法治国中的民主的外在形式。同时，法理学还应当对民主政治中的法治给出答案，即民主必须限定在一定的范围内，防止和限制极端民主化倾向，这个范围就是法治。

第四，依法治国与先进文化。传统法理学对社会主义精神文明、道德、法律意识、法律文化及其关系进行了系统梳理。但党的十八大以来的社会主义先进文化理论要求法理学加以调整以适应之。一是明确社会主义核心价值观，依法治国应与之相匹配。国家层面倡导富强民主文明和谐，社会层面倡导自由平等公正法治，公民层面倡导爱国敬业诚信友善，这些充实为精神文明和道德领域。二是法治思维和法治方式成为最重要的文化载体，制度文化属于先进文化的一部分。

第五，依法治国与和谐社会。法治为社会和谐提供了一个平台、框架，它使一切人与人的纠纷在这些平台框架上得以讲理讲法地解决，这就是和谐社会的一般建构过程。但当前，社会不和谐的因素很多，习近平总书记向十八届三中全会就全面深化改革决定所作的说明中指出，“当前社会矛盾明显增多，教育、就业、社会保障、医疗、住房、生态环境、食品药品安全、安全生产、社会治安、执法司法等关系群众切身利益的问题较多”，表明法治在建构和谐社会上发挥的作用不够好。针对这些问题的法律修订和实施是法理学应重点研究的问题，将这些领域中人民群众看得见的不公平的制度改掉。同时，尽管任何社会都不存在完全绝对的公平，但在权利公平、机会公平、规则公平这三个领域公平是绝对的而不是相对的；而在纠纷解决机制上，总得有一个终结者，这就是十八届三中全会决定要求的“把涉法涉诉信访纳入法治轨道解决，建立涉法涉诉信访依法终结制度”的原因，是罗尔斯的不完善的程序正义的具体运用。

第六，依法治国与生态文明。加强监管是生态文明建设的重要任务，否则将拖累国家整体均衡发展，甚至吞噬掉我们以往的所有发展成果。因而，法理学在依法治国与生态文明关系研究上，要体现出以国人生存为导向的最为严格的特征。

（三）完善法的制定理论

在法的制定理论中，传统法理学主要强调立法体制、程序和技术、法的渊源分类和法律体系等问题。新时代法理学加强两个方面的研究：

第一，立法民主性。立法民主性是一项重要原则，立法民主性的基本方向是做实人民民主。党的十八届三中全会决定指出，“完善中国特色社会主义法律体系，健全立法起草、论证、协调、审议机制，提高立法质量，防止地方保护和部门利益法制化”。近年我国各项立法均通过全民征求意见等方式实现了广泛的民意征集，人民参与立法提出意见，立法部门对人民的意见进行回应，并在立法中进行部门利益和地方利益评估，以及进行法的实施评估，这都将是今后立法的重点工作，法理学应给予关注。做实立法民主性，一是强调人民参与并给予说服性回应；二是强调立法中的部门利益和地方利益评估，所有未经此评估的不得立法；三是强调法的实施评估，所有法必须有“落日条款”，对于实施中产生了诸如习总书记所言社会领域十大矛盾问题之类后果的法，追究立法者的责任。

第二，立法科学性。法是权力义务、权利义务的明确规范，否则就会给滥用权利特别是滥用权力者预留了操作空间。因而，所有的法律规范都应当具有三要素，缺失的或者由立法者直接补齐或者由产生机关责令司法机关补齐。依据公信力评价体系提出的民诉法标准解释和推理常规，推而广之应用到立法中，就是要强调立法的科学性。

（四）完善法的实施和监督理论

在前述政治理论完善中，强调了法的所有作用过程包括法的实施必须坚持人民主体地位，法的实施和监督的法理学研究应当以此为方向进行调整。

第一，法律关系的混同与分离。传统法理学将权力与权利及其义务混同，实际上法律规范包括了两个方面，当事人的权利义务和执法者的权力义务。体现在审判过程中就是涉及当事人之间权利义务分配时，法官居中裁判，审判组织主导庭审；涉及法官权力义务分配时，监督机构居中裁判，当事人发现法官违法时享有程序当即中断的处分权，并有权启动一个非本案实体问题的插入程序，而在法院内设的监督者没有介入之前任何程序继续的行为，均系非法。从权力、权利与义务的混同状态到分离状态，实质上是建立起一个“审判中的审判”机制。只不过，这个插入程序是以法官办案过程中的违法为调查对象的。

第二，法律责任与制裁的公权导向。限制公权与保护私权是法律规范并行不悖的两条主线，基于公权力对私权利的天然威胁，法理学通常认为应当强化法律规范对公权力的规制，但这种规制并没有在责任与制裁上予以具体化，这是法理学研究的一个重要方向，将对公权者的法律责任和制裁制度化，给所有法律特别是程序法中的每一公权主体的义务性规范找到违反时的法律后果。在法官义务性规范的标准解释与推理常规中，本书已经明确了违法法官的法律责任与制裁的调查确认机制，这种思路可以延伸到所有法的领域。

第三，法律解释与推理常规。按照法律规范的三要素进行解释法律，并不是一个多么复杂的过程，反而符合文本的通常意思。民诉法规定的“不得重复查封扣押”这一法律规范是对法官的义务性规范，至少以下文本解释是自然而然成立的：其一，法官重复查封扣押为非法；其二，非法的查封扣押对被保全人无法律效力即可以不遵守；其三，非法的查封扣押表明法官违法故应追究其责任。无论法律解释与推理的理论有多复杂，但至少在类似的法律规范的解释与推理上存在统一标准，成为统一司法的重要部分。

第四，法律监督的制度化。传统的法律监督是规范意义上的，随着民主法治的进步，法律监督从权力机关、检察机关、上级法院扩大到所有社会公民，包括当事人和其他公众，这是人民民主在法律监督层面的具体表现。因而法理学应将传统的对于法律监督的狭义概念拓展到广义概念，明确人民的法律监督主体地位。

### 三　对诉讼制度理论的创新

应当说司法体制改革无不涉及诉讼制度改革，甚至可以说是围绕诉讼制度进行改革，诉讼制度理论是司法制度理论至关重要的部分。基于司法公信力评价的理论分析，我们认为以下理论需要完善。第一，完善证据理论。法官审查判断确认证据的一个前置问题就是证据的相关性或称为因果关系，它又涉及逻辑问题。李昌钰博士曾经做过一个形象的比喻。辛普森杀人案的检察官克拉克在此案后辞职，并成为一位小有名气的回忆录作者（她靠辛案回忆录赚了 300 万美金）和电视节目主持人，她多次邀请辛普森的“梦幻律师队”中的华人神探李昌钰博士评论他在辛案中的作用，李博士屡拒不过，接受了克拉克的邀请，出席了她的一个电视谈话节目。节目一开始，双方就开始了辩论。前检察官问，“既然您承认在案发现场的血迹经 DNA 检验是辛普森的，但是您为何仍然帮助辛普森作证?”李博士回答道：“我今天坐在这里接受访问，假设在访问中，您那美丽的头发不知何故沾到我的裤子上，回家后，我太太发现了我裤子上有头发，然后拿到化验室去鉴定 DNA，结果证实是您的头发，然后他就查问我今天跟您做了什么见不得人的事情，责问您的头发为何会跑到我的裤子上来。啊哈，我就有大麻烦了！但是，天知、地知、您知、我知，我们没做任何不轨的事情。因此，即使 DNA 检验结果证明了某根毛发或某些血迹是某人的，也不能直接证明这个人就做了这些坏事。”① 正是李博士作证后，才使辛普森案件不再朝着实体方向进行审理，而是朝着“血迹”怎么来的（相当于李博士说的头发是怎么来的）等程序问题的方向运行，或者说法院审判的主要是追诉机关的追诉程序问题。李昌钰的幽默告诉我们，证据毕竟是人收集的，而人总是有认识局限性的，因此才有那些收集的程序以限制收集者本人。如果不否定无见证人的搜查程序得来的证据的效力，难以想象会有多少“罪犯”是被追诉机关“诬陷”的。证据因果关系是证据理论中的基础性理论，因果关系作为重要的法律方法，个中蕴含的正当程序的自然正义观念是无处不在的。正因如此，本书认为在富于个性色彩的法律具体运用中，符合逻辑的证据及其内涵所确立的某种社会关系是上级法院法官没有理由被推翻的解释与推理。

第二，完善法官释法理论。从本书对非典型程序性裁判的设计中可以看出，几乎所有的解释与推理都是围绕审判组织的权力行使和当事人的权利实现进行，最大特点就是阻断原程序继续进行，并“加塞”进了一个新程序，但这可能导致当事人不当使用该程序启动权以达到拖延审判的目的。这就需要对哪些问题可以由当事人阻断程序，哪些问题需要法官释法直接解决予以明确，而此时又牵扯进法官自由裁量权问题。实

① 参见任东来、陈伟、白雪峰等《美国宪政历程：影响美国的 25 个司法大案》，中国法制出版社 2005 年版，第 428 页。

质是为自由裁量确定一个边界。“为什么法官判案会不完全依据成文法律呢？原因如下：第一，任何裁判都含有法官自由裁量权的成分。法官的自由裁量权在历史上曾多次受到攻击，但由于客观情况的复杂性以及客观事物发展的无限性，从立法上不可能完全取消该权力，只能进行某些方面的限制。现实的审判活动确实也离不开法官在法律原则和理念的支配下行使这种权力。第二，由于人们认识能力及立法技术方面的原因，许多法律条文都是一些较为原则、弹性的规定，这些弹性条款虽然增大了法律的不确定性，但却为法官灵活地适用法律创造了条件，增强了法律对社会的适应性，与此同时，它也在某种程度上牺牲了法律的明确性。第三，法律的内容不仅有义务，而且还包括权利。权利这种行为模式带有很大的选择性，对有些案件，当事人可以在法官的主持下自由选择结果。第四，对那些不违背法律的契约，法官们应维护其规范效力。上述几点说明，审判规范有其生成的过程，各种法源不会自动与案件结合，审判是由法官等参与其中的活动。”① 法律规范的权利行为模式带有很大的选择性，有些案件，当事人可以在法官的主持下行使选择权，由当事人自己选择结果，比如终止审判程序或者继续审判程序。但是，法官本身违法时其对自身违法所作的解释或者裁量是不允许的，这是对法官自由裁量权的最低限制。

第三，完善庭审制度理论。庭审参与权，西方叫作“获得听审的权利”。“所谓听审，是指裁判者在权益争端双方的参与下，通过听取双方的证据、主张、意见和辩论，对有关争议加以裁决的活动。对于那些与案件结局有着直接利害关系、其利益会受到裁判结论直接不利影响的当事者而言，获得听审也就等于获得了在裁判者面前为权利而斗争的机会……按照英国古老的自然正义法则，裁判者应听取双方的陈述，尤其要在一方已经向其倾诉主张和理由的时候，听取另一方的意见。而在中世纪的日耳曼法中，法庭裁判也讲求类似的哲学：诉讼一方的陈述等于无陈述；裁判者应听取双方的陈述。上述法谚的意思无非是说，裁判者要作出一项公正的裁决结论，仅仅听取原告或者被告的一面之词是不行

---

① 谢晖、陈金钊：《法律：诠释与应用》，上海译文出版社 2002 年版，第 166 页。

的，而必须听取另一方的意见和辩解。用程序法学的语言解释，就是要允许所有利益受裁判结论直接影响的人亲自参与到裁判的制作过程中来，提出自己的证据、意见和理由，与对立的一方进行辩论，并进而对裁判者的结论施加积极的影响。”① 听审实际上是由两类主体共同完成的行为。一是法官，也就是所有组庭成员必须自始至终在法庭；二是当事人和其他诉讼参加人，依法可以或不可以在法庭上。因而，这两种人缺少的审判为非法，实践中合议庭人员往往只出庭一人等现象都是非法行为，均应引起程序阻断、裁判无效等诉讼后果和追究责任等法律后果。

第四，完善司法管理理论。司法管理的本质是在法院系统内部审判权、行政权、监督权三权分离的基础上，构建系统完备、科学规范、运行有效且成熟定型的制度体系，使三类主体各行其是、各为其政、各就各位。引进经济学的产权理论到司法管理理论中，指导法院内部运行制度改革。产权是人们所享有的自由处置其物的权利，清晰的权利界定是市场交易的先决条件，市场经济是由一系列交易机制实质是交易规则所构成的，而明晰的产权作为根本的交易前提，能够促进有效的新的交易规则的生成，从而使运用这些规则的市场主体自动实现权利与义务的平衡，并向帕累托最优的效率状态迈进，这一状态在经济学上被表述为“经济活动上的任何措施，都应当使得者的所得多于失者的所失，或者从全社会看，宏观上的所得要大于宏观上的所失”②。这在法院管理中也是可资借鉴的，只不过在市场机制中主体的权利叫产权，而在审判管理中主体的权力分别叫作审判权、行政权和监督权。其中最重要的是院内监督权如何作用于审判权，司法管理理论需要创造出的非典型程序性裁判机制。构建这一机制的主要障碍或说局限性并不来自文本法律，甚至可以说主要的还是来自现实法律，法官是文本法律向现实法律的转化者、是现实中说话的法律，监督者也应当是。审慎地考证程序性裁判机制，无论怎样强调监督法官与审判法官的作用都不过分。而法官的逻辑方法固然重要，但作为起决定性作用的内因，法官的法治理性和独立品格才

① 陈瑞华：《看得见的正义》，中国法制出版社 1999 年版，第 13—14 页。

② 高增勇、崔军：《公共部门经济学》，中国人民大学出版社 2004 年版，第 4 页。

是真正最最不可或缺的。“理性的司法活动是由社会成员的诉讼行为与法官的司法行为合理整合而成的，而法官的司法行为占据着主导性地位，其理性化程度如何，直接制约着司法的理性化程度……一个迈向法治的国度，如果不从司法着手提高其法治理性化程度，那终将以美好的希望开始，以失败而告终。”① 反言之，假如法官失去了理性，那么这个社会也就失去了理性：张志新既能以“莫须有”的罪名被割喉而死，正义女神也就可因失去利剑与天平断臂而亡。而于感性甚于理性起支配作用的民族法律文化底蕴中，法官的理性，不过是在公众疾恶如仇地宣泄个人情感而忽视了不择手段之追诉权力的鼎沸人声中“看一冷眼”，为社会指明轻看追诉权利滥用于个体——无论是被告还是原告的背后或会殃及每个个体自身的巨大危险性；不过是在残缺的法律制度背景下，以其勇气、智慧和权威创造性地发掘法律的自卫自为精神以呵护她的孱弱之躯并在追诉与维权之间寻得法律正义所必需的平衡——虽然“一个法官绝不可以改变法律织物的编织材料，但是他可以，也应当把皱折熨平”②，从而守住对法律的忠诚信仰和对程序的绝对信奉。理性来源于独立的品格，独立的品格来源于“法官除了法律就没有别的上司……独立的法官既不属于我也不属于政府”③ 的角色定位。那些怀疑这个角色定位的人们，常常发出“谁来监督监督者、如何防止法官专断”的疑问，并且在字里行间散布着那种缺乏信任的信息，没有考虑到“不屈从于任何干扰的独立审判是个不可或缺的前提，即使存在司法主体擅权谋私的可能后果也在所不惜——因为审判不独立所带来的灾难性后果的损害远远大于审判独立可能带来但尚可补救的不良后果”④。这里，审判法官所具有的以上权力和品质，同样应当是监督法官具有的权力和品质，对于不理性的法官或者违法的法官，司法管理给予相应的防范和化解渠道是自然而然的。

---

① 黄竹胜：《论司法行为的理性化及其制度性条件》，《当代法学》2002 年第 3 期。

② ［英］丹宁・勋爵：《法律的训诫》，杨百揆、刘庸安、丁健译，法律出版社 1998 年版，卷首第 13 页。

③ 《马克思恩格斯全集》，第一卷，人民出版社 1995 年版，第 180—181 页。

④ 王东普：《合议庭自治——独立审判的第三条道路》，《合议制问题研究》，法律出版社 2002 年版，第 93 页。

## 结语　党领导的一场深刻的革命

本书构建起来的由四个子体系构成的司法公信力评价体系和涉及四个领域的司法公信力评价结果的运用体系，始终处于贯彻落实习近平新时代中国特色社会主义思想中的全面依法治国思想、习近平法治思想和党中央关于司法体制机制改革的决策部署的框定之下，坚持党的领导就成为本评价体系的最为突出的特点。这是因为，无论是从司法机关之间关系，还是从司法机关内部关系，抑或是从司法机关与社会主体之间关系哪个角度，都能感受到司法公信力评价体系和评价结果运用体系的上下左右关系的复杂性，力量的碰撞与分散使得这一评价体系在司法系统内部运行具有明显的局限性。究其原因，在于司法公信力评价及其结果运用体系缺乏统筹协调部门，或者说，在司法公信力评价和结果运用体系基础上，突出与众不同的中国特色，即坚持和完善党的领导。

司法公信力评估是法治建设的一部分，把对司法制度的各项具体构成要件的评价直接转化为一个地方“司法环境”或“诉讼环境”的评价，可以更全面评估营商环境，推动社会治理能力和治理体系现代化的发展。另一方面，随着人民群众对司法的期望值升高，中国深化司法改革的难度也在加大。这种情况下，从社会管理的技术层面推进的司法公信力评估，更容易被利益相关方接受，进而有益于推进司法改革。在理论意义上，回顾中华人民共和国成立以来的司法史，直至今天都不能提供一套行之有效的公信程度检验解。而司法公信力评价指标体系的确立，不但为司法改革提供了检验依据，也为解决司法深层次矛盾指明了方向和重点。司法公信力评估的特点是司法机关和公民形成合力推动司法改革的进程，改变自测自评的政绩考核模式，扩大公民的参与，为在司法程序中建立人民广泛参与的体制机制的司法改革方向提供了经验和切入点。初步预测，今后司法改革的重点将落实在建立法官独立办案自行负责的体制机制、完善法院内部各项运行流程以及建立普遍性的内部自行监督机制等方面。这些重点部分的改革需要通过公信力测评进行确定。

执政党选择司法公信力作为突破口，要求在建立评价指标过程中为司法改革提供动力，会从根本上限制法院法官的自身权力，回归法院乃法律包括民诉法的落实者地位。解决这一问题，特别是将司法的公共权力特性回归真正的司法主体——人民，对中国法理学发展和更好借鉴国外法治理论成果有促进意义；而评体指标体系理论的引入，则将人民参与的司法标准化提上议程，同时是对法政治学权力理论的深化，将进一步明晰“权为民所赋”“权为民所有”“权为民所享”，一个抽象的统治论将被一个个具体的司法过程所取代。政治体制的坚冰将因法治为治国理政基本方式而逐步融化与消解；剩下的，只有法学院与法院、法学家与法律家的对话与沟通，以使法治思想的同音更广泛地传达并泽惠黎明。

# 参考文献

## 一　中文参考文献

### （一）中文著作、教材

毕玉谦：《司法公信力研究》，中国法制出版社 2009 年版。

陈光中主编：《刑事诉讼法教程》，中国城市出版社 2005 年版。

陈金钊：《法律解释的哲理》，山东人民出版社 1999 年版。

陈立斌、刘力主编：《司法改革背景下人案矛盾破解研讨会论文集》，法律出版社 2017 年版。

陈瑞华：《看得见的正义》，中国法制出版社 1999 年版。

杜君立：《历史的细节：马镫、轮子和机器如何重构中国与世界》，上海三联书店 2013 年版。

高其才、肖建国：《司法公正观念源流》，人民法院出版社 2003 年版。

高尚全主编：《改革是中国最大的红利》，人民出版社 2013 年版。

高增勇、崔军：《公共部门经济学》，中国人民大学出版社 2004 年版。

龚剑辉：《指数创新与应用研究》，浙江工商大学出版社 2012 年版。

关玫：《司法公信力研究》，人民法院出版社 2008 年版。

贺卫方：《司法理念与制度》，中国政法大学出版社 1998 年版。

贺众：《诉讼时间新论》中山大学出版社 2020 年版。

黄斌：《司法效率改革的有效途径探索》，中国政法大学出版社 2015 年版。

黄仁宇：《万历十五年》，中华书局 2007 年版。

江伟、李宁主编：《法理学教程》，吉林人民出版社 2008 年版。

蒋剑辉：《指数创新与应用研究》，浙江工商大学出版社 2012 年版。
李光灿、吕世伦：《马克思、恩格斯法律思想史（修订版）》，法律出版社 2001 年版。
李林、徐慧：《司法改革的上海经验》，社会科学文献出版社 2019 年版。
李龙主编：《西方法学名著提要》，江西人民出版社 2000 年版。
刘荣军：《程序保障的理论视角》，法律出版社 1999 年版。
刘瑞、武少俊、王玉清：《社会发展中的宏观管理》，中国人民大学出版社 2005 年版。
吕增奎主编：《民主的长征：海外学者论中国政治发展》，中央编译出版社 2011 年版。
马俊峰等：《当代中国社会信任问题研究》，北京师范大学出版社 2012 年版。
钱弘道主笔：《中国法治指数报告（2007—2011 年）——余杭的实验》，中国社会科学出版社 2012 年版。
任东来、陈伟、白雪峰等：《美国宪政历程：影响美国的 25 个司法大案》，中国法制出版社 2005 年版。
邵明：《民事诉讼法理研究》，中国人民大学出版社 2004 年版。
舒国滢：《在法律的边缘》，中国法制出版社 2000 年版。
宋朝武：《民事诉讼法学》（第 2 版），厦门大学出版社 2008 年版。
孙柏英：《当代地方治理：面向 21 世纪的挑战》，中国人民大学出版社 2004 年版。
孙国华主编：《法理学》，中国广播电视大学出版社 2011 年版。
孙海龙等：《司法责任制改革》，法律出版社 2017 年版。
谭跃进：《定量分析方法》，中国人民大学出版社 2006 年版。
汤维建：《民事程序法论丛——民事证据立法的理论立场》，北京大学出版社 2008 年版。
汤维建：《美国民事司法制度与民事诉讼程序》，中国法制出版社 2001 年版。
汤维建：《群体性纠纷诉讼解决机制论》，北京大学出版社 2008 年版。
汤维建：《民事诉讼法全面修改专题研究》，北京大学出版社 2008 年版。

唐力等:《新民事诉讼法实施状况评估与对策建议》,中国法制出版社2018年版。
王沪宁主编:《政治的逻辑:马克思主义政治学原理》,上海人民出版社2004年版。
王俊豪主编:《管制经济学原理》,高等教育出版社2007年版。
吴宜蓁:《危机传播——公共关系与语艺观点的理论与实证》,台北五南图书出版公司2002年版。
肖建国:《民事诉讼程序价值论》,中国人民大学出版社2000年版。
肖建国:《司法公正的理念与制度研究》,中国人民公安大学出版社2006年出版。
肖建华、肖建国、金殿军、王德新:《民事证据规则与法律适用》,人民法院出版社2005年版。
谢晖、陈金钊:《法律:诠释与应用》,上海译文出版社2002年版。
徐向华等:《我国司法改革的地方试点经验——贵州法院蓝本》,法律出版社2019年版。
杨畅:《当代中国政府公信力提升研究——基于政府绩效评估战略》,中国社会科学出版社2015年版。
杨凯:《提升司法公信力的进路与方法》,中国民主法制出版社2018年版。
应克复:《西方民主史》,中国社会科学出版社1997年版。
喻国明等:《中国大众媒介的传播效果与公信力研究——基础理论、评测方法与实证分析》,经济科学出版社2009年版。
江伟主编:《民事诉讼法典专家修改建议稿及立法理由》,法律出版社2008年版。
张成福、党秀云:《公共管理学》,中国人民大学出版社2007年版。
赵永红:《刑事程序性裁判研究》,中国人民公安大学出版社2005年版。
郑也夫编:《信任:合作关系的建立与破坏》,中国城市出版社2003年版。
郑也夫:《信任论》,中国广播电视出版社2001年版。
朱庆芳、吴寒光:《社会指标体系》,中国社会科学出版社2001年版。

### （二）中文论文

北京市第一中级人民法院课题组：《关于加强人民法院司法公信力建设的调研报告》，《人民司法》2011 年第 5 期。

北京市中国特色社会主义理论体系研究中心：《超越资产阶级民主的理论思考》，《求是》2013 年第 20 期。

陈金钊：《论法律事实》，《法学家》2000 年第 2 期。

陈瑞华：《审判之中的审判：程序性裁判之初步研究》，《中外法学》2004 年第 3 期。

董开军：《治国基本方略只能有一个》，《中国党政干部论坛》2013 年第 9 期。

范明志：《法院与社会冲突的法理解析》，《法学》2004 年第 11 期。

傅郁林：《我国民事检察权的权能与程序配置》，《法律科学》2012 年第 6 期。

傅郁林：《追求价值、功能与技术逻辑自洽的比较民事诉讼法学》，《法学研究》2012 年第 5 期。

傅郁林：《法学研究方法由立法论向解释论的转型》，《中外法学》2013 年第 1 期。

韩大元：《中国司法制度的宪法构造》，《中国人民大学学报》2009 年第 6 期。

黄娟：《司法的公信力及司法权运行过程中的信息失真》，《湘潭大学学报》2005 年第 5 期。

黄竹胜：《论司法行为的理性化及其制度性条件》，《当代法学》2002 年第 3 期。

江伟：《略论检察监督权在民事诉讼中的行使》，《人民检察》2005 年第 18 期。

江伟、王强义：《完善我国民事诉讼立法的若干理论问题》，《中国社会科学》1991 年第 5 期。

蒋惠岭：《关于二五改革纲要的几个问题》，《法律适用》2006 年第 8 期。

李秀霞：《三权分离：完善司法权运行机制的途径》，《法学》2014 年第 4 期。

李秀霞、王东普:《论刑事程序性裁判》,《法律适用》2008 年第 3 期。
倪培兴:《论司法权的概念与检察机关的定位》,《人民检察》2000 年第 3 期。
彭正媛:《对李普曼〈公众舆论〉的新思考》,《新闻世界》2011 年第 4 期。
钱弘道、戈含锋、王朝霞、刘大伟:《法治评估及其中国应用》,《中国社会科学》2012 年第 4 期。
邵明:《滥用民事诉权及其规制》,《政法论坛》2011 年第 6 期。
邵明:《论民事诉讼程序参与原则》,《法学家》2009 年第 3 期。
宋朝武:《当代中国民事检察监督的变革方向与路径考量》,《河南社会科学》2011 年第 1 期。
宋朝武:《虚假诉讼法律规制的理性思考》,《河南社会科学》2012 年第 12 期。
宋鲁郑:《中国为人类开拓更优秀的制度文明》,《求是》2013 年第 21 期。
汤维建:《论人大监督司法的价值及其重点转向》,《政治与法律》2013 年第 5 期。
汤维建:《检察监督制度的现代化改造》,《法学家》2006 年第 4 期。
汤维建:《检察机关在民事诉讼中的法律地位》,《武汉大学学报》2005 年第 2 期。
汤维建:《论司法公正的保障机制及其改革》,《河南省政法管理干部学院学报》2004 年第 6 期。
汤维建:《论构建我国民事诉讼中的自足性审前程序——审前程序和庭审程序并立的改革观》,《政法论坛》2004 年第 4 期。
汤维建:《关于程序正义的若干思考》,《法学家》2000 年第 6 期。
天津市第二中级人民法院课题组:《从粗放到系统:论司法公信力评估体系的构建》,《法律适用》2013 年第 1 期。
田平安、李浩:《中国民事检察监督制度的改革与完善》,《现代法学》2004 年第 1 期。
佟季、黄彩相:《案件质量评估效果指标“三问”》,《求索》2013 年第

3 期。

童兆洪:《司法权概念解读及功能探析》,《中共中央党校学报》2004 年第 5 期。

汪建成、孙远:《论司法的权威与权威的司法》,《法学评论》2001 年第 4 期。

肖建国:《司法 ADR 建构中的委托调解制度研究——以中国法院的当代实践为中心》,《法学评论》2009 年第 3 期。

肖建国:《回应型司法下的程序选择与程序分类——民事诉讼程序建构与立法的理论反思》,《中国人民大学学报》2012 年第 4 期。

熊跃敏:《继承与超越:新民事诉讼法检察监督制度解读》,《国家检察官学院学报》2013 年第 2 期。

熊跃敏、曹新华:《我国民事执行监督的路径选择与体系构建》,《北京师范大学学报》2012 年第 2 期。

许尚豪:《人民陪审团与法官的制度衔接与规则协调——以审判格式化与人格化的关系为视角》,《政治与法律》2011 年第 3 期。

许尚豪:《法院能力与信任期望——信任法院的两个基础性要素解读》,《西南民族大学学报》2014 年第 9 期。

许尚豪:《论民事诉讼程序属性的两面性——以当事人的利益追求为视角》,《社会科学家》2008 年第 1 期。

杨维松:《破与力:法官绩效精准评价体系重构——以 H 法院“沭法币”精准称重工作量为中心》,《山东法官培训学院学报》2019 年第 2 期。

喻中:《论最高人民法院实际承担的政治功能——以最高人民法院历年“工作报告”为依据》,《清华法学》第七辑。

张卫平:《新民事诉讼法的实施与司法体制改革的推进》,《人民司法》2013 年第 9 期。

张星磊:《论法院分案模式的困境、反思与进路——以智能化分案模式为中心》,《山东法官培训学院学报》2020 年第 2 期。

张艳丽、鲁国秀:《我国民事检察监督理论和实现机制的正当性分析》,《中国政法大学学报》2011 年第 5 期。

章延杰:《政府信用与政治合法性》,《兰州学刊》2004 年第 4 期。

郑永年、黄彦杰:《中国的社会信任危》,《文化纵横》2011 年 5 月。

周赟:《当下中国司法公信力的经验维度——来自司法一线的调研报告》,《苏州大学学报》(法学版)2014 年第 3 期。

周赟:《司法公信力三题》,《社会科学动态》2017 年第 1 期。

（三）中文译著

[美] E. 博登海默:《法理学、法律哲学与法律方法》,邓正来译,中国政法大学出版社 1999 年版。

[美] 巴里·伦德尔、小拉尔夫·M. 斯泰尔、迈克尔·E. 汉纳:《面向管理的数量分析》(第 8 版),陈恭和、王璐航等译,中国人民大学出版社 2007 年版。

[美] 查尔斯·蒂利:《信任与统治》,胡位钧译,上海人民出版社 2010 年版。

[加拿大] 大卫·戴岑豪斯:《重构法治(法秩序之局限)》,程朝阳、李爱爽译,浙江大学出版社 2020 年版。

[美] 戴维·H. 罗森布鲁姆、罗伯特·S. 克拉夫丘克:《公共行政学:管理、政治和法律的途径》(第五版),张成福等校译,中国人民大学出版社 2007 年版。

[英] 丹宁·勋爵:《法律的正当程序》,李克强、杨百揆、刘庸安译,法律出版社 2011 年版。

[日] 谷口安平:《程序的正义与诉讼》,刘荣军译,中国政法大学出版社 2002 年版。

[英] 哈特:《法律的概念》,张文显、郑成良、杜景义、宋金娜译,中国大百科全书出版社 1996 年版。

[美] 凯斯·R. 桑斯坦:《权利革命之后:重塑规制国》,钟瑞华译,中国人民大学出版社 2009 年版。

[美] 克雷默、泰勒:《组织中的信任》,管兵、刘穗琴译,中国城市出版社 2003 年版。

[澳] 罗伯特·希斯:《危机管理》,王成、宋炳辉、金瑛译,中信出版社 2001 年版。

[德] 马克斯·韦伯:《经济与社会》(上),林荣远译,商务印书馆 1997

年版。

[古罗马] 西塞罗：《论共和国 论法律》，王焕生译，中国政法大学出版社 1997 年版。

[美] 雅克·巴尔赞：《从黎明到衰落：西方文化生活五百年》，林华译，世界知识出版社 2002 年版。

[英] 约翰·奥斯汀：《法理学大纲》，《西方法律思想史资料选编》，北京大学出版社 1983 年版。

（四）中文报纸

傅郁林：《拯救信仰是司法与媒体共同责任》，《法制日报》2014 年 7 月 31 日。

傅郁林：《新民事诉讼法中的程序性合意机制》，《人民法院报》2012 年 11 月 7 日。

高新民：《提升领导素质从哪着手》，《北京日报》2013 年 10 月 28 日。

贺莉丹：《法院工作报告被人大否决之后》，《新闻周刊》2007 年 3 月 28 日。

蒋惠岭：《司法环境评估视角下的"公正司法"》，《21 世纪经济报道》2013 年 5 月 13 日。

李铁：《以黄仁宇历史观看经济改革：现代化就是实现数目管理》，《时代周报》2010 年 2 月 25 日。

李秀霞：《司法公信力评价体系坐实司法改革目标》，《中国社会科学报》2014 年 3 月 12 日。

林娜：《"卓越法院"国际评价标准》，《人民法院报》2013 年 3 月 1 日。

汤维建：《人大职能应由立法向监督司法工作转移》，《检察日报》2013 年 3 月 29 日。

汤维建：《深化司法改革的六个着力点》，《团结》2012 年第 3 期。

汤维建：《民事诉讼法全面修改的 5 个重点》，《中国社会科学报》2011 年 12 月 21 日。

汤维建：《司法"去行政化"是治理司法腐败的良药》，21 世纪经济报道 2013 年 3 月 15 日。

汤维建：《阳光是司法公正最好的防腐剂》，人民网强国论坛，2013 年 8

月23日，于2013年8月23日访问。

唐宝民:《更高的准则》,《中国经济时报》2013年11月1日。

新华社:《中共十八届三中全会在京举行》,《威海日报》2013年11月13日。

徐显明:《确立司法公信力的四个根据》,《人民法院报》2013年5月6日。

周强:《努力让人民群众在每一个司法案件中都感受到公平正义》,《人民法院报》2013年7月23日。

（五）其他资料

《马克思恩格斯全集》，人民出版社1961年版。

《毛泽东选集》，人民出版社1991年版。

《新时期党的建设伟大工程——十八大报告辅导读本》，国家行政学院出版社2012年版。

《十八大报告辅导读本》，人民出版社2012年版。

《〈中共中央关于全面深化改革若干重大问题的决定〉辅导读本》，人民出版社2013年版。

《〈中共中央关于全面推进依法治国若干重大问题的决定〉辅导读本》，人民出版社2014年版。

## 二 外文参考文献

Bergman, Marcelo, "The Rule, the Law, and the Rule of the Law: Improving Measurements and Content Validity", *Justice System Journal*, 33 (2), 2012.

Boyd Pitts, Annette, Lawrence, Noel, Shenkman, Stephen C., "Rebuilding Public Trust and Confidence in the Legal System Through Educatio", *Federal Lawyer*, 47 (2), February 2000, 30 – 58.

Courtney, Ann M., "Public Trust and Confidence in the Justice System", *Maine Bar Journal*, 14 (3), July 1999, 165 – 173.

Courtney, Ann M., "Response to the Public Trust and Confidence Call", *Maine Bar Journal*, 14 (4), October 1999.

Dougherty, George W. Beck, J. Randy, Bradbury, Mark D. , "Race and the Georgia Courts: Implications of the Georgia Public Trust and Confidence Survey for Batson v. Kentucky and Its Progeny ", *Georgia Law Review*, 37 (3), Spring 2003, 1021 – 1038.

Harding, Major B. Halloran, Susan, Waters, Robert Craig, " Florida Supreme Court's Initiatives to Improve Access and Build Public Trust and Confidence", *Florida Bar Journal*, 74 (1), January 2000, 18 – 25.

Justice Tankebe, "Viewing Things Differently: The Dimensions of Public Perceptions of Police Legitimacy", *Criminology*, Volume 51, Number 1, 2013.

Kelly, Marilyn, Weber, Lorraine H. , Hood, Harold, "Role of the Michigan Open Justice Commission in Improving Public Trust and Confidence", *Michigan Bar Journal*, 79 (9), September 2000, 1200 – 1205.

Kourlis, Rebecca Love, Singer, Jordan M. , "A Performance Evaluation Program for the Federal Judiciary", *Denver University Law Review*, 86 (1), 2008.

Oursland, Kevin, "Public Trust and Confidence in the Courts", *Nebraska Lawyer*, 1999, November 1999, 14 – 17.

Pariente, Barbara J. , "Profession for the New Millennium: Restoring Public Trust and Confidence in Our System of Justice" . *Florida Bar Journal*, 74 (1), January 2000, 50 – 53.

Prather, Lenore L. , "Mississippi Supreme Court's Steering Committee on Public Trust and Confidence of the Mississippi Judiciary", *Mississippi Lawyer*, 46 (1), October 1999, 11 – 12.

Rodgers, Frederic B. , " Promoting Public Trust and Confidence in the Judiciary", *Judges' Journal*, 37 ( 4), Fall 1998.

Schoenbaum, Edward J. , "Improving Public Trust & (and) Confidence in Administrative Adjudication: What Administrative Law Practitioners, Judges, and Academicians Can Do", *Administrative Law Review*, 53 (2), Spring 2001, 575 – 614.

Schoenbaum, Edward J., "Improving Public Trust & (and) Confidence in Administrative Adjudication: What an Administrative Law Judge Can Do", *Journal of the National Association of Adminsitrative Law Judges*, 21 (1), Spring 2001, 1 -55.

Sessions, William, "Judicial Independence - Critical to Ensuring the Public's Trust and Confidence in the Legal System", *Texas Bar Journal*, 61 (10), November 1998, 1043 -1046.

Shelton Reuben, " Public Trust and Confidence", *St. Louis Bar Journal*, 45 (3), Winter 1999.

Shenkman, Stephen C. Lawrence, Noel G., Pitts, Annette Boyd, "Rebuilding Public Trust and Confidence in the Legal System Through Education", *Florida Bar Journal*, 74 (1), January 2000, 12 -17.

Shields, Joseph; Spanhel, Cynthia L., "Public Trust and Confidence in the Texas Courts and Legal Profession", *Texas Bar Journal*, 62 (3), March 1999, 289 -322.

Sobel, Allan D., "Building Public Trust and Confidence", *Judicature*, 89, 2005 -2006, 57 -59.

Sobel, Allan D., "Enhancing Public Trust and Confidence", *Judicature*, 84 (3), November - December 2000.

Sudbeck, Lynn E., "Placing Court Records Online: Balancing Judicial Accountability with Public Trust and Confidence: An Analysis of State Court Electronic Access Policies and a Proposal for South Dakota Court Records", *South Dakota Law Review*, 51 (1), 2006, 81 -121.

"The World Justie Projet Rule of Law Index 2012 - 2013 WJPIndexReport", http: //worldjusticeproject. org/rule - of - law - index.

Trout, Linda Copple, " Enhancing the Public's Trust and Confidence in the Courts", *Advocate* (*Idaho State Bar*), 42 (9), September 1999, 22 -23.

# 附录1　涉及司法公信力的文件目录

1. 《中共中央关于深化党和国家机构改革的决定》，2018 年。

2. 《中国共产党第十八届中央委员会第四次全体会议公报》，2014 年。

3. 最高人民法院《关于切实践行司法为民大力加强公正司法不断提高司法公信力的若干意见》，2013 年。

4. 习近平总书记主持召开中央深改领导小组第 25 次会议审议通过《关于推进以审判为中心的刑事诉讼制度改革的意见》，2016 年 6 月。

5. 最高人民法院《关于充分发挥审判职能作用切实加强产权司法保护的意见》，2016 年 11 月。

6. 最高人民法院《关于全面推进以审判为中心的刑事诉讼制度改革的实施意见》，2017 年。

7. “两高三部”《关于办理刑事案件严格排除非法证据若干问题的规定》，2017 年。

8. 最高人民法院《关于庭前会议、排除非法证据、法庭调查“三项规程”》，2017 年。

9. 《最高人民法院司法责任制实施意见（试行）》2017 年。

10. 最高人民法院《关于充分发挥审判职能作用为企业家创新创业营造良好法治环境的通知》，2018 年 1 月。

11. 最高人民法院《关于进一步全面落实司法责任制的实施意见》2018 年。

12. 最高人民法院《关于审理行政协议案件若干问题的规定》

2019 年。

13. 最高人民法院《关于建立法律适用分歧解决机制的实施办法》，2019 年 10 月 28 日实施。

14. 最高人民法院《关于深化司法责任制综合配套改革的实施意见》2020 年。

# 附录2　人民法院“基本解决执行难”第三方评估指标体系《说明》

（中国社会科学院法学研究所2017年1月）

**序言**

2016年，最高人民法院周强院长在十二届全国人大四次会议上庄严宣布，“要用两到三年时间基本解决执行难问题”。为了客观评估人民法院基本解决执行难工作的力度和成效，最高人民法院决定引入第三方评估机制，由中国社会科学院牵头，法学研究所承办，参与单位包括中国法学会、中华全国律师协会、中国人民大学诉讼制度及司法改革研究中心，以及《人民日报》、新华社、中央电视台等13家新闻媒体，并邀请15位知名学者作为特聘专家。具体评估工作由中国社会科学院国家法治指数研究中心、法学研究所法治指数创新工程项目组负责。

**一、指标体系的制定背景**

执行难问题长期存在，成为制约人民法院工作发展的瓶颈问题。自1999年以来，党中央和中央政法委高度重视执行工作，多次专门部署解决执行难问题，但因为社会诚信度不高、信用体系不健全、执行手段匮乏等原因，虽然取得了一定成效，但该问题始终未得到有效解决。

党的十八大以来，全面依法治国深入推进，国家信息化建设飞速发展，党的十八届四中全会明确提出要“切实解决执行难”，依法保障胜诉当事人及时实现权益。人民法院在党委领导、人大监督、政府和社会各界支持下，紧紧围绕“让人民群众在每一个司法案件中感受到公平正义”

的目标，以执行工作信息化建设为抓手，全面强化各项执行措施，创新执行模式，完善执行机制，执行工作取得了跨越式发展，探索出了破解执行难的有效路径，极大地增强了破解执行难的信心，人民群众、社会各界对解决执行难充满希望和期待。

为贯彻落实中央重大决策部署，切实回应人民群众重大关切，最高人民法院在十二届全国人大四次会议上提出要用两到三年时间内基本解决执行难问题，并出台了《关于落实"用两到三年时间基本解决执行难问题"的工作纲要》（以下简称《工作纲要》）。《工作纲要》对执行工作进行系统部署，明确了基本解决执行难的工作目标，即"四个基本"：（1）被执行人规避执行、抗拒执行和外界干预执行现象基本得到遏制；（2）人民法院消极执行、选择性执行、乱执行的情形基本消除；（3）无财产可供执行案件终结本次执行的程序标准和实质标准把握不严、恢复执行等相关配套机制应用不畅的问题基本解决；（4）有财产可供执行案件在法定期限内基本执行完毕。《工作纲要》还提出了基本解决执行难要实现执行模式改革、执行体制改革、执行管理改革、财产处置改革和完善执行工作机制、执行规范体系、执行监督体系和专项治理机制等八个方面的主要任务。

执行难能否得到基本解决，除了执行工作本身外，评估验收工作也是一个关键。鉴于过去执行工作业绩考核以执行结案率为主要考核指标，且存在数值虚高难以如实反映执行工作、有损司法公信力的问题，最高人民法院一方面加强执行工作管理，通过完善终结本次执行程序的认定管理等方式，进一步加强制度构建，促进执行工作数据的去伪存真；另一方面，希望引入第三方评估机构，设计系统理性的指标体系，客观、科学地对执行工作进行评价。

课题组认为《工作纲要》确定的四个工作目标和八项主要任务覆盖了执行工作的主要方面，是执行难能否基本解决的关键所在，为此，有必要针对这些内容，尤其是四个工作目标，结合评估工作的可操作性、可行性、科学性等要求，分别设置相应的评估指标。例如，针对第一个工作目标，因涉及外部执法环境，难以实现结果量化考核，但可以对人民法院发布拒执罪典型案例、加大宣传、争取地方支持等在优化外部执法环境方面所作的努力进行间接评估；针对第二个目标，需要就财产调查、控制、评估、拍卖、款物发放等各个执行环节的时间期限设置评估指标、需要对执行行为的撤改、执行人员违法违纪和国家赔偿情况予以量化评估；针对第三个目标，需要针对终结本次执行程序案件从认定、告知、裁定、事后管理等各个环节进行系统评估；针对第四个目标，需要设置实际执结率、个案的执行到位率、执限内结案率等评估指标。

## 二、指标体系设定的基本原则

“基本解决执行难”第三方评估指标体系的设计秉承依法设定、客观中立、突出重点、过程与结果并重几项基本原则。

### （一）依法设定

“基本解决执行难”第三方评估指标体系严格依据法律、法规、司法解释以及相关文件进行设定，包括《民事诉讼法》《最高人民法院关于落实“用两到三年时间基本解决执行难问题”的工作纲要》以及最高人民法院关于法院执行工作的司法解释、指导性文件等。

### （二）客观中立

作为第三方评估，指标体系的设定秉持客观、中立的原则，既不能简单根据当事人和社会公众的主观满意度判断是否基本解决执行难，也不能迁就和迎合法院的执行工作现状。“基本解决执行难”第三方评估指标体系在设定时，尽量将“好”与“坏”这样主观性、随意性极强的判断标准转化为客观且具备操作性的评估指标，着眼于法院工作人员在办理执行案件时是否“应为尽为”，执行的工作流程是否规范、透明。指标体系一旦确定，评估人员对评估事项仅可做“有”和“无”的判断，而不能凭主观判断“好”与“坏”，最大限度地压缩评估人员的自由裁量空间。

### （三）突出重点

执行工作是一个非常细致、烦琐的工作，涉及的流程节点众多，指标体系的设定既要全面反映法院的执行工作，但不可能涵盖和穷尽每一个细节，要突出重点，抓住影响执行效果的要害和关键环节。为此，“基本解决执行难”第三方评估指标体系的重点放在了法院查物找人、财产处分、案款发放、执行联动以及解决执行难的人、财、物的保障等，并对执行工作中问题最为集中的终结本次执行程序这一结案方式设计了详细严格的指标。

（四）过程与结果并重

“基本解决执行难”第三方评估指标体系的设定坚持过程与结果并重的原则，对执行过程和执行结果进行全面评估，真实反映法院的执行工作，凸显法院在执行工作中义务和责任，通过规范执行行为、减少不作为，以加大执行力度、提升执行质效，最终实现“基本解决执行难”的目标。

**三、指标体系的基本内容**

各级法院在执行工作中的角色、地位不同，职能各有侧重，因此，课题组分别针对四级人民法院设定了四套“基本解决执行难”第三方评估指标体系：最高人民法院和高级人民法院的指标体系均涵盖制度建设、执行联动、监督管理和执行保障四个一级指标，权重有所区别；中级人民法院指标体系包括规范执行、阳光执行、执行质效、监督管理和执行保障五个一级指标；与中级人民法院相比，基层人民法院指标体系少了监督管理的指标。

（一）最高人民法院及高级人民法院指标体系

由于最高人民法院和高级人民法院的指标体系较为相似，这里一并介绍。

1. 制度建设

最高人民法院的制度建设指标主要考察最高人民法院是否建立较为完善的执行制度体系，包括推动强制执行立法的情况、制定单行司法解释和指导性意见的情况以及建立指导性案例制度的情况。对于高级人民法院而言，该部分指标主要强调三个方面：一是对最高人民法院出台的制度进行细化；二是对辖区内法院的执行工作制定管理文件；三是调研指导，包括解答疑难问题以及针对专项问题进行调查研究。

2. 执行联动

执行联动包括网络执行查控系统和联合惩戒两个方面。最高人民法院的网络执行查控系统指标主要评估最高人民法院“总对总”执行网络查控系统的完备度，例如联网了多少金融机构，能否实现网上冻结和扣划银行存款，以及是否与相关部门的数据对接进行联网查询。最高人民法院的联合惩戒指标主要评估最高人民法院通过与相关部门协助实现对失信被执行人的惩戒，如与工商、金融、公安、交通等部门联网限制被执行人乘坐特定交通工具、限制住星级宾馆、限制出境、限制招投标、限制融资、限制购买商业保险等。联合惩戒还包括实现对被执行人的受益行为实行失信一票否决制。高级人民法院的执行联动对于最高人民法院而言主要起补充作用。

3. 监督管理

监督管理主要考察上级法院对下级法院的监督指导工作，包括监督案件、事项的办理、信访申诉、督查等，其中，督查主要指对下级法院应用执行案件流程信息管理系统的情况、执行案款管理、终本案件管理、委托事项管理等情况、办理重点督办案件的情况进行督查以及开展执行工作约谈的情况。

廉政是社会关注的焦点问题，直接影响人民群众的获得感和司法权威，本部分单独设置了廉政监督指标，用于考察本级法院的廉政情况。具体分为廉政情况投诉率、执行人员受到党纪政纪处分情况、执行人员被追究刑事责任情况等指标。

4. 执行保障

最高人民法院的执行保障指标包括执行指挥中心和人员配备两个方面。执行指挥中心重点考察案件节点管理、终本案件管理、委托执行管理、决策分析、远程指挥等功能。人员配置指标强调执行人员配备要达标、警务保障要充足，优化执行人员结构，强化执行人员的日常业务培训。高级人民法院的执行保障除了评估执行指挥中心和人员保障之外，还评估执行大格局、执行救助和执行宣传等指标。

### （二）中级人民法院及基层人民法院指标体系

中级人民法院与基层人民法院都办理执行实施类案件，因此两者的指标体系相似，在规范执行、阳光执行、执行质效和执行保障四个一级指标上是重合的，不同之处在于中级人民法院比基层人民法院多了一个监督管理一级指标。

1. 规范执行

规范执行指标主要考察法院在办理执行案件过程中是否遵循了相应的执行程序。“规范执行”包括执行保全、财产申报、财产调查、财产控制、财产处分、执行款发放、终本结案、执行转破产以及系统录入等事项的规范性，其中对当事人告知事项虽然属于“规范执行”的内容，但是作为对当事人知情权的保障放在“阳光执行”指标中加以设定。

（1）财产保全

财产保全作为连接审判与执行的重要环节，最高人民法院出台了关于办理财产保全案件的司法解释。课题组围绕财产保全设计了财产保全保险担保机制、担保比例、保全申请与财产查控系统的衔接、保全裁定执行的及时性 4 个三级指标。

（2）财产申报

财产申报是民事诉讼法规定的被执行人的一项义务，实践中，被执行人往往拒不申报或者申报不实，为此，《民事诉讼法》第 241 条规定，人民法院可以根据情节轻重对拒绝报告或者虚假报告的被执行人予以罚款、拘留。为了充分发挥被执行人财产申报制度的效能，课题组设计了法院是否依法发布申报令以及对于拒不申报或申报不实的是否进行法律制裁 2 个三级指标。

（3）财产调查

财产调查下设 2 个三级指标，主要考察法院查询财产的及时性和对被执行人提供的财产线索进行核实的情况。财产查询的及时性主要考察执行立案之日起多长时间内启动财产查询。实践中，有些地方法院在执行立案时便通过财产查控系统对被执行人的财产进行了查询，执行人员在拿到执行案件的同时即拿到了财产查询结果，提高了执行效率。

（4）财产控制

对于查询到的财产，如果不及时查封、冻结、扣押，将可能发生财产转移的情况，因此，为了督促执行人员及时启动相应的执行措施，避免消极执行或拖延执行，课题组设定了及时查封、冻结、扣押财产的指标，除了某些金融机构实现查询冻结一体化之外，考察执行人员是否在合理的时间内对查询到的财产启动查封、冻结、扣押等执行措施。

（5）财产评估

财产评估是进行财产处置的一道前置程序。为了督促法院及时启动委托评估程序、及时向当事人发送评估报告，课题组设置了有关期限的标准，要求在合理期限内启动评估程序和发送评估报告。

（6）财产拍卖

为了督促法院及时启动拍卖程序、优化拍卖机制，课题组在财产拍卖环节设计拍卖及时性指标。对于符合拍卖条件的，法院应该在合理期限内启动拍卖程序。

（7）案款发放

法院执行款发放工作比较混乱，最高人民法院启动专项整治行动，在全国推行一案一账号的活动。课题组在执行款发放指标中设计 2 个指标，一案一账号和执行款发放的及时性，其中执行款发放及时性考察执行款是否在收取一个月内进行了发放，如不能及时发放的，应说明理由并经领导审批。

（8）委托执行

委托执行在执行实践中落实较差，许多法院接到委托执行事项后怠于执行，不进行反馈，甚至原封不动退回。指标要求法院应向委托法院反馈委托事项的办理情况，这可以通过调取委托执行事项的反馈文书进行核实。

（9）终本结案

终本指标包括终本要件、终本案件的系统管理以及终本案件的定期筛查机制三方面的内容。终本要件涵盖最高人民法院关于严格规范终本的司法解释所列的全部要件，任何一个要件不符合即为零分。终本案件的系统管理是指法院对于终本案件应纳入单独的系统进行管理，防止终本案件体外循环。定期筛查机制是指对于终本案件，应在5年内每6个月自动进行财产查询，以便发现财产恢复执行程序。

另外，为了进一步推动执行工作的规范性，课题组还设计了评估现场执行记录、执行转破产、执行系统节点录入情况的指标。

2. 阳光执行

阳光执行要求执行过程和结果的双重透明，就其公开对象而言，既包括对当事人的公开，也包括对社会公众的公开。阳光执行指标包括财产查控处分告知、执行流程公开、执行文书公开以及规范性文件公开等。

（1）财产查处告知

财产查控、处分告知包括财产查控措施告知被执行人、财产处分信息告知被执行人 2 个指标，分别评估法院在对所查询的财产采取财产查控措施后，是否向被执行人送达查封、扣押等裁定书；法院在对查封、扣押、冻结的财产进行处分时，是否向被执行人送达扣划、拍卖、变卖、以物抵债等裁定书。

（2）执行流程公开

执行流程公开强调的是向当事人公开执行过程，该指标评估法院是否用短信等方式向当事人推送流程节点信息或提供网络密码查询。

（3）执行文书公开

执行文书公开指标主要评估法院是否通过中国裁判文书网向社会公开执行裁判文书和终结本次执行程序裁定书。

（4）规范性文件公开

执行规范性文件公开是指法院应在法院官方网站上公开人民法院关于执行的规范性文件。

3. 执行质效

执行质效指标是指能够客观反映执行质量和效果的数据。执行质效可以通过两方面的指标来反映，一些是正相关指标，如实际执结率、个案的执行到位率、执结期限内结案率、执行异议案件的结案率和网拍率；一些是负相关指标，包括执行行为撤改率、个人追责与国家赔偿。实际执结率是指法院一定时期内执结的案件中执行完毕案件的比率。个案执行到位率是指法院每个执结案件的执行金额与申请执行金额的比例，如果大多数执结案件的执行到位率较为理想，那么说明该法院的执行案件整体质效良好。个人追责与国家赔偿指标主要是考察考评期内执行人员因执行案件被追责和因为执行案件引起的国家赔偿情况，具体包括廉政情况投诉率、执行人员受到党纪政纪处分情况、执行人员被追究刑事责任情况和国家赔偿情况等指标。

4. 执行保障

中级人民法院的执行保障包括执行指挥中心、人员保障、机构保障、装备保障、执行救助、执行工作方案、争取地方支持、执行宣传等。执行指挥中心重点考察案件节点管理、终本案件管理、委托执行管理、决策分析、远程指挥等功能。人员保障包括人员配置比例、轮岗制度、常派执行局的司法警力以及执行人员的日常业务培训等，例如执行人员占中级人民法院在编人员的比例不应低于15%，执行局法官员额的比例不得低于业务庭法官的比例。除执行指挥中心的分值略有不同之外，基层人民法院的执行保障与中级人民法院基本相同。

5. 监督管理

监督管理主要是指中级人民法院对辖区法院执行工作的监督管理，体现在执行复议类、执行协调类、执行监督类、执行请示类案件的办理以及信访申诉和对下级法院应用执行案件流程信息管理系统的情况、清理执行案款、办理特殊主体为被执行人案件情况的管理监督等。

**四、数据来源**

“基本解决执行难”第三方评估主要是依据指标体系对评估对象进行量化评估，并辅助以问卷调查。指标体系强调指标的可量化，数据来源包括案卷评查、系统提取、网站观察和法院自报。

（一）案卷评查

案卷评查主要是指调取中级人民法院和基层人民法院一定时间段的执行案卷，对照指标要求，评查案卷中相应指标的满足情况。通过案卷评查获取数据的指标主要涉及规范执行类指标、阳光执行中对当事人的告知事项类指标等。为了确保评估的客观真实性，课题组将采取随机调取案卷的方法，进行评查和获取数据。

（二）系统提取

系统提取是指从法院的执行管理系统以及相关系统中提取相应的节点信息和统计数据，有些信息可以直接提取，有些数据则需要二次加工处理。系统提取主要涉及规范执行类指标和执行质效指标，如启动查询、评估、拍卖、案款发放等节点信息以及实际执结率、个案的执行到位率、执限内结案率、执行异议案件的结案率、网拍率、执行行为撤改率、刑事追责、国家赔偿等。为了保障数据可获取和客观准确，课题组将建议法院围绕评估指标所需的数据研究进一步完善和优化法院内部的案件管理系统，确保能够通过案件管理系统直接提取评估所需的执行工作日常的办案数据和管理数据。

（三）网站观察

网站观察主要是打开评估对象的官方网站以及司法公开平台，对照指标体系，查看网站是否有相应的信息。网站观察主要适用于阳光执行指标，如执行法律文书公开、执行相关的规范性文件公开等。

（四）自报数据

虽然第三方评估是独立于评估对象的外部评估，但是有些数据的获取还必须依靠评估对象的自报。为了保证自报数据的客观性，课题组要求自报数据必须附有相应的证明材料，例如评估对象在自报有某项制度或机制时必须附相应的文本，以便评估人员进行客观性和真实性筛选、甄别。

**五、指标体系相关问题廓清**

（一）主要适用于民事执行案件

目前执行难最主要集中在民事案件的执行难，并且行政非诉执行与民事案件的执行区别较大，不适合在同一个指标体系中设定，因此，基本解决执行难评估指标体系的评估范围集中在民事案件（含仲裁裁决执行案件、公证债权文书执行案件）。

（二）以金钱给付类案件为重点

执行难问题不仅包括金钱给付类案件的执行难，还包括行为类和特定物给付类案件的执行难。执行案件大多集中在金钱给付类案件，行为类和特定物给付类案件所占比重很低，并且金钱给付类案件的流程涵盖执行的主要环节。因此，课题组在设计指标体系时是以金钱给付类案件为主，例如财产查控、处置以及案款发放等指标主要是针对金钱给付类案件。至于行为类和特定物给付类案件，由于数量少，且较为复杂，因此不单独设定指标，但是查找被执行人以及对失信被执行人进行信用惩戒和制裁措施等指标可以适用于该类案件。

（三）关注审判与执行的衔接

“基本解决执行难”第三方评估指标体系不能只评估法院的执行工作，还应该重视审判与执行的衔接，对审判中不利于执行的方面也应该设计指标加以评估。指标体系主要从财产保全、生效法律文书执行内容的明确性以及执行转破产三方面设计审判与执行的衔接指标。

（四）设定“执行不能”标准

公众所感受的执行难一部分是被执行人逃避执行、拒不履行、抗拒执行或法院执行不力造成的，还有一部分是因为被执行人确无财产可供执行导致无法实现债权。对于无财产可供执行的案件，属于执行不能，并非是法院通过加大执行力度所能解决的，因此“基本解决执行难”要区分有财产可供执行案件和无财产可供执行案件，但前提是要严格设定无财产可供执行案件的标准。

（五）针对特定群体进行问卷调查

实证调查中的定量研究有两种主要路径，一是通过设定客观的指标体系对相关工作进行量化评估，二是选取一定的群体为样本进行问卷调查。“基本解决执行难”评估以客观的指标体系为依托，侧重对法院执行工作的客观情况进行量化评估。与指标体系相匹配，课题组专门针对当事人和律师设计两套问卷，因为执行效果的好坏，最有发言权的是当事人和律师。和审判案件很难取得原被告双方的满意一样，执行案件的对抗性更强，申请执行人和被执行人不可能对执行结果都满意，因此，调查问卷所涉及的主观满意度调查较为审慎，主要调查当事人对具体执行行为而非笼统的满意度。相对于指标体系而言，问卷调查所获取的数据将是辅助性的。

（六）兼顾协助单位的配合度

执行难是一项综合性的社会难题，“基本解决执行难”除了依靠提高法院执行能力和执行规范化水平之外，还有赖于建立与协助义务单位的联动机制，构建社会诚信体系建设。考虑到指标体系是受最高人民法院委托，对全国法院的执行工作进行评估，因此评估对象不宜扩大到其他单位。但是作为第三方评估机构，课题组拟在本项评估工作之外，专项调查和评价各类协助义务单位对执行工作的配合程度、现行协作机制运行情况和存在的问题，并就如何完善执行联动机制提出对策建议。

# 附录3 《“基本解决执行难”第三方评估指标体系（修订后）》

（中国社会科学院法学研究所）

## 一、最高人民法院

1. 制度建设（20%）

<table>
<tr><th>二级指标</th><th>三级指标</th></tr>
<tr><td rowspan="13">单行司法解释、指导性意见（60%）</td><td>财产保全（10%）</td></tr>
<tr><td>财产申报和财产调查（10%）</td></tr>
<tr><td>变更追加执行主体（10%）</td></tr>
<tr><td>网络司法拍卖（10%）</td></tr>
<tr><td>案款管理（5%）</td></tr>
<tr><td>终本案件管理（10%）</td></tr>
<tr><td>修订失信被执行人名单制度（10%）</td></tr>
<tr><td>执行和解（10%）</td></tr>
<tr><td>执行担保（5%）</td></tr>
<tr><td>仲裁裁决执行（5%）</td></tr>
<tr><td>公证债权文书执行（5%）</td></tr>
<tr><td>股权执行（5%）</td></tr>
<tr><td>协同执行（5%）</td></tr>
<tr><td>司法解释、指导性意见汇编（20%）</td><td>对已有单行司法解释、指导性意见进行汇编，形成统一的规则体系</td></tr>
<tr><td rowspan="2">指导案例制度（20%）</td><td>执行指导案例库（50%）</td></tr>
<tr><td>发布指导性案例（50%）</td></tr>
</table>

2. 执行联动（40%）

| 二级指标 | 三级指标 |
|---|---|
| “总对总”执行网络查控系统（50%） | 银行（20%） |
| | 不动产（10%） |
| | 车辆（10%） |
| | 工商（10%） |
| | 商业保险（4%） |
| | 互联网金融（4%） |
| | 身份证信息（4%） |
| | 出入境证照信息（4%） |
| | 统一社会信用代码信息（4%） |
| | 婚姻登记信息（4%） |
| | 证券（10%） |
| | 银联卡（4%） |
| | 渔船（4%） |
| | 船舶（4%） |
| | 纳税、退税信息（4%） |
| 联合惩戒体系（50%） | 限制乘坐交通工具（20%） |
| | 限制出境（10%） |
| | 限制招投标（10%） |
| | 限制银行贷款（10%） |
| | 受益行为限制（10%） |
| | 公职限制（10%） |
| | 担任党代表、人大代表、政协委员限制（10%） |
| | 担任企业高管限制（5%） |
| | 政府投资项目或主要使用财政性资金项目限制（5%） |
| | 设立金融类公司限制（5%） |
| | 发行上市或挂牌转让的限制（5%） |

## 3. 监督管理（20%）

| 二级指标 | 三级指标 |
| --- | --- |
| 案件办理（30%） | 执行复议类（30%） |
| | 执行协调类（20%） |
| | 执行监督类（30%） |
| | 执行请示类（20%） |
| 信访申诉（20%） | 建立全国统一的申诉信访系统（50%） |
| | 依法处理信访材料（50%） |
| 管理督查（20%） | 督查下级法院应用执行案件流程信息管理系统的情况（20%） |
| | 督查下级法院执行案款清理和管理情况（20%） |
| | 督查下级法院办理重点督办案件、事项的情况（20%） |
| | 督查下级法院办理特殊主体为被执行人的案件的情况（20%） |
| | 开展执行工作约谈（20%） |
| 科学的执行考核（30%） | 建立执行考核指标体系（30%） |
| | 出台执行案件与审判案件分类统计、分类考核的配套制度（30%） |
| | 定期对各高院进行考核并通报结果（40%） |

## 4. 执行保障（20%）

| 二级指标 | 三级指标 |
| --- | --- |
| 执行指挥中心（50%） | 案件节点管理系统（10%） |
| | 终本案件管理系统（10%） |
| | 委托执行管理系统（10%） |
| | 舆情管理系统（10%） |
| | 各类督办管理系统（10%） |
| | 协同执行管理系统（10%） |
| | 执行人员信息管理系统（5%） |
| | 网络司法拍卖管理系统（10%） |
| | 远程指挥、执行会商系统（5%） |
| | 决策分析（10%） |
| | 执行指挥中心专人值班（10%） |

续表

| 二级指标 | 三级指标 |
| --- | --- |
| 队伍建设（20%） | 定期组织下级法院进行集中培训和视频培训（25%） |
| | 执行局法官员额的比例不得低于审判庭法官的平均比例（25%） |
| | 执行局用足编制配齐人员（25%） |
| | 执行人员被追究违法违纪情况（25%） |
| 执行装备（10%） | 编制全国法院执行装备标准 |
| 执行法治宣传（20%） | 制定执行工作宣传方案及其落实情况（30%） |
| | 关于理性认识执行难的专门宣传（30%） |
| | 关于执行工作难点、热点及典型案例（包括拒执罪）的法治宣传（40%） |

## 二、高级人民法院

### 1. 制度机制建设和落实（20%）

| 二级指标 | 三级指标 |
| --- | --- |
| 制度落实与细化（20%） | 对最高人民法院出台的司法解释、指导性意见进行落实或细化 |
| 执行管理制度建设（20%） | 对最高人民法院相关管理制度要求进行落实或细化 |
| 调研指导（20%） | 解答疑难问题（50%） |
| | 专项问题的调查研究（50%） |
| 综合治理执行难大格局（40%） | 定期主动向党委汇报执行工作（25%） |
| | 建立综合治理执行难大格局制度机制（25%） |
| | 定期召开执行联动联席会议、专门机构负责执行联动等（25%） |
| | 推动本级相关部门将失信名单嵌入该部门工作系统，联合惩戒失信行为（25%） |

## 2. 监督管理（20%）

| 二级指标 | 三级指标 |
| --- | --- |
| 案件办理（15%） | 执行复议类（40%） |
| | 执行协调类（10%） |
| | 执行监督类（40%） |
| | 执行请示类（10%） |
| 信访申诉（15%） | 将本级信访案件录入申诉信访系统的情况（30%） |
| | 系统自动提取的执行信访率（案访比）（30%） |
| | 系统自动提取的信访化解率（40%） |
| 管理督查（10%） | 统筹管理并督查下级法院应用执行案件流程信息管理系统的情况（30%） |
| | 统筹管理并督查下级法院执行案款清理和管理情况（30%） |
| | 统筹管理并督查下级法院办理督办案件、事项情况及特殊主体为被执行人的案件的情况（40%） |
| 执行指挥中心事项管理（25%） | 事项委托办理情况（20%）：系统自动提取的事项委托期限内办结率、事项委托平均用时、事项委托办结占比 |
| | 系统自动提取的督办事项期限内办结率（30%） |
| | 系统自动提取的涉执舆情办结率（20%） |
| | 系统自动提取的督导案件办结率（30%） |
| 信息化建设及应用管理（20%） | 下级法院全部建立一案一账号系统（20%） |
| | 下级法院统一在执行案件流程信息管理系统中立案、办理、结案（30%） |
| | 完成重点城市不动产“点对总”（仅适用重点城市）和地方银行查控系统建设（20%） |
| | 80%以上的下级法院适用网络司法拍卖（30%） |
| 科学的执行考核（15%） | 落实最高人民法院的要求，对执行案件与审判案件分类统计、分类考核（40%） |
| | 定期对辖区中院进行执行单独考核并通报结果（60%） |

3. 执行保障（20%）

| 二级指标 | 三级指标 |
|---|---|
| 执行指挥中心（30%） | 固定场所（20%） |
| | 专用电脑、大屏等设备（20%） |
| | 建立专门的工作机制（20%） |
| | 专门执行工作人员和技术保障人员（20%） |
| | 保障远程指挥、执行会商功能的硬件设施（10%） |
| | 专人值班（10%） |
| 队伍建设（30%） | 执行局（包括执行裁判庭）员额法官的比例不少于审判庭平均比例（20%） |
| | 明确中基层法院执行人员的比例（20%） |
| | 出台文件督促下级法院落实比例（20%） |
| | 定期组织下级法院进行集中培训和视频培训（20%） |
| | 执行人员被追究违法违纪情况（20%） |
| 执行救助（10%） | 建立专项执行救助资金 |
| 执行法治宣传（30%） | 制定执行工作宣传方案及其落实情况（25%） |
| | 关于理性认识执行难的专门宣传（25%） |
| | 关于执行工作难点、热点及典型案例的法治宣传（25%） |
| | 定期发布拒执罪典型案例（25%） |

4. 所辖评估中级法院的均值（40%）

## 三、中级人民法院

1. 规范执行（20%）

| 二级指标 | 三级指标 |
|---|---|
| 财产保全（5%） | 引入财产保全保险担保机制（15%） |
| | 保全执行及时性：保全裁定应在5日内启动执行（30%） |
| | 适用网络执行查控系统的情况（25%） |
| | 系统自动提取的保全率（30%）：保全案件数/一审民商事案件数 |
| 财产申报（5%） | 依法发出报告财产令（50%） |
| | 对于拒不申报或申报不实的，视情节轻重进行法律制裁（罚款/拘留/启动刑事责任追究程序）（50%） |

续表

| 二级指标 | 三级指标 |
| --- | --- |
| 财产调查（10%） | 网络查询及时性（70%）：需要查询财产的，执行人员收到案件之日起5个工作日内启动查询的得100分；5—10个工作日内启动的得80分；10—22个工作日内启动的得60分；超过22个工作日未启动的得0分 |
| | 系统自动提取的网络查控措施期限内发起率（20%）：期限内发起案件数/执行实施案件数（含首次执行、恢复执行及保全案件） |
| | 传统查询及时性（10%）：当事人提供具体财产线索且无法通过网络查询，1个月内启动线下查询核实的得100分；超过1个月启动线下查询核实的得60分；未启动的得0分 |
| 财产控制（10%） | 对于查到的财产，需要并能够通过网络执行查控系统实施控制措施的，须在48小时内采取措施；需要线下控制的，须在10个工作日内采取控制措施（需异地控制的除外） |
| 评估（5%） | 评估启动的时间（50%）：需要评估的，30个工作日内启动评估拍卖程序 |
| | 及时发送评估报告（50%）：收到评估报告之日起，5个工作日内发送当事人 |
| 财产拍卖（10%） | 合理时间内启动拍卖（50%）：需要拍卖的，30个工作日内启动拍卖程序的 |
| | 网络司法拍卖率（50%）：网络拍卖案件数/拍卖案件数 |
| 执行款发放（5%） | 新收案件是否一案一账号（40%） |
| | 执行款发放的及时性（60%）：具备发放条件之日起一个月内发放，不能及时发放的，说明理由并经领导审批 |
| 纳入失信名单（5%） | 系统自动提取的失信名单撤销率：撤销失信名单数/发布的失信名单数 |

续表

| 二级指标 | 三级指标 |
|---|---|
| 终本案件（30%） | 是否符合终本的实质要件（40%）：按照《最高人民法院关于严格规范终结本次执行程序的规定（试行）》规定的条件进行检查 |
| | 是否符合终本的程序要求（40%）：一是是否将相关情况告知了申请执行人并听取其意见；二是是否制作了终结本次执行程序裁定书并上网 |
| | 系统自动提取的终本合格率（15%）：1－终本案件不合格数/抽查终本案件数 |
| | 系统自动提取的终本率（5%）：终本案件数/首次执行案件数 |
| 现场执行记录（2%） | 执法记录仪使用情况（50%）：进行强制腾空、搜查等执行行动时是否使用执法记录仪 |
| | 将执法记录仪资料以合适方式保存（50%） |
| 执行转破产（3%） | 是否有执行转破产的案件 |
| 执行案件流程信息管理系统（10%） | 执行案件是否均纳入案件流程信息管理系统（40%）：全部纳入的得满分，否则得0分 |
| | 主要节点录入系统的准确性（20%） |
| | 系统自动提取的信息录入差错率（20%）：（到位金额信息项为空率＋拍卖案款到账信息项为空率＋案款数据偏差率＋其他必填信息项为空率）/4 |
| | 系统自动提取的关键节点平均超期数（20%）：关键节点超期总数/首次执行案件结案数 |

2. 阳光执行（5%）

| 二级指标 | 三级指标 |
|---|---|
| 财产控制、处分告知（30%） | 财产控制措施（主要指扣押）告知被执行人（50%） |
| | 财产处分信息告知被执行人（50%） |
| 执行案件流程信息公开（30%） | 执行主要流程节点告知当事人 |
| 执行文书公开（30%） | 执行裁判文书（50%） |
| | 终结本次执行程序裁定书（50%） |
| 执行规范性文件公开（10%） | 法院关于执行的规范性文件 |

## 3. 监督管理（10%）

| 二级指标 | 三级指标 |
| --- | --- |
| 案件办理（20%） | 执行复议类（40%） |
| | 执行协调类（10%） |
| | 执行监督类（40%） |
| | 执行请示类（10%） |
| 信访申诉（15%） | 将本级信访案件录入申诉信访系统的情况（30%） |
| | 系统自动提取的到最高法院信访的执行信访率（案访比）（30%） |
| | 系统自动提取的到最高法院信访的信访化解率（40%） |
| 管理督查（10%） | 统筹管理并督查下级法院应用执行案件流程信息管理系统的情况（30%） |
| | 统筹管理并督查下级法院执行案款清理和管理情况（30%） |
| | 统筹管理并督查下级法院办理督办案件、事项情况及特殊主体为被执行人的案件的情况（40%） |
| 协同执行（10%） | 中级法院协同下级法院办理执行实施案件的情况 |
| 执行指挥中心事项管理（20%） | 事项委托办理情况（20%）：系统自动提取的事项委托期限内办结率（40%）、事项委托平均用时（30%）、事项委托办结占比（30%） |
| | 系统自动提取的督办事项期限内办结率（30%） |
| | 系统自动提取的涉执舆情办结率（20%） |
| | 系统自动提取的督导案件办结率（30%） |
| 信息化建设及应用管理（15%） | 下级法院统一在执行案件流程信息管理系统中立案、办理、结案（30%） |
| | 完成重点城市不动产“点对总”和地方银行查控系统建设（30%）（没有此项任务的，不予考核，权重平均分到其他两项三级指标） |
| | 80%以上的下级法院适用网络司法拍卖（40%） |
| 科学的执行考核（10%） | 定期对辖区基层法院进行执行单独考核并通报结果 |

4. 执行保障（15%）

<table>
<tr><th>二级指标</th><th>三级指标</th></tr>
<tr><td rowspan="6">执行指挥中心（20%）</td><td>固定场所（20%）</td></tr>
<tr><td>专用电脑等设备（20%）</td></tr>
<tr><td>建立专门的工作机制（20%）</td></tr>
<tr><td>专门执行工作人员和技术保障人员（20%）</td></tr>
<tr><td>保障远程指挥、执行会商功能的硬件设施（10%）</td></tr>
<tr><td>值班制度（10%）</td></tr>
<tr><td rowspan="7">队伍建设（40%）</td><td>执行人员比例（20%）：在编执行人员占法院在编总人数的比例不应低于15%</td></tr>
<tr><td>执行法官员额（20%）：执行局（包括执行裁判庭）法官员额的比例不得低于审判庭法官的平均比例</td></tr>
<tr><td>结构优化：年龄结构（10%）</td></tr>
<tr><td>轮岗制度（10%）</td></tr>
<tr><td>警务保障（10%）</td></tr>
<tr><td>定期组织下级法院进行集中培训和视频培训（10%）</td></tr>
<tr><td>执行人员被追究违法违纪情况（20%）</td></tr>
<tr><td>执行机构（5%）</td><td>裁执分离：执行实施权与执行裁决权分别由不同机构行使</td></tr>
<tr><td>执行救助（5%）</td><td>专项执行救助资金</td></tr>
<tr><td>执行工作方案（5%）</td><td>出台解决执行难的工作方案或实施细则</td></tr>
<tr><td rowspan="4">争取地方支持（10%）（对于直辖市的中院不适用）</td><td>定期主动向党委汇报执行工作（25%）</td></tr>
<tr><td>建立综合治理执行难大格局制度机制（25%）</td></tr>
<tr><td>贯彻落实制度机制，定期召开执行联动联席会议等（25%）</td></tr>
<tr><td>推动本级相关部门将失信名单嵌入该部门工作系统，联合惩戒失信行为（25%）</td></tr>
<tr><td rowspan="4">执行法治宣传（15%）</td><td>制定执行工作宣传方案及其落实情况（25%）</td></tr>
<tr><td>关于理性认识执行难的专门宣传（25%）</td></tr>
<tr><td>关于执行工作难点、热点及典型案例的法治宣传（25%）</td></tr>
<tr><td>定期发布拒执罪典型案例（25%）</td></tr>
</table>

5. 执行质效（25%）

| 二级指标 | 三级指标 |
| --- | --- |
| 实际执结率（25%） | 实际执结的案件数（实际执行完毕/达成和解协议并履行完毕/法定终结执行/销案/不予执行/驳回申请）/执行实施案件数<br>统计口径：含首次执行、恢复执行案件，不含保全案件及审查案件 |
| 执行完毕率（15%） | 系统自动提取的执行完毕率：首次执行案件执行完毕案件数/首次执行案件数 |
| 执行到位率（30%） | 个案的执行到位率（70%）：每个首次执行结案的案件：到位标的额/申请标的额（剔除指定到基层院执行的案件） |
| | 系统自动提取的实际执行到位率（30%）：实际执行到位金额（执行完毕案件结案金额+终本案件执行到位金额+其他方式结案金额+未执结案件已执行到位金额）/首次执行案件申请执行标的总额 |
| 法定期限内结案率（10%） | 法定期限内结案数/首次执行案件结案数 |
| 执行异议案件的结案率（10%） | 执行异议案件的结案数/收案数 |
| 国家赔偿（5%） | 国家赔偿案件数量 |
| 整体办案效率（5%） | 系统自动提取的结案平均用时（70%）：办结案件用时总和/首次执行案件结案数 |
| | 系统自动提取的执行完毕案件结案平均用时（30%）：执行完毕结案用时总和/首次执行案件执行完毕结案数 |

6. 所辖评估的基层法院的均值（25%）

**四、基层人民法院**

1. 规范执行（40%）

| 二级指标 | 三级指标 |
| --- | --- |
| 财产保全（5%） | 引入财产保全保险担保机制（15%） |
| | 保全执行及时性：保全裁定应在5日内启动执行（30%） |
| | 适用网络执行查控系统的情况（25%） |
| | 系统自动提取的保全率（30%）：保全案件数/一审民商事案件数 |

续表

| 二级指标 | 三级指标 |
|---|---|
| 财产申报（5%） | 依法发出报告财产令（50%） |
| | 对于拒不申报或申报不实的，视情节轻重进行法律制裁（罚款/拘留/启动刑事责任追究程序）（50%） |
| 财产调查（10%） | 网络查询及时性（70%）：需要查询财产的，执行人员收到案件之日起5个工作日内启动查询的得100分；5—10个工作日内启动的得80分；10—22个工作日内启动的得60分；超过22个工作日未启动的得0分 |
| | 系统自动提取的网络查控措施期限内发起率（20%）：期限内发起案件数/执行实施案件数（含首次执行、恢复执行及保全案件） |
| | 传统查询及时性（10%）：当事人提供具体财产线索且无法通过网络查询，1个月内启动线下查询核实的得100分；超过1个月启动线下查询核实的得60分；未启动的得0分 |
| 财产控制（10%） | 对于查到的财产，需要并能够通过网络执行查控系统实施控制措施的，须在48小时内采取措施；需要线下控制的，须在10个工作日内采取控制措施（需异地控制的除外） |
| 评估（5%） | 评估启动的时间（50%）：需要评估的，30个工作日内启动评估拍卖程序 |
| | 及时发送评估报告（50%）：收到评估报告之日起，5个工作日内发送当事人 |
| 财产拍卖（10%） | 合理时间内启动拍卖（50%）：需要拍卖的，30个工作日内启动拍卖程序的 |
| | 网络司法拍卖率（50%）：网络拍卖案件数/拍卖案件数 |
| 执行款发放（5%） | 新收案件是否一案一账号（40%） |
| | 执行款发放的及时性（60%）：具备发放条件之日起1个月内发放，不能及时发放的，说明理由并经领导审批 |
| 纳入失信名单（5%） | 系统自动提取的失信名单撤销率：撤销失信名单数/发布的失信名单数 |

续表

| 二级指标 | 三级指标 |
| --- | --- |
| 终本案件（30%） | 是否符合终本的实质要件（40%）：按照《最高人民法院关于严格规范终结本次执行程序的规定（试行）》规定的条件进行检查 |
| | 是否符合终本的程序要求（40%）：一是是否将相关情况告知了申请执行人并听取其意见；二是是否制作了终结本次执行程序裁定书并上网 |
| | 系统自动提取的终本合格率（15%）：1－终本案件不合格数/抽查终本案件数 |
| | 系统自动提取的终本率（5%）：终本案件数/首次执行案件数 |
| 现场执行记录（2%） | 执法记录仪使用情况（50%）：进行强制腾空、搜查等执行行动时是否使用执法记录仪 |
| | 将执法记录仪资料以合适方式保存（50%） |
| 执行转破产（3%） | 是否有执行转破产案件 |
| 执行案件流程信息管理系统（10%） | 执行案件是否均纳入案件流程信息管理系统（40%）：全部纳入的得满分，否则得0分 |
| | 主要节点录入系统的准确性（20%）：高于90%的，得满分；高于80%而低于90%的，得80分；低于80%的，得0分 |
| | 系统自动提取的信息录入差错率（20%）：（到位金额信息项为空率＋拍卖案款到账信息项为空率＋案款数据偏差率＋其他必填信息项为空率）/4 |
| | 系统自动提取的关键节点平均超期数（20%）：关键节点超期总数/首次执行案件结案数 |

## 2. 阳光执行（5%）

| 二级指标 | 三级指标 |
| --- | --- |
| 财产控制、处分告知（30%） | 财产控制措施（主要指扣押）告知被执行人（50%） |
| | 财产处分信息告知被执行人（50%） |
| 执行案件流程信息公开（30%） | 执行主要流程节点告知当事人 |

续表

| 二级指标 | 三级指标 |
| --- | --- |
| 执行文书公开（30%） | 执行裁判文书（50%） |
| | 终结本次执行程序裁定书（50%） |
| 执行规范性文件公开（10%） | 法院关于执行的规范性文件 |

3. 执行保障（15%）

| 二级指标 | 三级指标 |
| --- | --- |
| 执行指挥中心（20%） | 固定场所（10%） |
| | 专用电脑等设备（10%） |
| | 建立专门的工作机制（20%） |
| | 专门工作人员（10%） |
| | 保障远程指挥、执行会商功能的硬件设施（10%） |
| | 值班制度（10%） |
| | 事项办理情况（30%）：事项委托期限内办结率（8%）、事项委托平均用时（6%）、事项委托办结占比（6%）、督办事项期限内办结率（30%）、涉执舆情办结率（20%）、督导案件办结率（30%） |
| 队伍建设（40%） | 执行人员比例（20%）：在编执行人员占法院在编总人数的比例不应低于15% |
| | 执行法官员额（20%）：执行局（包括执行裁判庭）法官员额的比例不得低于审判庭法官的平均比例 |
| | 结构优化：年龄结构（20%） |
| | 轮岗制度（10%） |
| | 警务保障（10%） |
| | 执行人员被追究违法违纪情况（20%） |
| 执行机构（5%） | 裁执分离：执行实施权与执行裁决权分别由不同机构行使 |
| 执行救助（5%） | 专项执行救助资金 |
| 执行工作方案（5%） | 出台解决执行难的工作方案或实施细则 |

续表

| 二级指标 | 三级指标 |
| --- | --- |
| 争取地方支持（10%） | 定期主动向党委汇报执行工作（25%） |
| | 建立综合治理执行难大格局制度机制（25%） |
| | 贯彻落实制度机制，定期召开执行联动联席会议等（25%） |
| | 推动本级相关部门将失信名单嵌入该部门工作系统，联合惩戒失信行为（25%） |
| 执行法治宣传（15%） | 制定执行工作宣传方案及其落实情况（25%） |
| | 关于理性认识执行难的专门宣传（25%） |
| | 关于执行工作难点、热点及典型案例的法治宣传（25%） |
| | 定期发布拒执罪典型案例（25%） |

## 4. 执行质效（40%）

| 二级指标 | 三级指标 |
| --- | --- |
| 实际执结率（25%） | 实际执结的案件数（实际执行完毕/达成和解协议并履行完毕/法定终结执行/销案/不予执行/驳回申请）/执行实施案件数<br>统计口径：含首次执行、恢复执行案件，不含保全案件及审查案件 |
| 执行完毕率（10%） | 系统自动提取的执行完毕率：首次执行案件执行完毕案件数/首次执行案件数 |
| 执行到位率（30%） | 个案的执行到位率（70%）：每个首次执行结案的案件：到位标的额/申请标的额（剔除指定到基层院执行的案件） |
| | 系统自动提取的实际执行到位率（30%）：实际执行到位金额（执行完毕案件结案金额+终本案件执行到位金额+其他方式结案金额+未执结案件已执行到位金额）/首次执行案件申请执行标的总额 |
| 法定期限内结案率（10%） | 法定期限内结案数/首次执行案件结案数 |
| 执行异议案件的结案率（10%） | 执行异议案件的结案数/收案数 |
| 国家赔偿（5%） | 国家赔偿案件数量 |
| 信访申诉（5%） | 系统自动提取的到最高法院信访的执行信访率（案访比）（50%） |
| | 系统自动提取的到最高法院信访的信访化解率（50%） |

续表

| 二级指标 | 三级指标 |
| --- | --- |
| 整体办案效率（5%） | 系统自动提取的结案平均用时（70%）：办结案件用时总和/首次执行案件结案数 |
| | 系统自动提取的执行完毕案件结案平均用时（30%）：执行完毕结案用时总和/首次执行案件执行完毕结案数 |

# 附录4 《最高人民法院关于切实践行司法为民大力加强公正司法不断提高司法公信力的若干意见》

为深入贯彻落实党的十八大关于加快建设社会主义法治国家的重大部署和习近平总书记关于法治建设的重要论述，积极回应人民群众对于新时期人民法院工作的新要求和新期待，切实践行司法为民，大力加强公正司法，不断提高司法公信力，充分发挥人民法院的职能作用，现提出如下意见。

**一、提高思想认识，始终把司法为民、公正司法作为人民法院工作的主线**

1. 深刻认识司法为民、公正司法的重大现实意义。各级人民法院要认真学习党的十八大报告和习近平总书记关于法治建设的重要论述，充分领会“努力让人民群众在每一个司法案件中都感受到公平正义”的深刻含义，全面认识践行司法为民，加强公正司法，提高司法公信力对于树立人民法院良好形象，维护司法权威，保障宪法法律有效实施，推进依法治国，建设法治中国的重大现实意义。

2. 牢牢把握人民法院发展的有利条件和历史机遇。党中央高度重视法治建设，十分重视司法工作，支持审判机关依法独立公正行使审判权，为人民法院开展工作提供了强有力的政治保障；人民群众对法治进步和公正司法的热切期盼，为人民法院开展工作提供了不竭的动力；几代法院工作人员在建设中国特色社会主义司法制度的长期过程中积累的丰富经验，为人民法院科学发展打下了坚实的基础。各级法院要倍加珍惜并充分利用这些有利条件，牢牢把握这一历史机遇，以公正、高效、为民、廉洁司法的卓越实践，全面开创人民法院工作的新局面，谱写人民法院发展的新篇章。

3. 切实解决法院工作面临的突出问题。当前，人民法院工作面临的形势十分复杂，任务十分艰巨，人民群众对司法工作的要求越来越高。全体法官和法院其他工作人员都要增强责任意识和忧患意识，正视人民法院工作与党中央要求、人民群众期待之间的差距，认真排查并切实解决人民群众反映强烈的突出问题，立足自身查找原因，总结经验教训，改进工作，努力将司法为民、公正司法和司法公信力提高到新的水平。

**二、坚持依法独立审判，忠实履行宪法法律赋予的职责**

4. 严格依法办案。全体法官要进一步强化崇尚法治、忠于法律、严格执法的信念，不断提高熟练掌握法律、准确理解法律、正确适用法律的能力，始终坚持“以事实为根据，以法律为准绳”的原则，不得以任何理由突破法律底线，杜绝任何超越法律、歪曲法律以及其他违法枉法裁判现象的发生。审理每一起案件，都要贯彻认定事实清楚、适用法律正确、处理结果公正、审判程序合法、法律文书规范的基本要求，确保裁判经得起法律和历史的检验。

5. 坚持依法独立行使审判权。坚决贯彻人民法院依法独立行使审判权的宪法原则，坚决抵制各种形式的地方和部门保护主义，坚决排除权力、金钱、人情、关系等一切法外因素的干扰，不断健全保障人民法院依法独立公正行使审判权的制度机制，坚决维护宪法法律的尊严和权威。全体法官都要养成敢于坚持原则、敢于坚持真理、敢于依法办案、敢于担当责任的职业品格。各级法院的院长、副院长、审判委员会委员、庭长和副庭长，要坚决支持合议庭和独任庭依法公正审理案件，上级法院要坚决支持下级法院依法独立公正行使审判权。

6. 坚持正确实施法律。进一步加强和完善审判监督指导，努力提高司法政策、司法解释的针对性、科学性、合理性和实效性，充分发挥指导性案例和参考案例的重要作用。建立健全适用法律的规则体系，规范自由裁量权，统一司法尺度，严格裁判标准，继续推进量刑规范化。规范案件改判、发回重审及提起再审的标准。上级法院既要尊重下级法院的自由裁量权，又要依法纠正下级法院的错误裁判。

7. 发挥司法裁判的导向作用。要在准确把握法律精神、全面体察社情民意的基础上，依法公正裁判，充分发挥司法裁判对彰显法治精神、强化规则意识、引领社会风尚、维护公共秩序的重要作用，坚决维护法律的严肃性，体现正确的价值导向。要把涉诉信访纳入法治化的解决轨道，既要畅通依法信访的渠道，又要依法处置无理缠诉闹访行为，坚决维护司法裁判的既判力和权威性。

**三、坚持服务大局，努力实现法律效果与社会效果的统一**

8. 立足国情正确把握人民法院创新与发展的思路。针对我国经济社会发展不平衡的实际，各级法院既要不断提升正规化、专业化、职业化水平，又要不断创新符合审判规律、简单易行、便民利民的审判方式方法，满足有效化解各类矛盾纠纷的要求。要在维护法制统一的前提下，妥善处理因发展不平衡和利益格局调整而产生的法律适用难题，注重司法政策、司法解释对不同地区不同情况的包容性，注重司法规则对不同阶层社会成员适用的公平性。

9. 围绕司法职能积极服务大局。坚持能动司法，发挥司法职能，恪守司法本职，用好司法手段，努力服务大局。正确处理能动司法、服务大局与依法履行审判职能的关系，不断增强大局意识，自觉把人民法院工作置于党和国家的工作大局之中。通过制定和实施司法政策、司法解释，努力实现审判工作与大局工作的有机结合；通过个案裁判，审慎、妥善处理因经济社会发展失衡、社会建设滞后、社会管理缺失引发的各种纠纷，全面考量案件涉及的各种因素和裁判对各方面的影响，防止因个案处理失当激化社会矛盾，影响社会稳定。严禁法院工作人员参与地方招商、联合执法，严禁提前介入土地征收、房屋拆迁等具体行政管理活动。

10. 注重司法审判工作与社会生活的融合。准确把握人民群众对法院工作的需求与期待，高度重视人民群众对法院工作的关切和评价，切实尊重人民群众对司法公正的普遍认知和共同感受。不断加强对社会生活的调查研究，认真了解各类社会关系和社会交往的主要方式与规则习惯，善于总结和运用人民群众公认的常识与经验，努力使司法过程和处理结果在法律规定的范围内贴近人民群众的公平正义观念。大力推进司法诚信和社会诚信建设，利用诉讼活动和司法裁判，加大对诚信行为的保护力度和对失信行为的惩罚力度，提高诚信效益，增大失信成本，严格防范并依法制裁当事人利用诉讼手段逃避责任或谋取不正当利益。

**四、狠抓执法办案，全面提升审判工作的质量与效率**

11. 强化审判质量。深刻认识实现审判工作的高质量、高效率、好效果，是践行司法为民、加强公正司法、提高司法公信力的坚实基础。坚持把执法办案作为第一要务，把保证审判质量作为第一责任，把推动当事人息诉止争及自动和解作为重点环节，切实提高庭审质量和裁判文书制作质量。根据提升审判质量的要求，科学设置内设机构，合理配置职权职责，优化配置审判资源，配齐配强审判力量，切实做到将优质审判资源配置到司法办案第一线。建立健全并认真落实保证审判质量的各项制度机制，不断总结并及时推广有利于提升审判质量的各种经验和做法。

12. 建立健全审判质量控制体系。根据审判工作的特殊性，构建“点、线、面”多角度、全方位的案件质量控制体系。“点”上集中把握好重点岗位、重点案件和重点判项；“线”上重点把握好审判活动的重要流程和重要环节；“面”上重点把握好审判工作的基本态势和发展趋势。建立健全审判质效分析制度、二审案件发回重审或改判及再审案件分析研判制度、常规案件类型化处理制度、典型案件通报制度、审判经验交流制度、庭审观摩评议制度以及裁判文书评查和抽查制度等有助于保证和提升审判质量的制度。

13. 提高审判执行效率。加强立案、审判、执行的沟通、协调与配合，形成审判部门与执行部门的工作合力；进一步规范审判流程，合理确定各审判节点的时限，消除审判流程中的瓶颈和阻滞；进一步规范送达方式，尽量缩短有效送达的时间；有效实行案件的繁简分流，依法适用督促程序、简易程序和小额诉讼程序。在保证案件质量的前提下，努力缩短诉讼周期，使当事人的合法权益能够尽快实现。同时，注重均衡结案，不得因提高结案率而不收案或忽视质量而突击结案。

14. 完善审判质量评估体系。进一步完善审判质量评估体系，合理设定各种评估指标及其权重，不断提升审判质量评估体系的科学化水平。坚持正确的司法绩效观，正确认识、综合运用好案件质量评估体系，坚决反对在司法统计和审判质量评估中弄虚作假，避免片面、孤立地追求某些单项评价指标，充分发挥评估体系在反映审判工作的真实水平，引导审判活动公正高效运行，提高法院及法官工作积极性方面的作用。

15. 健全和完善错案评价标准和问责机制。根据审判工作实际，建立科学公正的错案评价体系，明确错案的认定标准；健全错案的分析和问责机制，完善错案分析和问责的相关程序，分清错案的不同情形及不同执法过错的相应责任。通过全面建立健全防范错案的工作机制，最大限度地避免冤假错案，在司法审判环节坚决守住防范冤假错案的底线。

16. 正确运用调解与判决方式。正确处理调解与判决的关系，充分发挥两种方式的作用和优势。积极推进和规范诉前调解。对双方当事人均有调解意愿且有调解可能的纠纷、家庭与邻里纠纷、法律规定不够明确以及简单按照法律处理可能失之公平的纠纷，应当在充分尊重双方当事人意愿的情况下，优先用调解方式处理。在调解中，坚持贯彻合法自愿原则。对当事人不愿调解或者有必要为社会提供规则指引的案件纠纷，应当在尊重当事人处分权的前提下，注重采用判决的方式。

**五、完善制度机制，深化司法公开与司法民主**

17. 深入推进审判公开的制度化建设。坚持以公开促公正，认真总结审判公开的成功经验，进一步深化司法公开的各项举措。从有利于强化社会对审判工作的监督，有利于提高审判工作的社会公信力出发，对审判公开的范围、内容、对象、时间、程序、方式等作出明确规定，稳妥有序地推进司法公开，坚持不懈地提高司法透明度，逐步完善司法公开的制度机制。

18. 建立健全司法与社会沟通的平台。各级法院都要开通12368电话热线，及时接受和处理群众咨询、投诉、举报，听取意见和建议。加快建设审判流程公开、裁判文书公开、执行信息公开三大平台，适时公布审判活动信息。完善法院领导干部接待日制度和新闻发言人制度，增进社会与法院之间的相互了解、理解与信任。积极开展法院主题开放日活动，主动邀请和组织社会各界代表到法院旁听审判或参观考察，了解法院的审判流程，了解审判工作的特点，了解审判人员的工作状况。

19. 充分发挥现代信息技术的作用。重视运用网络、微博、微信等现代信息技术和方式，扩大司法公开的影响力，丰富司法民主的形式和内容。对社会广泛关注的案件和普遍关心的纠纷，要主动、及时、全面、客观地公开相关情况，有针对性地回应社会公众的关切和疑惑。要研究和把握自媒体时代舆情与司法审判相互影响的规律与特征，加强对网络舆情的分析研判，正确对待来自社会各方面的意见与建议，勇于纠正工作中的缺点，及时弥补工作中的不足，敢于抵制非理性、非法的诉求以及恶意的舆论炒作，善于正面引导社会舆论，逐步形成司法审判与社会舆论常态化的良性互动。

20. 自觉接受各方面监督。自觉主动接受人大监督、政协民主监督和检察机关的诉讼监督。依法主动向人大报告工作，积极配合人大开展执法检查。做好人大代表议案建议、政协委员提案的办理工作。落实人大代表、政协委员视察、巡视及旁听庭审等工作。认真对待检察建议，依法审理抗诉案件。广泛听取社会各界对法院工作的意见和建议，自觉接受人民群众、新闻媒体对法院工作的监督。

21. 充分发挥人民陪审员作用。优化人民陪审员的选任、退出机制，完善人民陪审员的选任条件，扩大人民陪审员的选任范围，提高基层群众比例，增选适应审判工作需要的专家型陪审员。根据审判工作的要求逐步扩大人民陪审员规模，实施两年内实现人民陪审员数量翻一番的“倍增计划”。依法拓展人民陪审员陪审案件的范围，明确人民陪审员的权利和义务，加强人民陪审员的培训工作，提高人民陪审员的能力水平，强化人民陪审员的责任意识，保障人民陪审员充分行使陪审权利。

22. 切实保障当事人行使诉讼权利。贯彻尊重和保障人权原则要求，切实保证当事人依法自由表达诉求，充分陈述理由，适时了解审判进程，批评、控告侵犯诉权行为等权利。尊重当事人的程序选择权，对依法可以由当事人自主或协商决定的程序事项，应当尽量让当事人自主或协商决定。加强对法律适用的解释、程序问题的释明和裁判活动的说理，裁判文书要认真对待、全面回应当事人提出的主张和意见，具体说明法院采纳或不采纳的理由及依据。在诉讼过程中，对当事人提出的申请或质疑，应及时给予回应并说明理由。

23. 高度重视律师作用的发挥。理解并尊重律师的职业立场和关切重点，切实保障律师在审判过程中依法履行职责，保障律师依法行使阅卷、举证、质证、辩护等诉讼权利，认真对待并全面回应律师对案件处理的主张和意见。进一步规范法官与律师的关系，在诉讼活动中各司其职、彼此尊重、互相监督。完善律师对法官违法行为的投诉及反馈机制。依法处理律师违反法庭纪律，恶意投诉，诋毁法官、法院声誉等不当行为。

24. 深入开展与法学理论界的交流互动。建立人民法院与教学科研单位之间的信息、业务及人员的经常性交流互动机制。鼓励法官与专家学者共同承担法学理论或司法调研课题，共同研究司法理论与实践问题。在总结审判经验、制定司法解释和司法政策过程中，要注意听取并认真对待专家学者提出的意见和建议，及时吸纳法学理论研究成果，推动法学理论研究与人民法院司法审判工作的相互促进和共同提高。

**六、创新和落实便民利民措施，增强司法为民的实际效果**

25. 加强诉讼服务窗口建设。建设好、管理好、运用好诉讼服务中心、立案大厅以及涉诉信访接待窗口，完善各类窗口的实际功能，严格执行统一的工作流程、司法礼仪和服务规范。切实改进工作作风，善于用人民群众听得懂、易接受的语言和方式进行沟通交流，坚决克服对诉讼参与人冷硬横推的现象，坚决消除门难进、脸难看、话难听、事难办等不良作风，坚决杜绝任何刁难诉讼参与人或应当作为而不作为的现象，努力为人民群众参与各项诉讼活动提供热情、合法、高效的服务。

26. 提高便民利民措施实效。根据人民群众的需求和审判工作的实际需要，因地制宜地开展好节假日预约办案、巡回办案、网上立案、网上办案等便民利民举措。进一步细化和完善立案、审判、执行和信访等环节的便民利民措施，提高便民利民实效。注重发挥人民法庭接近基层、了解民情的特殊优势，强化人民法庭在解决基层民间纠纷中的作用，赋予人民法庭作为法院诉讼服务点的职能，方便基层群众起诉、应诉及参与其他诉讼活动。

27. 加强对当事人的诉讼指导与帮助。从现阶段当事人参与诉讼的能力和条件差异较大的实际出发，在保证程序公正和平等对待的前提下，注意为当事人特别是没有委托律师辩护、代理的当事人参与诉讼提供必要的程序性指导与帮助。强化诉讼权利义务、举证责任、诉讼风险等事项告知工作。当事人提出调取证据申请，符合法律规定的，或者法庭认为有必要调查、核实的证据，应当依职权调取、核实。要确保诉讼程序及诉讼活动专业化、规范化的不断提升，始终与人民群众诉讼能力的不断提高相适应。要让有理无钱的当事人打得起官司，让有理有据的当事人打得赢官司，让打赢官司的当事人及时实现权益。

28. 降低当事人的诉讼成本。在保证审判质量的前提下，依法选择并适用更为经济的诉讼程序和程序性措施，积极引导当事人理性选择诉讼成本低、负面作用小的诉讼程序，尽可能避免诉讼过程对当事人正常生产生活造成不应有的消极影响，杜绝滥用强制措施损害当事人合法权益的现象。推动司法救助纳入社会救助制度体系，拓宽司法救助资金筹集渠道，完善诉讼费缓减免制度，不断扩大司法救助的受惠范围。

**七、深化司法工作机制改革，构建科学合理的审判运行机制**

29. 正确把握司法改革的总体要求。紧紧抓住中央推进新一轮司法改革的有利时机，努力通过深化司法体制与机制改革，切实解决影响司法公正和制约司法能力的深层次问题。注重改革的整体设计和通盘考虑，兼顾近期目标与长远目标，统筹内部改革与外部改革，加强改革措施之间的协调配合。改革方案的设计与实施，应尊重司法规律，因地制宜，循序渐进。对事关重大的改革举措，必须充分论证，先行试点，总结经验后再全面推广。坚持自上而下有序推进改革，在不违反法律和司法改革总体要求的前提下，鼓励地方法院就具体改革举措先行探索，积累改革经验，但对事关全局的重大改革，必须在中央统一部署下稳步推进。

30. 逐步完善四级法院职能定位。根据宪法和人民法院组织法等法律的规定，按照解决案件纠纷的实际需要，遵循司法规律，进一步明确各级人民法院的职能分工和工作重点。在注重案件审判的专门化、类型化分工的同时，逐步完善各级人民法院的司法职能定位。

31. 深化案件管辖制度改革。在依法保障当事人诉讼权利、方便人民群众诉讼的基础上，逐步改变主要以诉讼标的额确定案件级别管辖以及主要以行政区划确定案件地域管辖的做法。进一步完善指定管辖、提级管辖和集中管辖制度，使依法独立审判可能受到非法干扰的案件、法律适用有疑难的案件和新类型案件，能够由其他法院或上级法院审理，消除当事人对案件管辖可能导致审判不公的质疑，并为下级法院裁判类似案件提供示范，统一裁判尺度。

32. 深化审判权内部运行机制改革。进一步落实合议制，深化合议庭改革，完善合议庭的议事方式及合议庭成员的职权与责任，切实解决合而不议、简单附议等问题。建立健全合议庭绩效考评制度，在充分发挥合议庭整体职能的同时，探索推进主审法官负责制，提高合议庭审判绩效。深化审判委员会制度改革，充分发挥审判委员会对于统一法律适用和监督、指导审判工作的独特作用。完善审判委员会的构成，明确审判委员会专职委员的职责，改进和完善审判委员会工作规则和议事规程，落实民主集中制审议原则，建立审判委员会决议督办机制。深化院长、庭长审判管理职责改革，院长、庭长的审判管理职责，应集中在对相关程序事项的审核批准、对综合性审判工作的宏观指导、对审判质效进行全面监督管理以及排除不良因素对审判活动的干扰等方面。建立院长、庭长行使审判管理权全程留痕的制度，加强对院长、庭长行使审判管理权的约束和监督，防止审判管理权的滥用。

33. 深化执行制度机制改革。建立统一管理、统一协调、分权制约的执行模式，完善执行联动机制。创新执行工作方式，完善被执行人财产调查制度，强化落实被执行人财产申报制度，用足用好强制执行措施，有效运用各种手段制裁抗拒执行或规避执行的行为。加快执行信息化建设，推动执行案件信息共享，实施失信被执行人名单公开制度，并将该名单与社会征信体系对接。加强执行规范化建设，进一步规范执行程序和执行行为，促进处理执行异议、复议和涉执行审判工作的专业化。进一步完善执行考评机制，加大对消极执行、违法执行行为的责任追究力度。

34. 深化人民法庭改革。合理调整人民法庭的区域布局，强化人民法庭基本职能，加强人民法庭人员配置，适度扩大人民法庭案件管辖范围。在综合考虑案件情况、人口数量、区域特点和其他相关因素的基础上，按照就地解决纠纷和工作重心下移的思路，统筹考虑、合理布设人民法庭。

**八、坚持从严治院方针，努力建设一支过硬法院队伍**

35. 切实加强思想政治建设。继续深化对法官和法院其他工作人员的社会主义法治理念与司法核心价值观教育，不断加强司法良知和司法职业伦理操守教育，努力塑造刚正不阿、执法如山的司法品质。大力弘扬法治精神和中国特色社会主义法治文化与法院文化，进一步坚定法官及法院其他工作人员的理想信念，不断增强法官及法院其他工作人员对中国特色社会主义的道路自信、理论自信和制度自信。

36. 扎实推进公正司法能力建设。高度重视对法官及法院其他工作人员的司法综合能力培养，不断强化法学理论与法律知识的教育与培训，拓展其他相关领域的知识教育。各级法院要全面提升做好新形势下群众工作能力、维护社会公平正义能力、新媒体时代社会沟通能力、信息化技术应用能力。全体法官要着力提高驾驭庭审、认定事实、适用法律、化解矛盾的能力。完善法官培训制度，健全法官培训机构，保障法官培训经费。严格保证预备法官的培训时间，建立健全专业审判岗位任职资格和岗前培训制度，适度延长法官任职及晋级的脱产培训时间。改进培训方式，丰富培训内容，充分运用网络培训、在职培养、续职培养、联合培养、交流挂职和定期轮训、专题培训等形式，积极拓宽法官成才平台。加强对青年法官的培养，不断壮大专家型法官队伍。

37. 全面加强司法廉洁建设。认真落实党风廉政建设责任制，深入推进人民法院惩治和预防腐败体系建设。加强司法廉洁教育和廉政文化建设，教育全体法官和法院其他工作人员保持高尚品格和廉洁操守，守住公正司法的职业道德底线。针对容易滋生腐败的体制弊端和管理漏洞，改革创新体制机制，进一步完善抵御金钱诱惑、人情关系干扰以及避免利益冲突的廉政制度，并以更加有力的措施确保廉政制度的刚性运行。以审判权运行为核心，继续构建符合审判规律的廉政风险防控机制，强化司法巡查、审务督察以及在审判执行部门设立廉政监察员等内部监督措施，切实加强审判权运行的制约和监督，确保公正司法、廉洁司法。继续狠抓“五个严禁”等纪律规定的贯彻执行，坚决查处贪赃枉法、腐化堕落、滥用职权等腐败、违法行为。

38. 进一步加强司法作风建设。始终把一切为了群众，一切依靠群众，从群众中来、到群众中去作为人民法院工作的出发点和落脚点，找准人民法院工作与坚持群众路线的结合点。始终站稳群众立场，坚持群众观点，增强群众感情，维护同人民群众的血肉联系，努力赢得群众信赖，把司法为民的理念内化于心，外化于行。发扬理论联系实际，一切从实际出发，坚持求真务实的工作作风，鼓励和培养广大法官及法院其他工作人员树立吃苦耐劳、不畏艰辛、淡泊名利、敢于担当、勇于奉献的职业精神，用优良操守和人格魅力赢得社会尊重。

39. 稳步推进人民法院队伍分类管理的制度建设。切实遵循审判工作规律和干部管理规律，按照“正规化、职业化、专业化”的标准，逐步建立起分类科学、结构合理、职责明晰、管理规范的制度体系。按照中央司法改革的总体要求，坚持从我国国情和审判工作实际出发，进一步明确法官、审判辅助人员和司法行政人员责权关系，结合工作要求和岗位职责等因素，科学设置各类人员职级比例和职数编制。进一步完善法官单独职务序列制度及配套措施，推进书记员、司法警察的职务序列管理，健全审判辅助人员、司法行政人员管理措施。

40. 逐步推进法官选任制度改革。通过推动相关立法的完善，进一步严格法官任职条件。完善并落实法官逐级遴选机制，逐步实行上级法院法官从下级法院法官中选拔。进一步扩大法官遴选范围，注重从律师群体及其他法律实务部门且具有基层工作经历的人员中选拔法官，吸引社会上的优秀法律人才加入法官队伍。优化法官选任程序和方式，切实保证选准选好法官人才。

41. 完善法官业绩考评机制。建立以信息技术为支撑、符合审判工作规律、科学合理的审判业绩考评机制，在晋职晋级、评先评优等方面充分体现考评结果的作用。建立完善常态化表彰奖励机制，有效激发法官立足岗位建功立业的荣誉感和责任心。通过开展创先争优、评选业务标兵等活动，培养和推出精通业务的专家型法官，充分发挥专家型法官的示范引领作用。推动建立法官任职退出机制，对不适合从事审判工作的法官，适时调离审判岗位并免去法官职务。

**九、进一步加强司法保障，为司法为民、公正司法提供有力支持**

42. 建立健全法官职业保障机制。贯彻落实法官法，加强法官职业保障，建立健全法官职务身份保障机制、依法履职履责保障机制、人身安全保护机制等，切实保障法官依法履行司法职责。逐步改善法官的工作生活条件，不断增强法官职业的责任感和尊荣感。

43. 继续加强司法经费保障。巩固和深化法院经费保障体制改革成果，建立健全法院办案办公经费有序增长机制，推动中央财政加大向中西部地区中级、基层法院办案经费的转移支付力度。

44. 加快推进法院信息化建设。按照科技强院的要求，以“天平工程”建设为载体，推动全国四级法院信息化基础设施一体建设、全面覆盖和协调应用。建设全国法院有效衔接、统一管理的案件信息管理系统、案件信息查询系统、裁判文书网络发布系统和人民法院官方网站等信息载体或平台。坚持基础建设、升级提高与深度应用紧密结合，发挥信息网络在司法统计、网上办案、网上办公、司法公开、审判监督、审判管理、法官培训、法院宣传、司法调研和理论研究等方面的作用。

45. 进一步夯实基层基础。始终坚持面向基层、服务基层、建设基层的方针，继续加强基层法院和人民法庭的规范化、信息化和基础设施建设，着力改善基层法院和人民法庭办案条件。坚持把对基层法院和人民法庭的专项补贴落实到位，积极协调解决基层基础建设欠债等问题。加大对基层法院法官的遴选、补充和培训力度。积极改善基层法官的工作和生活环境，推动相关部门提高基层法官职级比例和生活待遇，切实解决基层人才流失、法官断层等现实问题，努力营造优秀人才乐于留在基层、安心干在基层的制度机制。加大对基层法院工作的指导力度，建立健全上级法院法官到基层交流任职制度，帮助基层法院和人民法庭不断提高司法能力和水平，推动全国法院基层工作协调平衡发展。

切实践行司法为民，大力加强公正司法，不断提高司法公信力，既是人民法院肩负的光荣历史责任，也是十分复杂的系统工程。各级人民法院必须始终坚持党的领导，自觉接受各级人民代表大会及其常委会的监督、政协民主监督，依靠政府支持和其他执法机关的配合，不断取得人民群众的信任、理解与支持。要充分调动和发挥全体法官及法院其他工作人员的积极性和创造性，把工作重心和注意力集中到司法办案的各项工作之中，精心审理每一起案件，扎实做好每一项工作，既要有效解决当前存在的突出问题，让社会各界感受到人民法院工作的新风貌、新成效，更要着眼于制度和机制建设，从根本上保证司法为民、公正司法的长期效果，保证司法公信力持续稳定提高。（最高人民法院于 2013 年 9 月 6 日发布）